LA CONSCIENCIA JHĀNA

EDITORIAL CÁNTICO
COLECCIÓN · LUZ DE ORIENTE
COLECCIÓN DIRIGIDA POR RAÚL ALONSO

cantico.es · @canticoed

Editorial Cántico
Parque Logístico de Córdoba
Carretera de Palma del Río, km. 4
14005 Córdoba
Editado bajo acuerdo con Shambhala Publications Inc.
a través de A.C.E.R. Agencia Literaria

ISBN: 978-84-19387-97-4
Depósito legal: CO 269-2024

Impresión y encuadernación:
Imprenta Luque S.L.

PAUL DENNISON

LA CONSCIENCIA JHĀNA

LA MEDITACIÓN BUDISTA EN LA ERA DE LA NEUROCIENCIA

TRADUCCIÓN DE
ANDRÉS FELIPE GRAJALES RAMÍREZ

EDITORIAL CÁNTICO

COLECCIÓN O LUZ DE ORIENTE

SOBRE EL AUTOR

Paul Dennison, es miembro fundador y ex presidente del Samatha Trust, organización que fomenta la práctica y el estudio de la tradición de meditación samatha-vipassana. Ha sido físico investigador, monje en la Tailandia rural, psicoterapeuta y psicoanalista. En la actualidad ejerce como psicoterapeuta e investigador neuronal en Londres.

Para mi familia ante todo.
Y para Nai Boonman, que plantó una semilla.

PREFACIO

Desde los tiempos de Buda, a lo largo de más de dos milenios y medio, se han enseñado métodos prácticos de contemplación y meditación para comprender la naturaleza del ser, la percepción y la consciencia. La motivación subyacente siempre ha sido comprender el sufrimiento, su surgimiento, su fin y el Camino para su finalización. El *Dhamma* budista es el conjunto de enseñanzas que comprenden este Camino, y ha sido función de la *Saṅgha* budista —las comunidades de monjes y monjas—, preservar el Dhamma. Con este fin, los monjes siguen unas líneas de ordenación cuidadosamente protegidas y unas normas de conducta que se remontan directamente a la época de Buda.

Durante su vida, el Buda predijo que en algún momento del futuro el Dhamma y sus enseñanzas se perderían progresivamente debido a fallos en el funcionamiento de la Saṅgha junto con una devaluación del *samādhi*, que en el contexto de este libro se refiere a la meditación samatha y jhāna (véase el capítulo 14). Desde entonces se han hecho diversas estimaciones sobre la escala temporal probable de este deterioro, o declive, la mayoría en el rango de tres mil a cinco mil años después de la muerte del Buda. Aunque, sin duda, ha habido muchas alteraciones en los últimos dos milenios y medio, el trasfondo de este libro se refiere a las reformas relativamente recientes de la llamada «modernización» que se extendieron por Tailandia y Birmania

(Myanmar) en particular, pero luego más ampliamente por toda el Sudeste asiático, desde principios del siglo XIX.

En Tailandia, el primer acontecimiento importante fue la formación de una nueva línea de ordenación en 1833, la Thammayuttikanikāya («los que siguen el Dhamma», o secta Thammayut), por el monje Mongkut, que más tarde se convertiría en el rey Rama IV de Tailandia. Mongkut era hijo del rey Rama II y eligió ordenarse como monje sabiendo que su hermanastro mayor tenía más posibilidades de convertirse en sucesor de su padre y pasar a ser Rama III. Mongkut se convirtió rápidamente en una persona muy influyente en la Saṅgha, y de manera general, como futuro rey. Fue una figura destacada en el movimiento reformista que consideraba a la Saṅgha existente (a partir de entonces denominada Mahānikāy, «la secta mayor») corrupta y poco científica en muchas de sus prácticas. Este movimiento reformista creía que el nuevo orden seguiría más cuidadosamente las enseñanzas del Buda.

Mongkut y otros miembros del nuevo movimiento creían que ya no era posible desarrollar el camino budista completo y, en consecuencia, el nuevo ritual de ordenación prescindió de la antigua fórmula de solicitar la ordenación para acabar con el sufrimiento y alcanzar la iluminación, *nibbāna*, sustituyéndola simplemente por una aspiración a «avanzar» en la orden de los monjes.

También pudo influir el hecho de que el renombrado maestro de meditación Suk Kai Theun, mentor espiritual del padre y el abuelo de Mongkut —los reyes Rama II y Rama I—, hubiera fallecido justo un año antes de que Mongkut se ordenara, dejando una especie de vacío en el liderazgo de las antiguas tradiciones de práctica que él representaba.

La nueva secta Thammayut adoptó una línea más austera que la centenaria Mahānikāy, comiendo solamente una vez al día y rechazando todas las prácticas que consideraban supersticiosas o vinculadas a antiguas raíces «mágicas» (en tailandés, *saiyasat*).

En la actualidad, los eruditos y etnólogos budistas suelen referirse a esas antiguas prácticas como *boran kammaṭṭhāna*, prácticas tradicionales de meditación. Muchas prácticas *samatha* relacionadas con los estados de concentración meditativa conocidos como *jhānas*, en particular las que desarrollan estados de alta energía *pīti* —también consideradas popularmente como saiyasat— fueron tratadas con recelo o simplemente rechazadas.

Cualesquiera que hayan sido las buenas intenciones detrás de las primeras reformas, no cabe duda en retrospectiva de que el establecimiento de una segunda línea de ordenación debilitó la capacidad de la Saṅgha para funcionar con una voz unificada para proteger el Dhamma.[1] Esto llegó a un punto crítico a partir de la década de 1950 cuando la fuerte promoción política de un «nuevo» método *vipassanā* —o meditación introspectiva—, procedente de Birmania, condujo a la supresión activa de las tradiciones jhāna que habían sido fundamentales para el Camino desde los tiempos de Buda. El movimiento reformista afirmaba que, de hecho, la meditación jhāna no era necesaria para desarrollar todo el Camino budista.

En pocos años, los templos de Tailandia y Birmania, y pronto de forma más generalizada con repercusiones en todo el mundo, recibieron instrucciones de dejar de enseñar y practicar la meditación jhāna y, en su lugar, formarse y enseñar los métodos vipassanā, «más científicos».

Tal es el trasfondo de este libro: cómo las tradiciones esotéricas, bellamente creativas y a veces mágicas de la era anterior a la reforma, reminiscentes en algunos casos de las prácticas tántricas Mahāyāna, llegaron a perderse en el sudeste asiático, salvo pequeños vestigios, para luego resurgir o renacer en el Reino Unido a partir de principios de los años sesenta. La naturaleza de este resurgimiento se ha centrado en la meditación jhāna,

1 Varios estudiosos han explorado los efectos de las «reformas». Véase, por ejemplo, McCargo (2012), que escribe sobre la cambiante política de los asuntos de la Saṅgha durante este periodo.

tanto en los jhānas de la forma (*rūpa*), como en los jhānas sin forma (*arūpa*), así como en un desarrollo paralelo del *insight*, o vipassanā, junto a los jhānas —una interdependencia en lugar de modos totalmente separados—.

Además de la centralidad de los jhānas, una característica clave de este resurgimiento ha sido también el reconocimiento de una implicación esencial del cuerpo, incluida su energización durante el desarrollo del segundo rūpa jhāna por el factor jhāna pīti. En conjunto, estas características recuerdan en gran medida a las prácticas anteriores a la reforma del Yogāvacara, antaño muy extendidas por todo el sudeste asiático. Yogāvacara está estrechamente relacionado con la designación más amplia boran kammaṭṭhāna, ya mencionada, pero es el término preferido en este libro por la forma en que capta la profunda interrelación entre mente y cuerpo, es decir, es un yoga que se desarrolla (o debería desarrollarse) como resultado natural de la meditación jhāna.

Desde aquel brote temprano en la década de 1960 —el cual se desarrolló constantemente durante más de cincuenta años y en el muy diferente contexto cultural de Occidente— existe ahora una enseñanza completa de los cuatro rūpa (*forma*) jhānas y los cuatro arūpas, o prácticas sin forma, popularmente denominados los arūpa jhānas, como preparación para el Camino.

Estos desarrollos han tenido lugar bajo el paraguas del Samatha Trust establecido en 1973 como una organización benéfica (ahora es una Organización Benéfica Incorporada, CIO)[2] para fomentar la práctica y el estudio en la tradición samatha-vipassanā, incluidas las concepciones anteriores a la reforma de los jhānas. El Trust gestiona tres centros —un centro nacional de medicación en Gales y dos centros regionales en Manchester y Milton Keynes— apoyados por una amplia red de grupos lo-

2 CIO, por sus siglas en inglés, de *Charitable Incorporated Organisation. [N. del T.]*

cales que se reúnen en muchas ciudades del Reino Unido, así como en Estados Unidos. Se ofrecen cursos sobre diversos aspectos de la práctica de la meditación (no solo sobre los jhānas) y actividades relacionadas; los detalles están disponibles en la página web del Trust, www.samatha.org.

Aunque gran parte del contenido de lo que sigue incluye descripciones detalladas de cómo se desarrollan los jhānas, el libro no pretende ser un manual definitivo de meditación. Como en cualquier otra descripción de la meditación, pero especialmente en el caso de los jhānas, las palabras deben dejarse de lado en el momento de iniciar la práctica, y lo que se manifiesta es específico del individuo. También, por supuesto, ¡tener un buen maestro ayuda!

Aunque espero que el libro refleje en cierta medida la tradición maravillosamente diversa y rica que se ha desarrollado bajo el paraguas del Samatha Trust, gran parte de lo que se describe aquí se basa en la experiencia personal; refleja mi propio interés personal y específico por el Yogāvacara. Desde luego, no pretende ser una descripción general de las actividades del Samatha Trust, que incluyen una gama de intereses y actividades más amplia de la que yo jamás podría abarcar. Como autor, asumo toda la responsabilidad por cualquier error o equivocación —o susceptibilidades heridas— que este libro pueda contener o provocar.

Paul Dennison
Londres, 2021

LA CONSCIENCIA JHĀNA

Dhammacakka Mudra: El Buda Rūpa Principal en el Centro Nacional de Meditación Samatha Trust, Powys, Gales, 2001.

INTRODUCCIÓN

Yogāvacara se refiere a las prácticas y tradiciones de meditación que existieron durante siglos en todo el sudeste asiático hasta las «reformas» de los años cincuenta en Tailandia y Birmania. El término *Yogāvacara* significa literalmente un practicante «cuyo camino es el yoga», donde *yoga* en sánscrito significa la conjunción de la mente y el cuerpo. Su esencia es la enseñanza y la práctica de la meditación jhāna, que requiere que los meditadores desvinculen progresivamente su «yo» personal de su consciencia sensorial habitual del día a día, vivida desde el nacimiento, para desarrollar estados de profunda absorción que conduzcan a la comprensión de la naturaleza de la existencia y la identidad.

El jhāna pertenece a lo que comúnmente se describe como la división *samatha* de la meditación budista, a menudo traducida como «tranquilidad» o «serenidad», siendo la segunda división vipassanā, traducida como «introspección» o «sabiduría». *Mindfulness*, un término mucho más familiar en Occidente y bien conocido por derecho propio como tratamiento reconocido para la depresión recurrente, es solamente uno de los diversos factores básicos que sustentan tanto la samatha como la vipassanā. Históricamente, durante más de 2500 años, los maestros budistas han considerado la importancia de la meditación jhāna y la vipassanā como prácticas esenciales para completar el Camino. Traducido habitualmente como «absorción», *jhāna* tiene una raíz secundaria, *jhāpeti*, que significa «arder», lo que es un reflejo de que el jhāna es un estado muy activo y nada pasivo, y de que la traducción samatha como tranquilidad o serenidad puede ser bastante engañosa.

En las principales tradiciones de meditación budista, que se remontan a la época de Buda, samatha y vipassanā iban de la mano. Eran aspectos gemelos del Camino para comprender la condición humana y el origen y final del sufrimiento, que conducen, en última instancia, a la iluminación, el nibbāna. Las reformas de los años cincuenta, sin embargo, intentaron eliminar esta interdependencia. Las prácticas samatha y jhāna fueron atacadas como no científicas y se suprimieron en favor de una «nueva» tradición birmana vipassanā, la cual afirmaba que jhāna, y por tanto, samatha, no era necesaria para desarrollar la introspección [el *insight*] y la realización de los objetivos budistas.

La tradición Yogāvacara describe el samatha y el vipassanā como el «kammaṭṭhāna gemelo», y este reconocimiento de su interdependencia y funcionamiento conjunto sustenta el enfoque de este libro.

Hay que decir que el movimiento de reforma tuvo mucho éxito, y a mediados de la década de 1960 cualquier enseñanza organizada de las antiguas prácticas samatha prácticamente había desaparecido, sin duda, en Tailandia y Birmania, pero pronto en todo el sur y el sudeste asiático y finalmente en todo el mundo. La nueva cara del budismo se había convertido en vipassanā. Además, muchos budistas de Tailandia, donde la supresión había sido más agresiva, también creían que no era posible, en ningún caso, desarrollar y practicar el jhāna en un contexto laico fuera de la enseñanza monástica y las tradiciones de meditación del bosque.

Sin embargo, en Occidente, la década de 1960 marcó una explosión de interés por la filosofía y la meditación orientales, popularmente captada por la fascinación de los Beatles por el autodenominado Yogui Maharishi y la meditación trascendental, así como por la difícil situación de los budistas tibetanos y la supresión de sus prácticas por parte de los chinos. Algunos destacados maestros de meditación tibetana se establecieron en Inglaterra a principios de los años sesenta, más o menos, al mismo tiempo que otras prácticas budistas se hacían más accesibles, incluida la «nueva» vipassanā tal y como la enseñaban varios monjes tailandeses que participaron en la preparación del terreno para el primer templo tailandés de Londres. Sin embargo, poco o nada se hablaba por entonces de las prácticas samatha.

En el vibrante año de 1962, llegó a Inglaterra, procedente de la India, un «refugiado» del movimiento reformista. Era un antiguo monje budista tailandés-camboyano, Nai Boonman (*Nai* es una versión más formal de *Sr.*), que había escapado de las reformas que afectaban a su templo natal en el sureste de Tailandia, cerca de la frontera con Camboya, para pasar tres años estudiando el Abhidhamma budista (doctrina superior)[3] en la India, pero al final de sus estudios prefirió despojarse de sus vestiduras antes que regresar a Tailandia, donde se habría esperado que formara parte del nuevo movimiento vipassanā. En Londres, el English Saṅgha Trust se fijó rápidamente en él y a las pocas semanas le invitó a enseñar meditación en su *vihāra* de Hampstead.

Pronto la embajada tailandesa le dio trabajo para ayudar a organizar la creación del nuevo templo tailandés y se trasladó al apartamento del sótano de la embajada, donde vivió durante los diez años siguientes. Irónicamente, el trabajo de organizar y allanar el camino para el nuevo templo significaba trabajar estrechamente con los monjes que se instalarían allí, cuya función sería enseñar y promover el mismo método vipassanā birmano que él había intentado evitar. Rodeado por esta nueva cara visi-

3 El Abhidhamma es la tercera de las tres divisiones de los textos budistas: los Suttas (o discursos del Buda), las reglas Vinaya (y el código ético de conducta), y el Abhidhamma (o doctrina superior). Fue compuesto por un monje de Sri Lanka, Ācariya Anuruddha, en algún momento entre los siglos VIII y XII.

ble del budismo tailandés, Boonman recorrió un delicado camino en la enseñanza de la meditación y optó por enfocarse en el *ānāpānasati —mindfulness* de la respiración— que no podía ser criticado. Durante los años siguientes mantuvo un perfil bajo, y aunque el ānāpānasati en realidad está estrechamente alineado, históricamente, con la meditación samatha y jhāna, se evitó cuidadosamente el uso manifiesto de la palabra *jhāna* para evitar la censura de la jerarquía tailandesa en Londres.

Las habilidades extraordinarias de Nai Boonman en la meditación —que indicaban un orden de experiencia diferente al de los monjes reformistas— fueron rápidamente reconocidas por quienes se unían a sus clases en Londres. Esto, a su vez, hizo que se fijaran en él los miembros de la Cambridge University Buddhist Society, la segunda, después de la London Buddhist Society, en promover activamente la meditación y los estudios budistas en el Reino Unido en aquella época. Boonman pronto fue invitado a impartir una clase semanal en Cambridge —de la cual yo fui uno de los miembros originales— que comenzó a principios de 1964 y ha continuado con una sucesión ininterrumpida de maestros hasta la actualidad.

Los miembros de las clases de Nai Boonman en aquellos primeros años sabían muy poco sobre los antecedentes de las reformas en Tailandia y el Sudeste Asiático, o sobre la supresión de las prácticas samatha y jhāna, y solo poco a poco se dieron cuenta de que las enseñanzas de Nai Boonman pasaban completamente por alto las reformas. De hecho, sus enseñanzas durante los diez años siguientes plantaron las semillas para el eventual resurgimiento de las antiguas prácticas en un contexto occidental completamente diferente.

Al mirar atrás más de cincuenta años, como uno de los participantes originales, no conozco a ningún otro maestro de la época anterior a la reforma que se atuviera a un linaje tan limpio para evitar la connivencia con las reformas o verse arrollado por ellas. Los maestros veteranos que permanecieron en Tailandia,

Birmania y otros lugares de la región, incluidos algunos maestros de meditación muy respetados e influyentes, no tuvieron más remedio que operar dentro del sistema de reforma que se había convertido en la nueva norma abrazada por la jerarquía Saṅgha. Inevitablemente, con el paso de los años, sus enseñanzas se vieron afectadas y teñidas por el entorno y la nueva ortodoxia en la que tuvieron que operar.

Los años 1964-67 en Cambridge y Londres fueron un periodo particularmente intenso, con una red creciente de meditadores serios. Los vínculos con los tibetanos se desarrollaron rápidamente, en particular con Chime Rinpoche, que estableció un centro cerca de Cambridge, en Saffron Walden, y Trungpa Rinpoche, que se había trasladado desde Oxford para instalarse en un centro, Johnstone House, en Eskdalemuir, Escocia. Johnstone House era una destartalada casa de campo establecida como centro de retiros de meditación no mucho antes por otra figura importante de aquellos tiempos, Anandabodhi, un monje canadiense que se había ordenado en Birmania a finales de los años cincuenta. En uno de esos encuentros «casuales» —sin duda, predestinados—, Anandabodhi había conocido a Boonman en la India el año anterior a que éste se despojara de sus vestiduras, y ambos se dieron cuenta de que compartían un profundo interés por la meditación. Cuando Nai Boonman llegó por fin a Londres volvieron a encontrarse, y fue Anandabodhi quien presentó a Boonman a figuras clave del mundo budista en Reino Unido, además de actuar como garante para que Boonman obtuviera un visado que le permitiera establecerse y trabajar en el Reino Unido.

La primera formación meditativa de Anandabodhi fue en el nuevo método vipassanā, primero en Birmania y luego en Tailandia entre 1958 y 1961. En Tailandia, sin embargo, se sintió intrigado por la supresión de las prácticas samatha y jhāna, lo que le llevó a realizar sus propias exploraciones, incluida la práctica durante un tiempo del método samatha Dhammakāya (dhamma-cuerpo) en Wat Paknam, el templo natal de Luang Por Sodh, que era famoso en Tailandia por su habilidad en las prácticas de poder psíquico.

Luang Por Sodh murió en 1959, y no sé si Anandabodhi adquirió su conocimiento de la meditación samatha practicando con el propio Luang Por Sodh o con los alumnos mayores de Sodh, en particular algunas monjas practicantes muy experimentadas a las que Sodh favoreció para que continuaran sus enseñanzas. Sea como fuere, Anandabodhi desarrolló un interés por las antiguas tradiciones de los jhānas, incluidas las historias de monjes con fama de haber desarrollado poderes psíquicos. De este modo, cuando conoció a Nai Boonman en la India se dio cuenta rápidamente de la reputación de Boonman como practicante de jhāna con conocimientos de esos métodos esotéricos.

Cuando volvieron a encontrarse en Londres, y durante el primer año de Nai Boonman enseñando meditación en el vihāra budista de Hampstead, se rumoreó que una noche Anandabodhi presionó a Boonman para que le hiciera una demostración de poder psíquico, a lo que Boonman se negó cortésmente y poco después se retiró arriba a dormir. Unos diez minutos más tarde, la casa comenzó a vibrar y luego a sacudirse violentamente como si hubiera sido sacudida por un pequeño terremoto. Tal vez había habido, efectivamente, un temblor menor en ese momento, pero ninguno de los presentes lo creyó. Este episodio podría interpretarse en el contexto de la discusión sobre el pīti, en el capítulo 3, y la capacidad de algunos meditadores para despertar estados de muy alta energización.

Anandabodhi fue un gran facilitador, también un gran amigo, de la Cambridge University Buddhist Society, y desempeñó un papel decisivo a la hora de ayudar tanto a los tibetanos como a Nai Boonman a establecerse en Inglaterra, presentándoles unos a otros, lo que dio lugar a muchos años de fructífera interacción. Nai Boonman y los tibetanos reconocieron claramente una gran similitud en sus experiencias de práctica, a pesar de las estructuras tan diferentes del samatha Theravāda y el *shamatha* tibetano —el factor común era, sin duda, la iluminación de la meditación jhāna—. Sin embargo, nunca invadieron el territorio de enseñanza del otro y tanto ellos como sus alumnos interactuaron armoniosamente durante muchos años, respetando sus diferentes tradiciones. Algunos de los alumnos de Boonman, entre los que me incluyo, se beneficiaron enormemente en aquellos primeros años al participar en retiros no sólo con Nai Boonman, sino también con Trungpa Rimpoche y Anandabodhi en distintas épocas.

En 1966, en un maravilloso acto de *dāna* —generosidad— Anandabodhi transfirió la propiedad de la Casa Johnstone a los tibetanos, y durante los años siguientes se fue convirtiendo en el próspero e internacionalmente distinguido Samye Ling Tibetan Buddhist Center, que conocemos hoy en día. Anandabodhi regresó a Canadá poco después, donde se desarrolló un gran grupo de meditadores a su alrededor, y varios años más tarde fue reconocido como lama tibetano encarnado y tomó el nombre de Namgyal Rinpoche. No mucho después de que Anandabodhi abandonara Inglaterra, se produjo otro cambio importante cuando, en 1967 o 1968, Trungpa se casó y se trasladó a EE. UU., donde se hizo famoso por establecer el budismo tibetano y sus propias enseñanzas seculares, a las que denominó enseñanzas Shambhala.

Para el año 1967, Nai Boonman y algunos de sus alumnos de Cambridge acordaron un plan a largo plazo para trabajar en la creación de un centro de meditación que desarrollara las enseñanzas y la práctica de la meditación samatha y jhāna. Un primer paso fue establecer una fundación benéfica, pero esto tuvo que aplazarse debido a que dos de las figuras clave abandonaron Cambridge para aceptar sus primeros nombramientos académicos: Lance Cousins para enseñar budismo en la Universidad de Manchester, y yo para establecer un proyecto de investigación en radioastronomía y enseñar astrofísica en la Universidad de

Adelaida, Australia. Finalmente, a mediados de 1973, cuando regresé a Inglaterra, se completó el proceso y nació el Samatha Trust.

Al año siguiente, tras diez años en Inglaterra trabajando en la embajada tailandesa en Londres, mientras desarrollaba y enseñaba en silencio las antiguas prácticas de samatha y jhāna, Nai Boonman regresó a Tailandia, confiando a sus alumnos más experimentados la continuación de la enseñanza. Su última instrucción para mí y para Lance fue que dirigiéramos juntos retiros intensivos, al menos una vez al año. Una petición astuta por su parte, dadas nuestras muy diferentes habilidades y temperamentos, pero también, en retrospectiva, estableciendo un patrón que hasta el día de hoy ha evitado el exceso de concentración en un solo maestro individual.

Estaba sentado con Boonman en la sala de embarque del aeropuerto de Heathrow, esperando a que llamaran a su vuelo, cuando se nos unió un monje del templo tailandés de Londres, que esperaba otro vuelo. En un momento dado, el monje se volvió hacia mí y me recordó las palabras de Buda: «este dhamma es hermoso al principio, hermoso en el medio y hermoso al final», y añadió: «Nai Boonman ha enseñado el principio, ahora os toca a vosotros [refiriéndose a los alumnos de Nai Boonman] completar el medio». No mencionó «el final», y poco después llamaron a sus dos vuelos y se marcharon.

Siguiendo las instrucciones, Lance y yo dirigimos retiros anuales intensivos de meditación, que tuvieron lugar en varios centros de retiro de toda Inglaterra, y en los años siguientes se establecieron grupos regionales en muchas ciudades, así como en Irlanda, Gales y EE. UU.

A medida que los meditadores adquirían más experiencia, Lance y yo, de uno en uno, los invitábamos a enseñar, normalmente después de entre cinco y diez años de práctica, como maestros por adelantado. Todo esto, mientras el creciente cuerpo de meditadores reunía lentamente donativos para, con el tiempo, comprar una propiedad que se convirtiera en un centro nacional de meditación. A medida que esos nuevos maestros adquirían experiencia, ellos mismos invitaban más tarde a otros a enseñar, y así sucesivamente a lo largo de los años, dando lugar a varias generaciones de maestros. No mucho después de su fundación, el Samatha Trust tomó una decisión que tendría implicaciones de gran alcance, que fue adoptar el principio de funcionar enteramente a través de donaciones, sin cobrar por las enseñanzas y sin que los maestros recibieran remuneración personal alguna. Este es el antiguo principio budista de dāna que ha continuado como política fundamental del Samatha Trust hasta nuestros días. Durante las décadas siguientes, el Trust ha evitado por completo la tendencia que existe en algunas organizaciones de que los profesores se conviertan en figuras de gurú supeditadas por completo a la enseñanza de la meditación, lo que tiene consecuencias inevitables y en su mayoría negativas en el intercambio y la transmisión entre profesores y alumnos.

A finales de la década de 1970 se estableció un centro regional samatha en Manchester, pero no fue hasta 1986 que se habían acumulado fondos suficientes para comprar una granja en una colina de treinta y dos hectáreas en Powys, Gales, que se convertiría en el centro nacional de meditación del Samatha Trust. A lo largo de los años siguientes, las obras de restauración de la antigua granja y la reconstrucción y conversión completa del granero original en un gran salón santuario, y biblioteca, fueron llevadas a cabo íntegramente por meditadores, que aprendieron los conocimientos necesarios según las necesidades. Esto tardó diez años, hasta que en 1996 se celebró una ceremonia de inauguración a la que asistieron más de trescientos practicantes, junto con representantes de Saṅghas monásticas tailandesas, cingalesas, birmanas y occidentales. También asistió Nai Boonman, en su primera visita al Reino Unido desde que regresó a Tailandia, veintidós años antes. A partir del año siguiente, se convirtió en costumbre de Boonman visitar anualmente el centro nacional para dirigir retiros de práctica durante periodos de tres a cuatro semanas.

A medida que se desarrollaban las actividades del Trust, crecía en todo el mundo el reconocimiento de la importancia de las enseñanzas que se ofrecían y, en mayo del 2000, el Trust fue honrado con un regalo de reliquias de Buda procedentes de Tailandia. Como presidente del Trust en aquel momento, y acompañado por Nai Boonman, recibí las reliquias en nombre del Trust en una distribución patrocinada por la realeza, y organizada por el templo Rama IX de Bangkok, de reliquias de Kushinagar, recientemente descubiertas. El Samatha Trust fue la única organización laica que recibió las reliquias entre los grupos monásticos de todo el mundo, un honor sin precedentes.

Más o menos al mismo tiempo, los budistas monásticos y laicos de Tailandia patrocinaron la fundición de una magnífica estatua de Buda de bronce, de aproximadamente 2,4 metros de altura, diseñada por el principal artífice y autoridad en imágenes de Buda de Tailandia, Profesor Ajahn Vichai de la Universidad Silpakorn de Bangkok, como regalo para que se convirtiera en la estatua de Buda principal de la nueva sala del santuario del Centro Nacional. El templo Rama IX de Bangkok organizó y coordinó los actos y la fundición, que tuvo lugar en las afueras de Bangkok a mediados del 2000. Asistieron varios representantes del Samatha Trust, así como un gran número de monjes y simpatizantes laicos tailandeses que habían patrocinado la creación y fundición de la nueva estatua de Buda, que también recibió el sello y la bendición del rey de Tailandia.

Figura 1. Nai Boonman (en el centro) y el autor (a la izquierda), con el secretario del rey tailandés (a la derecha), esperando para recibir las reliquias de Buda.

La inauguración e instalación de la estatua, Phra Buda Dhammacakka, tuvo lugar en junio del año siguiente, 2001, en el centro nacional de meditación del Samatha Trust. Asistieron monjes tailandeses de alto rango de las sectas Thammayut y Mahānikāy, junto a un nutrido grupo de laicos tailandeses que habían patrocinado el regalo, así como monjes de los monasterios británicos de Chithurst y Amaravati, de los templos birmanos, de Sri Lanka y tailandeses en el Reino Unido, varios cientos de nuestros propios meditadores y, por supuesto, Nai Boonman.

Tal es el trasfondo de este libro, que se centra en el Yogāvacara y en un resurgimiento de las prácticas y comprensiones de los jhānas a medida que lentamente fueron tomando nueva forma y vida en este contexto occidental a lo largo de los más de cincuenta años posteriores a la plantación de las primeras semillas por parte de Nai Boonman, a principios de la década de los sesenta.

Figura 2. Ceremonia de fundición del Buda Phra Dhammacakka, Bangkok, 2000.

En los primeros años, la mayoría de los practicantes apenas comprendían el significado más profundo de lo que se enseñaba, que para muchos era simplemente «meditación». Sin embargo, hubo atisbos tempranos de los aspectos más esotéricos de las enseñanzas. Por ejemplo, a principios de los años 60, algunos de los estudiantes de Nai Boonman se sintieron intrigados por un pequeño volumen de la Pāli Text Society titulado *Manual del Yogāvacara*, basado en un manuscrito de hoja de palma descubierto en Sri Lanka a finales del siglo XIX.[4] Sus descripciones enigmáticas y disfrazadas de prácticas similares al yoga resultaban extrañamente familiares, sobre todo en sus descripciones

4 La obra original fue publicada en pāli y cingalés (Rhys Davids, 1896) y posteriormente traducida al inglés como *Manual of a Mystic* (Woodward, 1916), ambas por la Pāli Text Society. Muchos creen que la obra original data del siglo XVIII, tras la misión tailandesa a Sri Lanka en 1753 para restablecer la línea de ordenación perdida, denominándose a la nueva línea de ordenación la Siam Nikāya.

de estados de alta energía que hacían que el cuerpo se agitara o saltara en el aire.

Para entonces, algunos de los meditadores de Nai Boonman empezaban a experimentar efectos similares, en particular yo y dos postgraduados estadounidenses. Justo antes de llegar a Cambridge, los estadounidenses habían participado como estudiantes voluntarios en los experimentos de Timothy Leary con drogas psicodélicas en Harvard, y uno de ellos, o ambos, también se habían ofrecido voluntarios en un programa gubernamental para probar los efectos del LSD. A ambos, la fuerte energización pīti les reactivó los «malos viajes», provocándoles una pausa de varios meses en sus meditaciones para asentarse mejor. Nai Boonman describió estos efectos como «práctica de poder psíquico» o «juego jhāna», pero prefirió no dar más detalles. De hecho, un maestro experto en las principales tradiciones samatha suele evitar demasiadas explicaciones y utiliza el lenguaje convencional con moderación, optando, en su lugar, por enseñar mediante la «forma», el uso de la metáfora y, en particular, encarnando la enseñanza como una presencia vivida. Cuando un meditador se familiariza con este nivel de «forma», es fácil reconocer a un compañero practicante del jhāna, aunque sea de una tradición diferente, como ocurrió en el reconocimiento mutuo entre Nai Boonman y los tibetanos a mediados de los años sesenta.

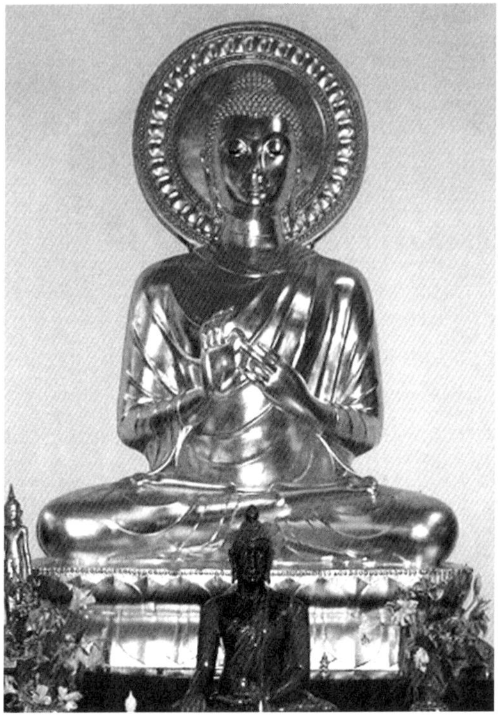

Figura 3. Phra Buda Dhammacakka, Centro Nacional Samatha, Powys, Gales.

En cuanto a este principio de explicación mínima, Nai Boonman fue un maestro ejemplar, y su regreso a Tailandia en 1974, tras diez años de enseñanza, y su no vuelta durante veintidós años, dejó en manos de sus meditadores la responsabilidad de encontrar su propio camino y desarrollar «el medio», como había comentado el monje del aeropuerto de Heathrow. En retrospectiva, también era una cuestión de confianza en que la milenaria tradición Yogāvacara —en esencia, el Camino Budista— encontraría su propia expresión en un contexto cultural diferente con occidentales de tipos psicológicos muy distintos a los típicos de los practicantes asiáticos.

Es importante señalar que Boonman habló explícitamente muy poco de los antecedentes históricos o de los detalles de las antiguas tradiciones Yogāvacara, ni en los años anteriores a su regreso a Tailandia, ni durante sus veintidós años posteriores en Tailandia, ni tras sus visitas de regreso después de 1996. Asimismo, la incipiente tradición del Samatha Trust ponía poco énfasis, al principio, en rituales budistas como el canto o la toma de refugio, con la excepción de festivales principales como el Vesākha Pūjā, cuando los miembros solían participar en actos conjuntos con otras tradiciones budistas. De hecho, muchos miembros no sentían en absoluto una fuerte necesidad de identificarse como «budistas», aunque normalmente después de algún tiempo se convertiría en algo implícito como parte de una lenta toma de consciencia de formar parte de una antigua tradición budista.

Debido al diferente contexto cultural de los meditadores laicos en Occidente —y sin duda, debido al enfoque mínimo de la enseñanza de Nai Boonman para evitar establecer ideas preconcebidas—, muchas de las prácticas directivas descritas en los textos del boran kammaṭṭhāna, como «incrustar» sílabas, o pītis, en determinados lugares del cuerpo, o visualizar formas Dhammakāya también en determinados lugares del cuerpo, están ausentes en la tradición del Samatha Trust. No obstante, sí que se comprenden, en su mayoría, los propósitos que subyacen a esas antiguas formas de práctica. En la tradición del Samatha Trust, los efectos de las formas antiguas se consiguen de maneras diferentes más intrínsecas al desarrollo de los jhānas y más adecuadas al nuevo contexto occidental. En el capítulo 7 se describen algunas técnicas. La transmisión de las cualidades de las antiguas tradiciones llegó no tanto en los detalles de la técnica y el ritual, sino a través de la presencia encarnada de Nai Boonman: una rara combinación de profunda quietud por un lado con una sensación tangible de poder latente por el otro. Y a pesar de estas notables cualidades, aún se las arreglaba de algún modo para ser «bastante normal», como a menudo animaba a sus alumnos a esforzarse por ser. Y así, a lo largo de los años, surgieron de forma natural y gradual diversos rasgos de lo que algunos de sus alumnos llegaron a reconocer como relacionado con el Yogāvacara.

Uno de los más significativos de esos rasgos ha sido el desarrollo de la fuerte energización, pīti, como factor clave en el desarrollo del jhāna, que está en gran medida ausente de otras tradiciones después de la reforma, más occidentalizadas, del «nuevo-samatha». Esta casi desaparición del papel central del pīti puede haberse debido a que las expresiones a veces sorprendentes de tales estados de alta energización se confundían con «posesión» o convulsiones patológicas, que fueron suprimidas en las reformas como supersticiosas y acientíficas.

Algunos meditadores de la tradición del Samatha Trust también han desarrollado la práctica del canto como una forma paralela de meditación, incluyendo, en años más recientes, una creciente comprensión del uso del tono y la entonación para afectar a las energías del sistema nervioso en el cuerpo, lo que también está relacionado con la comprensión del pīti y su tranquilización, *passaddhi*, en el desarrollo del jhāna.

El interés por las «raíces» del lenguaje, como el poder evocador de las sílabas y los *yantras*, también evolucionó de forma natural para algunos practicantes. Igualmente, para un número significativo de meditadores, emergió el interés por las prácticas relacionadas con el cuerpo, como el taichí y algunas artes marciales, que han sido útiles para comprender el nivel de consciencia fino-material necesario para desarrollar los jhānas. Algunos miembros también han seguido a lo largo de los años la tradición común en algunos países budistas de ordenarse durante un periodo limitado o pasar un tiempo en templos budistas del sudeste asiático para profundizar en la consciencia de los antiguos linajes. Nai Boonman, por supuesto, ha sido consciente de estos desarrollos a lo largo de los años, ya sea a través de informes directos de sus meditadores o por sus propias observaciones cuando visitaba el Reino Unido desde 1996. Sus respuestas siempre han sido mostrar interés y alegría por los esfuerzos de sus meditadores, con mínimos comentarios o explicaciones, pero con sutiles muestras de ánimos e insinuaciones, lo que ha permitido que esta tradición se desarrolle de forma natural en su nuevo contexto occidental.

El Yogāvacara, por tanto, es una tradición con la meditación jhāna en su centro, y puesto que el jhāna es un estado meditativo desvinculado de la consciencia sensorial, el lenguaje convencional es inadecuado para conducir a los meditadores a su experiencia directa. De hecho, como ya se ha señalado, demasiada «explicación» o lectura de textos conlleva el riesgo de hacer que los meditadores confíen en procesos cognitivos habituales, que intenten «pensarse a sí mismos» en el jhāna, lo que puede conducir a una especie de experiencia facsímil de lo que imaginan que es el jhāna. Esta es una de las distorsiones del jhāna que se analizan más adelante en este libro.

Las comprensiones que se describen en los capítulos siguientes proceden de la experiencia directa, durante muchos años, de meditadores occidentales laicos que practican dentro de un resurgimiento natural de un antiguo linaje. No se intenta analizar con gran detalle las expresiones escritas del Yogāvacara que se encuentran, por ejemplo, en las dos publicaciones más conocidas, el *Manual del Yogāvacara* o *El Camino de Lanka*, o en manuscritos más recientes del boran kammaṭṭhāna, que están siendo estudiados actualmente por académicos y etnólogos, algunos de los cuales, cada vez más, son también practicantes.[5] Como ya se ha señalado, los puntos en común entre la tradición moderna descrita aquí y los textos históricos existentes incluyen el reconocimiento de la importancia del pīti y el papel central de la meditación jhāna, pero también existen diferencias significativas.

5 *El Camino de Lanka* (Bizot, 1992) es una de las varias publicaciones de l'École française d'Extrême-Orient basadas en el análisis de manuscritos de hojas de palma encontrados, sobre, todo en Camboya. Investigaciones más recientes sobre el boran kammaṭṭhāna realizadas por académicos y etnólogos pueden encontrarse en Crosby (2000; 2013; 2021).

La estructura del libro así lo refleja. La Primera Parte comienza con una descripción de la «invocación» a partir de lo escrito en los textos Yogāvacara, aunque en esta tradición se ha desarrollado de forma natural un modo algo menos formal. A esto le siguen, en los capítulos 2 a 5, descripciones de los cuatro rūpa jhānas con cierto detalle y con especial detalle en los capítulos 5 y 6, que tratan del cuarto rūpa jhāna y del esquema general de los cuatro jhānas. Una comprensión en constante desarrollo de los jhānas ha sido el núcleo central de esta tradición renaciente, con algunos aspectos que solamente se han aclarado en las dos últimas décadas, en particular, en cuanto a cómo la sabiduría, o vipassanā, se desarrolla junto a los jhānas y está intrincadamente entrelazada con ellos. Es decir, no de modo separado, como se ha supuesto en gran medida dentro de las interpretaciones escolásticas de la práctica budista Theravāda.

Además, las descripciones de los jhānas en este libro son únicas al estar informadas por el primer estudio neurocientífico en profundidad de la meditación jhāna. El estudio se basó en registros de la actividad cerebral mediante electroencefalogramas (EEG) de meditadores que practicaban dentro de la tradición del Samatha Trust, realizados entre 2014 y 2019 y publicados en la destacada revista académica *Frontiers in Human Neuroscience* en 2019.[6] Los revolucionarios resultados confirman una desconexión progresiva de nuestra consciencia sensorial habitual a medida que los meditadores desarrollan los jhānas. Los capítulos 2 a 6 incluyen breves resúmenes de los hallazgos clave de este estudio para cada uno de los rūpa jhānas, mientras que las descripciones más completas, incluyendo los registros cerebrales originales, se reservan para la Segunda Parte del libro.

6 En el momento de escribir este libro (mediados de 2021), el artículo (Dennison, 2019) había atraído más de 15 000 lecturas, lo que lo sitúa en el 5 % de los mejores resultados de investigación de todo el mundo puntuados por Altimetric; puede descargarse gratuitamente en www.frontiersin.org/articles/10.3389/fnhum.2019.00178/full.

En el capítulo 7, se amplía el debate que rodea al mundo del Yogāvacara, describiendo prácticas en torno al uso de personajes, mantras y yantras que han alcanzado casi un estatus de culto en grupos marginales en torno a la periferia de la práctica meditativa seria. Tales actividades marginales han incluido áreas de *saiyasat*, o magia «gris», incluyendo tatuajes sagrados o yantras para la protección, mantras o «hechizos» para influir en los demás, y formas de astrología informadas no solo por los planetas, sino por estados de alta concentración, por nombrar sólo algunos. Sin embargo, en las áreas centrales del Yogāvacara, estas simplemente reflejan una consciencia del nivel «fino-material» de la experiencia de los jhānas; los practicantes no están apegados a estas actividades, sino que las ven más bien como un fondo de flores interesantes, y a veces raras y hermosas, en el jardín circundante.

Los capítulos 8 a 11 vuelven a los jhānas para describir los arūpa, o prácticas sin forma, a menudo denominados los cuatro arūpa jhānas o como desarrollos a partir del cuarto rūpa jhāna. En esto finaliza la Primera Parte y el recorrido del libro por los jhānas.

La Segunda Parte, capítulo 12, describe el estudio de los EEG de meditadores y la comprensión neurocientífica resultante de los jhānas, de una manera más completa que las breves descripciones de los capítulos anteriores. En www.shambhala.com/jhana-eeg encontrará material complementario a todo color (en inglés), incluidos segmentos de los registros originales de los EEG.

El capítulo 13, «La consciencia», comienza con una comparación de las antiguas concepciones budistas y modernas de la neurociencia sobre la consciencia sensorial, que en muchas áreas muestran una superposición de comprensión notablemente cercana. Se vuelve a examinar la alteración de la consciencia sensorial durante el desarrollo de los jhānas, para describir los conocimientos sobre las bandas de frecuencia de la consciencia sensorial y su relación con el desarrollo del pensamiento y la consciencia. Esto conduce a una breve descripción de las jerarquías de la consciencia más allá de la consciencia sensorial y el jhāna. La sección final considera la experiencia subjetiva de la consciencia jhāna, y las implicaciones para el sentido ilusorio del «yo».

El capítulo 14 concluye la Segunda Parte, y el libro, y amplía la discusión para considerar el Camino budista hacia la iluminación. Incluye un análisis de su distorsión y casi destrucción en las «reformas» de principios del siglo XIX hasta el siglo XX, antes de ampliar las discusiones del libro en su conjunto para profundizar en las interrelaciones entre los jhānas y las etapas de la iluminación, el Camino.

Es importante reconocer el contexto laico de este trabajo. Todos los practicantes que participaron en el estudio de EEG han estado y están plenamente implicados en las responsabilidades típicas del trabajo y la vida familiar. Algunos han pasado breves periodos como monjes budistas, pero en general, todos están comprometidos con un camino laico. Curiosamente, con el paso de las décadas, la naturaleza laica de esta tradición emergente ha sido reconocida y respetada por diferentes Saṅghas monásticas con los que el Samatha Trust ha desarrollado relaciones de respeto mutuo. Se trata de una satisfactoria continuación de un patrón de tradiciones monásticas y laicas paralelas que han coexistido a lo largo de la dilatada historia del Yogāvacara. Además, como ya se ha mencionado, ninguno de los que enseñan en la tradición del Samatha Trust recibe remuneración monetaria alguna; enseñar es un acto de compartir y generosidad —dāna—.

A veces se hace referencia al Yogāvacara como un camino gradual, igualmente accesible tanto para los practicantes laicos como para los monásticos. Sin embargo, también se describe como uno que ofrece todo lo necesario para completar todo el Camino budista hacia la iluminación en una sola vida, como también se dice de las prácticas relacionadas en el yoga tibetano. Esta extraña yuxtaposición de cualidades —lo gradual combinado con una gran profundidad y poder— es una de las muchas fascinaciones de los jhānas y el Yogāvacara.

Se espera que los conocimientos descritos en este libro complementen los incipientes estudios académicos y etnográficos de los antiguos manuscritos de hojas de palma que se siguen encontrando en Camboya y Tailandia, en particular a través de la información adicional a la que se hará referencia a lo largo del estudio de los EEG. Esta ha abierto una novedosa ventana a la comprensión de los mecanismos jhāna y sus profundos efectos en la actividad cerebral, con implicaciones para la comprensión de la consciencia.

La decisión de escribir este libro ha sido en gran medida una respuesta a lo mucho que se ha perdido durante las «reformas», y mi objetivo ha sido reparar al menos algunas de esas pérdidas. También tengo la esperanza de que el material y las descripciones del libro puedan transmitir algo de la creatividad mágica de las prácticas Yogāvacara anteriores a las reformas, tal y como han resurgido en este nuevo contexto occidental.

Okāsa!

PRIMERA PARTE

ANTIGUAS TRADICIONES: JHĀNA Y YOGĀVACARA

La Saṅgha se reúne para escuchar la recitación de luna llena del Pāṭimokkha, Wat Sai Ngam, Suphanburi, Tailandia, 1992.

1

INVOCACIÓN

La imagen anterior muestra una recitación mensual de luna llena que hacen los monjes de su Pāṭimokkha, que para las escuelas meridionales del Theravāda es el código de 227 reglas por el que se rigen estos, tal como se enumera en el Vinaya Piṭaka,[7] una de las tres divisiones de los textos budistas que trata de asuntos para la Saṅgha, junto a las otras dos divisiones del Sutta y el Abhidhamma Piṭakas.

Después de afeitarse la cabeza por la mañana y tras una confesión ritual a un compañero monje, como testigo, de cualquier infracción cometida durante el mes anterior, los monjes escuchan atentamente, mientras uno de sus miembros, desde un asiento elevado, recita de memoria todo el Pāṭimokkha. La recitación tiene que ser perfecta, ya que cualquier otra cosa invalidaría el ritual del Pāṭimokkha. La asamblea está atenta para notar el más mínimo error, que debe corregirse inmediatamente, repitiendo la sección defectuosa hasta que la asamblea lo tenga claro y esté de acuerdo en que la recitación es perfecta. El ritual completo suele durar alrededor de una hora.

Al final de la recitación, el linaje se considera restaurado y la Saṅgha purificada. Aquí, *linaje* se refiere a algo más allá del lina-

7 Se cree que el Vinaya fue recitado por Upāli, uno de los principales discípulos, en el Primer Concilio, no mucho después de la muerte de Buda. Para una descripción de las 227 reglas para monjes, véase Pruitt (2001).

je de ordenación, que podría aplicarse a esta asamblea particular de monjes, como las sectas Mahānikāy o Thammayut de Tailandia. Más bien, hace referencia a todo el linaje de la enseñanza de Buda, que puede remontarse a más de 2.500 años. La recitación del Pāṭimokkha es el primer ejemplo, y quizá el más importante, de invocación, el tema de este capítulo. El ritual del Pāṭimokkha es también un recordatorio, en microcosmos, de la antigua práctica de la época de Buda —y probablemente anterior— de memorizar largos discursos y su recitación ritual precisa. La tradición registra que este era el procedimiento en el Primer Consejo tras la muerte de Buda, lo que permitió que sus enseñanzas se transmitieran con todo detalle a las Saṅghas sucesivas y al mundo, primero por transmisión oral y luego en las formas escritas del Canon Pāli del Theravāda.

La invocación en los Textos Yogāvacara

Aunque el Yogāvacara es predominantemente una tradición oral, una parte del material que habla de sus prácticas viene en forma de manuscritos de hojas de palma. Ya se han mencionado dos libros basados en ellos: el *Manual del Yogāvacara*, a partir de manuscritos escritos en cingalés y descubiertos en Sri Lanka, y *El Camino de Lanka*, traducido por François Bizot a partir de manuscritos camboyanos en 1992. En Camboya y en Tailandia, se siguen encontrando nuevos manuscritos o fragmentos, lo que ha hecho resurgir el interés por las prácticas anteriores a la reforma.

El estilo a menudo críptico y enigmático de estos textos los hace difíciles de interpretar, a menos que se apoyen en una experiencia directa de meditación por parte de quienes los investigan, lo que puede ser la razón por la que se compusieron de esa manera. Esto recuerda a los tantras tibetanos, igualmente crípticos y difíciles de interpretar. En ambos casos, es probable que dichos textos estuvieran originalmente dirigidos a tradiciones regionales bajo un maestro específico. Por lo tanto, hay que tener cuidado de no sobreinterpretar ni generalizar de un texto a otro, aunque surjan temas repetidos como la invocación.

La palabra *invocación* tiene las mismas raíces en latín que *evocación* —*vocare* o *vox*, que significa relacionado con la voz—. Los distintos prefijos imparten diferencias importantes de significado: evocación (donde *e-* denota una liberación hacia el exterior) es dar voz o traer a la existencia algo ya conocido, mientras que invocación (*in-* como hacia el interior) significa dar voz o traer a la existencia algo del exterior, no conocido previamente, algo nuevo. Existen paralelismos en la mayoría de las religiones en el uso de la invocación como parte de las prácticas esotéricas y rituales —por ejemplo, en prácticas como los rituales e invocaciones del *Libro de los Muertos*, en el caso del antiguo Egipto, o en los rituales del *Libro de los Muertos tibetano*, o en los tantras y mantras indios y tibetanos.

La cuestión de cómo algo nuevo, nunca experimentado antes, puede llegar a experimentarse por primera vez es una cuestión profunda y está relacionada con la naturaleza del jhāna. Dado que el jhāna se encuentra fuera de la línea temporal condicionada de la consciencia sensorial —en la cual cada momento de consciencia está condicionado por el anterior y, a su vez, condiciona el siguiente—, no es posible pensar en uno mismo para entrar en el jhāna, por lo que se necesita un enfoque diferente. Este es el papel de la invocación.

Invocación en el Manual del Yogāvacara

En este texto, la invocación comienza con secciones en pāli que suelen encontrarse en los pūjās, o rituales, Theravāda. Primero está el conocido cántico *Namo tassa*... («homenaje al Buda»), seguido de la toma de refugio en el Buda, el Dhamma y la Saṅgha. Luego sigue el recuerdo de las cualidades del Buda (*iti pi so*...), el Dhamma (*svākkhāto*...) y el Saṅgha (*supatipanno*...). A continuación, se canta el *Mettā Sutta* sobre la bondad amorosa.[8] La invocación termina con una consagración a cualquier mérito resultante de la realización de estas prácticas a los maestros, los seguidores, la madre y el padre, y a todos los seres, y seguida, por último, de una aspiración hacia el nibbāna.

A continuación sigue una práctica de meditación basada en el ānāpānasati, o *mindfulness* de la inspiración y la espiración. Esto conduce finalmente al desarrollo de la *nimitta* (imagen mental), los cinco niveles del pīti (energización) y los jhānas, todos los cuales se tratarán con cierto detalle en los capítulos siguientes. Una vez dominadas estas etapas, se describen sucesivamente todos los demás objetos del samatha, como los *kasinas* (un objeto externo que representa la tierra, el aire, el fuego, el agua o un color) o las *brahmavihāras* (la bondad amorosa, la compasión, la alegría comprensiva y la ecuanimidad), antes de pasar al desarrollo del *insight*, la sabiduría y el Camino.

Invocación en El Camino de Lanka

La invocación de *El Camino de Lanka* es una versión jemer del mismo homenaje anterior, que implica el recuerdo de las cualidades del Buda, el Dhamma y la Saṅgha, pero ampliado para incluir a las personas nobles —el *sotāpanna* (el que entra en la corriente), el *sakadāgāmin* (el que regresa una vez), el *anāgāmin* (el que no regresa) y el *arahant* (el plenamente entendido o iluminado)— que han alcanzado las cuatro etapas del Camino.

A esto le sigue una petición por el kammaṭṭhāna gemelo, que son las dos divisiones de la práctica de la meditación budista mencionadas anteriormente: samatha y vipassanā. Aunque a menudo se describen como dos divisiones, en el Yogāvacara se consideran interrelacionadas e inseparables, a diferencia de lo

8 Este y otros materiales sobre el canto se pueden encontrar en el libro de cantos del Samatha Trust, disponible en www.samatha.org.

que ocurría durante las reformas, cuando se trataban por separado con la afirmación de que vipassanā podía desarrollarse sin jhāna.

Luego, partiendo de la versión del *Manual del Yogāvacara*, sigue una sección tomada del ritual de ordenación Mahānikāy, que comienza con la palabra *Okāsa*. Pronunciada al comienzo de muchos rituales del Yogāvacara, Okāsa está relacionada con *ākāsa* —espacio— y tiene el significado de «que se manifieste». Es, por tanto, el epítome de la invocación y constituye el primer ejemplo en este libro del uso de sílabas o mantras como alternativa al lenguaje convencional. El fundamento es que en el momento en que termina la última sílaba de Okāsa, en ese momento de vacío o espacio, lo que se invoca para que se manifieste se manifestará.

> Okāsa!
> namo tassa bhagavato arahato sammāsambuddhassa
>
> ukāsa vandāmi bhante sabbaṃ aparādhaṃ khamatha me bhante mayā kataṃpuññaṃ sāminā anumoditabbaṃ sāminā kataṃ puññaṃ mayhaṃ dātabbaṃ sādhu anumodāmi
>
> sabbaṃ aparādhaṃ khamatha me bhante ukāsa dvārataye kataṃ sabbaṃ aparādhaṃ khamatha me bhante
>
> Homenaje al Bendito, el perfeccionado, el plenamente iluminado
>
> Permítame saludarle, Venerable Señor. Que pueda perdonarme todas mis faltas, Venerable Señor. Que el maestro se regocije en los méritos que he adquirido. Que el maestro me transfiera los méritos [que Él ha adquirido]. Sādhu, Sādhu. Me regocijo.

> Que pueda perdonarme todas mis faltas, Venerable Señor, [cometidas] a través de las puertas (de los sentidos —a saber, el cuerpo, la boca y la mente—); que me perdone todas mis faltas, Venerable Señor.[9]

Lo anterior es similar a la confesión ritual que hacen los monjes cada luna llena antes de la recitación del Pāṭimokkha y pone de relieve la relación recíproca entre el maestro y el aspirante a la hora de compartir los méritos —es muy posible que existan prácticas equivalentes para los bhikkhunis y las monjas de los diez preceptos—. La invocación termina aquí para el aspirante al Yogāvacara, mientras que en la ordenación de un monje Mahānikāy va seguida de la petición de túnicas y de la iniciación para acabar con el sufrimiento y alcanzar el nibbāna. La aspiración al nibbāna se repite en otros puntos de los textos Yogāvacara y, en cualquier caso, está implícita desde el momento en que se trae a la mente el linaje. Esto contrasta con el ritual de ordenación Thammayut, en el que se prescindió de la aspiración al nibbāna como parte del movimiento de reforma de la década de 1830 en Tailandia.

Como en el *Manual*, a la invocación le sigue la práctica de la meditación, de nuevo basada en el ānāpānasati, con un desarrollo detallado de las nimittas y las etapas del pīti. El resto de *El Camino de Lanka* se centra en intercambios enigmáticos y encubiertos entre el maestro y el aspirante, y en secciones que detallan el uso de las sílabas, en particular la fórmula A RA HAṂ (véase el capítulo 7). El dominio de otros temas de samatha está implícito, pero no se describe en detalle como en el *Manual*.

En general, la invocación apela a la continuidad del linaje desde Buda hasta los nobles discípulos que han alcanzado los cuatro Caminos a través del maestro actual del aspirante. Esto

9 Véase, por ejemplo, Phra Chuntawongso, «Samanera Ordination Chanting in Pali-Thai», *Dhamma Wheel Buddhist Forum*, https://www.dhammawheel.com/viewtopic.php?p=95604&sid=dcddc93443f43dc4c09f8e6291d-%20e1267#p95604, 2 de mayo de 2010.

tiene dos aspectos: en primer lugar establece una dirección hacia adelante, pero en segundo lugar, y más importante, va unido a la voluntad de hacer (en pali, *adhiṭṭhāna*), que describe la determinación resuelta de comprometerse a llevar algo a término y se expresa en la invocación: *Okasa*! También se reconoce en la meditación samatha, en general, y en el Yogāvacara, en particular, que la fe firme en el linaje y en el maestro actual es un factor de apoyo necesario.

La Invocación y los Bojjhaṅgas

Existen varios sistemas diferentes de clasificación dentro de la teoría budista para conceptualizar el Camino hacia la iluminación o la realización. Los principales son las etapas del Camino Óctuple propiamente dicho; la clasificación de los cuatro rūpa jhānas y los cuatro arūpas; y los *bojjhaṅgas*, o factores de la iluminación, que son, en pāli y en español, los siguientes:[10]

- *sati*, atención plena (*mindfulness*)
- *dhamma-vicaya*, investigación
- *viriya*, vigor
- *pīti*, energización o alegría
- *passaddhi*, tranquilización
- *samādhi*, concentración o absorción
- *upekkhā*, ecuanimidad

Los siete bojjhaṅgas son particularmente relevantes para comprender el Yogāvacara y se hará referencia a ellos de diferentes maneras a lo largo de este libro. Se mencionan muchas veces en los suttas budistas junto a otras clasificaciones paralelas, como

10 Para una introducción al budismo y al Noble Camino Óctuple, véase Harvey (2013); para un análisis de la naturaleza interrelacionada de los jhānas y los bojjhaṅgas, véase Dennison (2020).

por ejemplo en este extracto del *Ānāpānasati Sutta* traducido del pāli por Ñāṇamoli Thera:

> Los cuatro fundamentos del *mindfulness*, cuando se desarrollan y se practican mucho, perfeccionan los siete factores de la iluminación. Los siete factores de iluminación, cuando se desarrollan y se practican mucho, perfeccionan la visión clara y la liberación.[11]

El primer factor, sati, conlleva esencialmente el mismo significado que la invocación en el Yogāvacara. Tanto el sati como la invocación establecen un punto de referencia en el tiempo y el espacio para comenzar a desarrollar los bojjhaṅgas posteriores, el camino del Yogāvacara, o ambos en paralelo.

Aunque podamos hablar de invocación y sati como puntos de partida, es un error pensar que tanto los bojjhaṅgas como el camino del Yogāvacara siguen un curso lineal, de un punto A, a un punto B. Los factores y las etapas se desarrollan de forma interactiva. Por ejemplo, el sati por sí mismo sería, más bien, estático sin un grado de interés y discernimiento, o dhamma-vicaya —el segundo bojjhaṅga—. Y con el viriya —el vigor—, el sati se transforma en un vector dinámico —tomando prestado un término de la física— que lo lleva a uno a avanzar en la práctica.

Del mismo modo, si la invocación ha de ser comprendida correctamente, estará imbuida de estos mismos factores del sati, del dhamma-vicaya y del viriya —del sati porque tiene que ser un nuevo momento o acto mental en el tiempo y el espacio, del dhamma-vicaya para añadir una dirección hacia la iluminación o la verdad más allá del lenguaje convencional, y del viriya para añadir la cualidad de la fuerza de voluntad.

Quizá el ejemplo más directo de invocación, para muchos meditadores, sea su primer contacto con una tradición a través del encuentro con un maestro que tenga experiencia directa,

11 *Ānāpānasati Sutta*, Majjhima Nikāya 118, traducido del pāli por Ñāṇamoli Thera (1952, p. 3).

idealmente del Camino —es decir, el Camino budista hacia la iluminación o el despertar, o nibbāna—. Dado el momento adecuado, la persona adecuada y el lugar adecuado, un meditador puede vislumbrar algo que al principio solamente se comprende vagamente y está fuera de la experiencia convencional —un contacto que establece un momento en el tiempo y el espacio y que conduce al meditador hacia adelante—.

Desde luego, este fue el caso en los primeros años de la enseñanza de Nai Boonman, cuando su cualidad de quietud encarnada inspiraba a los estudiantes para desarrollar sus propias prácticas. Para los meditadores experimentados, el contacto con esta quietud sigue siendo un método primario de invocación, pero ahora es el recuerdo de la quietud meditativa, que ellos mismos han desarrollado, lo que les permite una rápida reconexión con una continuidad de la práctica, cuando resulta apropiado. Durante acontecimientos más formales, como retiros intensivos o prácticas en grupo dentro de la tradición del Samatha Trust, tienen lugar versiones simplificadas de la invocación, aunque no necesariamente se describen formalmente como tales.

Por último, hay dos puntos que se repetirán a lo largo de este libro. El primero es la idea de un «acto mental». La fórmula verbal en la invocación es un punto de partida, que rápidamente se convierte en un acto mental y deja de ser un procedimiento burdamente verbal. Una vez familiarizado con la invocación, el aspirante puede revertir en un momento al linaje, que abarca el pasado, el presente y un posible futuro fuera de los procesos habituales basados lingüísticamente de esto - eso, o de punto A - punto B.

En segundo lugar, la noción de invocación anticipa una relajación del papel del lenguaje convencional, un tema que reaparecerá en los capítulos sobre los jhānas, que requieren desligarse de la consciencia sensorial y de su dependencia del lenguaje. Este tema también puede encontrarse en el uso casi mágico de sílabas, mantras y yantras descrito en el capítulo 7.

2

EL PRIMER RŪPA JHĀNA: ATENCIÓN, VITAKKA, Y VICĀRA

La invocación establece una dirección y un escenario para la meditación, que es el kammaṭṭhāna, literalmente «lugar de trabajo» en pāli. En el Yogāvacara, el *kammaṭṭhāna* es el kammaṭṭhāna gemelo, samatha y vipassanā juntos, enumerado como parte de la invocación. En la práctica, sencillamente no es posible establecer ni siquiera el primer rūpa jhāna, del que dependen todos los jhānas superiores, sin un desarrollo paralelo de la percepción de los procesos que atan a una persona a la consciencia sensorial. En este capítulo comenzamos con el primero de los jhānas de forma, o rūpa.

El primer rūpa jhāna requiere que los meditadores trabajen a través de las delicadas etapas de desligarse temporalmente de su consciencia sensorial habitual. Normalmente, por esto sería la primera vez en su vida. Si esta etapa se precipita y el desligamiento queda incompleto, es probable que se produzcan distorsiones de la comprensión, incluidas sobreestimaciones de lo que se cree haber alcanzado.

Cuando un grupo de monjes, en la década de los sesenta, le preguntó: «¿Qué enseña usted?», Nai Boonman respondió: «Enseño el primer jhāna». Detrás de esta afirmación aparentemente modesta se esconde la comprensión de que si se puede ayudar al menos a alguien a experimentar el primer rūpa jhāna, la experiencia nunca se olvidará y le llevará finalmente a desarrollarse más.

En pāli, rūpa es «forma» y denota algo que puede ser percibido por los sentidos. Es el primero de los cinco agregados (*khandhās*) del budismo que constituyen un ser humano y la experiencia sensorial: *rūpa* (forma), *vedanā* (sensación), *saññā* (percepción), *saṅkhāra* (formaciones o fabricaciones mentales) y *viññāṇa* (consciencia). En la consciencia sensorial, rūpa adopta la posición de objeto en relación con *nāma*, la mente, con nāma como «sujeto» en el flujo continuo de momentos de consciencia.

Campanas del templo, Bodh Gaya, India.

Los cuatro rūpa, o jhānas de la forma, se denominan el reino «fino-material», *rūpa-loka*, a diferencia del reino sensorial, *kāma-loka*. Los objetos de la consciencia jhāna se vuelven progresivamente más sutiles que cualquier objeto sensorial exterior y a veces se les denomina «hechos por la mente». Este reino fino-material puede parecernos poco familiar, ya que la mayor parte del tiempo funcionamos en un mundo más concreto, de «esto» o «aquello», en el que los objetos y las experiencias están sustentados por el lenguaje. Sin embargo, no está del todo ausente en la consciencia cotidiana y aflora en momentos de intuición y creatividad cuando se relaja la rigidez del lenguaje.

Los Jhānas en los Suttas Budistas

Las descripciones más antiguas de los jhānas, tal y como los describió Buda, se encuentran en suttas que datan de hace más de dos milenios, particularmente en las colecciones Dīgha y Aṅguttara Nikāya, donde aparecen como breves fórmulas. A pesar de los problemas de utilizar un lenguaje convencional para describir los jhānas, estas descripciones originales en pāli son, no obstante, muy útiles y se hará referencia a ellas para cada uno de los jhānas en los capítulos que siguen. A continuación se muestra la fórmula para el primero de los cuatro rūpa jhānas[12] en la lengua original pāli con una traducción al castellano de *El Camino de la Purificación: Visuddhimagga* (Vism.).[13] Se incluyen las traducciones del *Visuddhimagga* como intentos típicos y bastante representativos de traducir los factores jhāna del pāli,[14] las cuales se van a examinar en detalle y, en varios casos, se sugerirán, las

12 *El Camino de Lanka* y el *Manual del Yogāvacara* parecen estar más alineados con un modelo quíntuple posterior de los jhānas descrito en el Abhidhamma del siglo VIII-XII. Esto se describirá en el capítulo 5.

13 Las fórmulas jhāna o «perícopas» aparecen con frecuencia en los Nikāyas budistas, y los extractos en pāli para los cuatro rūpa jhānas de los capítulos 2 a 5 proceden del *Samaññaphala Sutta*, Digha Nikāya 2 (PTS D i 47). Las traducciones varían ligeramente, y las de este libro proceden de la versión en inglés de *The Path of Purification: Visuddhimagga* (Buddhaghosa, 1999).

14 Las traducciones del pāli al castellano que ofrecemos aquí se han realizado directamente a partir de las versiones en inglés que el autor ha seleccionado. *[N. del T.]*

que podrían ser, mejores traducciones a la luz de la experiencia subjetiva del autor, así como de los hallazgos del estudio de electroencefalogramas (EEG).

En pāli,

vivicc' eva kāmehi vivicca akusalehi dhammehi savitakkaṃ savicāraṃ vivekajaṃ pīti-sukhaṃ paṭhamaṃ jhānaṃ upasaṃpajja viharati (Dīgha Nikāya 2).

Bastante recluido de los deseos sensoriales, recluido de las cosas no provechosas [el meditador] entra y mora en el primer jhāna, que va acompañado del pensamiento aplicado y sostenido con la felicidad y la dicha nacidas de la reclusión (Vism. IV, p. 133).

Uno de los temas principales de este libro es que para desarrollar los jhānas se requiere desligarse de la consciencia sensorial humana por defecto, y la frase inicial de la fórmula pāli anterior es inmediatamente relevante sobre este respecto. El proceso de desligamiento en términos de las experiencias subjetivas de los meditadores, así como los cambios reales y mensurables en la actividad cerebral, quedarán más claros cuando se describa más adelante el estudio de EEG de la actividad cerebral durante el desarrollo del jhāna.

La frase «Bastante recluido de los deseos sensoriales» (*vivicc' eva kāmehi*) se ha interpretado a menudo como un requisito para suprimir o apartarse de la atracción sensorial y adoptar una vida más moderada e incluso célibe, lo que para los jóvenes adultos interesados en la meditación —pero que desean llevar una vida laica normal— podría ser, como mínimo, bastante desagradable. Además, la palabra pāli *viharati*, «mora», corresponde a la palabra *vihāra*, utilizada para referirse a un monasterio o *morada* de monjes. En conjunto, podría suponerse que la meditación jhāna es competencia de monjes o monjas, y a veces se ha supuesto que no es posible desarrollar los jhānas mientras se lleva una vida doméstica perfectamente normal.

En el Yogāvacara, sin embargo, siempre ha habido tradiciones paralelas de práctica: una para monjes y monjas, y otra para personas de vida doméstica; reconociendo que el Camino completo es posible para cualquiera de ellos. Desde esta perspectiva, el significado más importante de la frase «bastante recluido de los deseos sensoriales» es que se refiere a una transición hacia otra morada (en el jhāna), bastante distinta de nuestra consciencia sensorial habitual. El problema no es tanto con el mundo sensorial, tiene que ver más con una dependencia o ansia de estimulación sensorial. Los primeros maestros de los sesenta y setenta, Nai Boonman y los tibetanos en particular, fueron buenos modelos para lograr un equilibrio saludable en el desarrollo de los jhānas sin dejar de disfrutar de una vida cotidiana normal dentro del mundo sensorial.

El primer rūpa jhāna se caracteriza por cinco «factores»: *vitakka*, *vicāra*, *pīti*, *sukha* y *ekaggatā citta*, a menudo traducidos como atención aplicada, atención sostenida, alegría, felicidad o dicha, y *unipuntualidad* o unificación de la mente. Los dos primeros factores, vitakka y vicāra, son los factores dominantes para la primera jhāna, y su papel crucial queda confirmado por el estudio del EEG, como quedará claro más adelante.

Aunque no son los factores predominantes, los factores del tercer y cuarto jhāna, pīti y sukha, también se desarrollan significativamente en el primer rūpa jhāna como resultado de la desconexión de la consciencia sensorial. En la traducción al inglés del *Visuddhimagga*, se traduce *pīti-sukhaṃ* como «felicidad y dicha», con variaciones como «alegría y dicha» o «arrebato y dicha», ofrecidas por otros traductores. No creo que estas sean las mejores traducciones para *pīti* y *sukha*, y los significados de estos términos pāli se explorarán más a fondo a partir del próximo capítulo.

La frase *vivekajaṃ pīti-sukhaṃ* se traduce en el *Visuddhimagga* como «con la felicidad y la dicha nacidas de la reclusión», donde «reclusión» se refiere a la separación del deseo de los sentidos. De cara al futuro, esto contrasta con la segunda fórmula jhāna, en la que estos mismos dos factores se desarrollan como «nacidos de la concentración». El significado de esta diferencia también quedará claro a medida que se desarrollen este capítulo y los siguientes.

El quinto factor jhāna, ekaggatā citta, es común a todos los jhānas y describe una profundidad de concentración en la que la mente está absorta en el objeto. Ha habido algunos desacuerdos sobre si este factor se aplica al primer rūpa jhāna, ya que no aparece en la fórmula del sutta anterior, pero se ha señalado que la frase «nacido de la concentración» para el segundo jhāna implica directamente tal profundidad de concentración para el primer jhāna precedente.[15] En este libro prefiero utilizar «unificación de la mente» en lugar de «unipuntualidad», ya que creo que capta mejor la experiencia de una absorción que lo abarca todo.

El Kammaṭṭhāna del Samatha: Bu Ddho y Ānāpānasati

El *Visuddhimagga* enumera cuarenta objetos tradicionales de meditación samatha. De ellos, se dice que solo las técnicas más sencillas —incluidas la del ānāpānasati y las diez meditaciones kasina— conducen a los cuatro rūpa jhānas.

Los tres primeros brahmavihāras, o moradas divinas —bondad amorosa (*mettā*), compasión (*karuṇā*) y alegría empática (*muditā*)— pueden conducir a los tres primeros rūpa jhānas, pero no al cuarto, debido al remanente de sensación placentera. El cuarto brahmavihāra, la ecuanimidad (*upekkhā*), trasciende

15 Esto fue señalado por Cousins (1973).

cualquier dependencia de la felicidad o la dicha y es el objeto del cuarto rūpa jhāna, por lo que esta práctica, por lo tanto, puede conducir al cuarto rūpa jhāna. Los diez objetos de repulsión (*asubhas*) —o etapas de putrefacción de un cuerpo—, así como el *mindfulness* al cuerpo, dependen del pensamiento aplicado, vitakka, por lo que solo pueden conducir al primer rūpa jhāna, pero no más allá.

De los restantes objetos de meditación, los ocho recuerdos —de Buda, del Dhamma, de la Saṅgha, la moralidad, la liberalidad, las cualidades de los *devas* (seres celestiales), la muerte y la paz— así como el análisis de los cuatro elementos (tierra, agua, fuego y aire) y el desprecio hacia la comida, conducen a la concentración de acceso (upacāra samādhi), pero son demasiado complejos en sus maniobras mentales para conducir al jhāna. Por último, están los cuatro estados sin forma —espacio infinito, consciencia infinita, nada y, finalmente, ni percepción ni no percepción— denominados los cuatro jhānas sin forma o arūpa.

En la práctica, ānāpānasati, el método favorecido por Buda, tiende a considerarse la vía preeminente, aunque el antiguo método Bu Ddho descrito a continuación también se centra en la respiración y a menudo se practica como preliminar antes de emprender el ānāpānasati. Las meditaciones kasina, que implican objetos físicos, fueron históricamente bastante populares, en particular la meditación kasina de tierra en la que un meditador contempla inicialmente un disco externo de tierra antes de cerrar los ojos para interiorizar la imagen. Estas meditaciones se describen con detalle en dos importantes textos comentados: el *Visuddhimagga* de Buddhaghosa, del siglo V, y el *Vimuttimagga* de Upatissa Thera, del siglo III.

Hoy en día, sin embargo, se consideran sobre todo prácticas «especiales» adecuadas para meditadores concretos en etapas concretas de su desarrollo. Del mismo modo, otros objetos de la lista de los cuarenta son más propensos a ser sugeridos por un maestro a un alumno concreto para corregir desequilibrios de temperamento antes de iniciarse en el ānāpānasati.

Bu Ddho

La forma de control de la respiración conocida como Bu Ddho es antigua, bien conocida en el budismo anterior a la reforma, y es un método samatha que hasta cierto punto sobrevivió a las reformas.[16] La palabra *Buddho* en pāli significa literalmente «el que sabe», y la práctica consiste en entonar en silencio las sílabas BU al inspirar y DDHO al espirar; es un buen ejemplo del uso de sílabas en las prácticas Yogāvacara. Como todas las prácticas samatha utilizadas para desarrollar el jhāna, es importante la guía de un maestro, lo que debe tenerse en cuenta como limitante a las descripciones que siguen en este capítulo y en los siguientes. Este, particularmente, para el caso del Bu Ddho.

Durante la inhalación, mientras entona BU, el meditador mantiene la intención de despertar energía, desde el diafragma y la zona del ombligo, hacia arriba a través del pecho y la garganta, y hasta la coronilla. La exhalación es gradual mientras se entona DDHO, soltando el pensamiento, las distracciones o el «hacer» y relajándose en la simple paz y quietud. A medida que el meditador se familiariza con la técnica, las entonaciones se hacen más sutiles y el movimiento de la energía hacia arriba conduce al desarrollo, normalmente, de una imagen mental brillante, o nimitta, que el meditador es cada vez más capaz de sostener como un objeto estable mientras la exhalación lenta continúa en el fondo. Después de un tiempo, la secuencia puede repetirse,

16 Mi interés por la técnica Bu Ddho fue paralelo a mi interés por las técnicas para suscitar pītis fuertes desde finales de los años sesenta. Posteriormente, mi comprensión se vio muy favorecida por el intercambio de experiencias con monjes mayores que conocí a finales de los setenta, mientras practicaba en el monasterio de Ajahn Thate, Wat Hing Mak Peng, en el extremo norte de Tailandia, y más tarde en 1992 como monje en la zona rural de Suphanburi, Tailandia.

con la duración de la sílaba DDHO típicamente alargándose cada vez, y la atención en la nimitta conduce a un acercamiento hacia el primer rūpa jhāna.

El Yogāvacara está repleto del uso de yantras para integrar la forma con las sílabas; las sílabas derivan de raíces pāli, pero están escritas en su mayoría utilizando la antigua escritura khom camboyana, a veces intercalada con otros caracteres ocasionales como el tailandés o el lao. Los yantras ofrecen una alternativa al lenguaje convencional, y cuando se dibujan correctamente pueden actuar como foco de meditación además de ser una forma de invocación. La figura 4 muestra la sílaba BU escrita en la escritura khom, mientras que la figura 5 muestra dos yantras relacionados.

El yantra de la izquierda (tailandés, *yan*) de la figura 5 muestra el carácter BU rodeado por el carácter DDHO, que simboliza la energía despertada por BU, «contenida» por la quietud del cuerpo durante la espiración, DDHO. Esto presagia el papel de la energización, pīti, y su tranquilización, passaddhi, en el desarrollo del segundo rūpa jhāna.

El yantra de la derecha, «capas de Buda», está compuesto en su totalidad por capas sucesivas de la sílaba BU, que encapsula de forma bastante bella la experiencia subjetiva de despertar la energía, pīti, durante las inspiraciones repetidas al entonar BU.

La técnica Bu Ddho ha sido popular a lo largo de los tiempos como método relativamente sencillo para obtener una primera experiencia de la primera rūpa jhāna, y en particular para el despertar del pīti, que desempeña un papel clave en el Yogāvacara. En la época anterior a la reforma (es decir, antes de mediados de los sesenta), este método prevalecía en muchos templos de meditación de Tailandia, Camboya y Laos. Además, si alguien es capaz de desarrollar el jhāna con este método, incluso sin una maestría completa, entonces vale la pena preguntarse «¿quién es el que sabe?» (la pregunta implícita que se esconde tras la palabra Buddho, «el que sabe») como un método eficaz para desarrollar una fuerte percepción de la naturaleza del ser.

Sin embargo, BU DDHO, por sí mismo, no permite al meditador desarrollar una comprensión detallada de lo que implica desligarse de la consciencia sensorial, en comparación con el camino gradual del ānāpānasati. Como resultado, aunque puede llevar a un practicante con bastante rapidez a una momentánea experiencia jhāna, para un novato la experiencia puede conducir inmediatamente a la excitación y a un rebote de vuelta a la consciencia sensorial. Incluso en aquellos casos en los que un meditador es capaz de sostener el jhāna hasta cierto punto, la mayoría de las veces se da cuenta bastante rápido de que la mejor estrategia a largo plazo para desarrollar la maestría es recurrir al ānāpānasati.

Figura 4. El carácter khom BU.

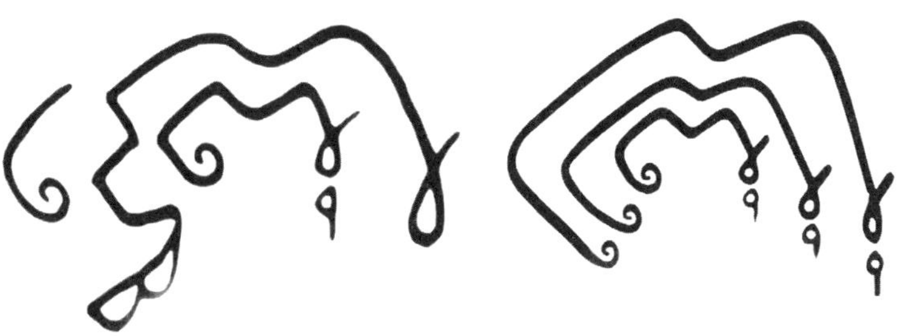

Figura 5. *Izquierda*: Yan, BU DDHO; *derecha*: yan, «Capas de Buda».

Ānāpānasati

En el *Ānāpānasati Sutta*, Buda describe dieciséis etapas para el desarrollo del *mindfulness* con la inspiración y la espiración, una de cuyas características clave es «discernir» cuándo la respiración es larga o corta (o rápida). La trascendencia de esto no está en reconocer pasivamente cuánto dura la respiración, sino que es un detallado desarrollo de llevar la duración de la respiración a la consciencia consciente, en lugar de que la respiración cambie inconscientemente con el estado de ánimo, como ocurre normalmente en la consciencia sensorial. Las dieciséis etapas desarrollan progresivamente el *mindfulness* del cuerpo, de los sentimientos, de la mente y de los procesos mentales.

En otro contexto diferente, dentro de la tradición tibetana, Chögyam Trungpa escribió en su libro *El Camino es la Meta*:

> [Tu] respiración es lo más parecido a un retrato de tu mente. Es el retrato de tu mente en cierto sentido... La recomendación tradicional en el linaje de meditadores que se desarrolló en la tradición Kagyu-Nyingma se basa en la idea de mezclar mente y respiración.[17]

La tradición enseñada por Nai Boonman, resumida en la figura 6, está estrechamente relacionada con las dieciséis etapas más conocidas del ānāpānasati, con una diferencia clave: se utilizan cuatro longitudes de respiración, dos más largas de lo normal (duraciones relativas de 9 y 6) y dos más cortas (duraciones relativas de 3 y 1), con un claro énfasis en que en el desarrollo del jhāna no se utiliza la longitud «normal» o habitual de la respiración (en el diagrama esto está marcado por la línea gris horizontal central).

17 Trungpa (1995, p. 69.)

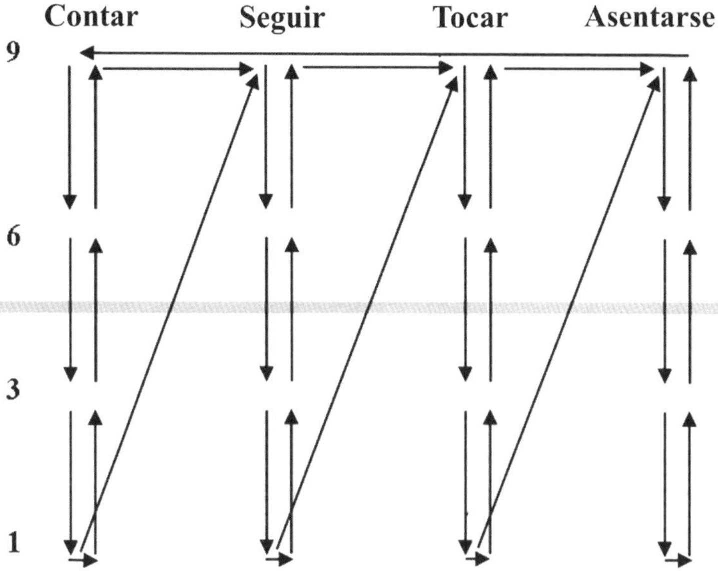

Figura 6. Las dieciséis etapas del ānāpānasati.

Esta técnica ha sido a veces malinterpretada por los profesores de las tradiciones posteriores a la reforma («nuevo samatha») como un ejercicio de excesivo control sobre la respiración, mientras que en la práctica, una vez que las longitudes se familiarizan, se mantienen sin esfuerzo como parte del *mindfulness*. El verdadero significado de utilizar diferentes longitudes de respiración es que marca el comienzo de la desvinculación de la consciencia sensorial habitual. Las cuatro duraciones crean un espacio similar a un mandala en el que puede desarrollarse con seguridad el jhāna, y desde el que los meditadores pueden volver a la respiración normal y a la consciencia sensorial predeterminada sin perturbaciones.

La meditación comienza con la etapa de «contar» (figura 6), estableciendo la atención, sati, en la respiración contando mentalmente del uno al nueve en la inspiración y del nueve al uno en la espiración, para la más larga en longitud; del uno al seis y del seis al uno, para la un poco menos larga en longitud; del uno al tres y del tres al uno para la de longitud corta; y contando simplemente hasta uno, para la de longitud más corta. Se trata de un acto mental muy sencillo que consiste en poner la atención en cada número secuencialmente mientras inspira y espira. Es, en otras palabras, vitakka, el primer factor jhāna: posicionar la atención. Restringe los hábitos de la consciencia sensorial a una simple concentración en la respiración y el número, pero en estas etapas iniciales el practicante aún se encuentra bien dentro de la consciencia sensorial. Contar corresponde a una etapa temprana del *mindfulness* del cuerpo en la descripción tradicional del *Ānāpānasati Sutta*.

La siguiente etapa, «seguir», consiste en el seguimiento de la respiración a través de las sensaciones sentidas en el cuerpo a medida que entra y sale entre la punta de la nariz y la parte inferior del diafragma, para establecer el segundo factor jhāna, vicāra, la atención sostenida. Esto requiere tener cierto conocimiento de la sensación y el sentimiento, un grado de investigación sutil o curiosidad en cuanto al significado, añadiendo por tanto dhamma-vicaya, investigación —el segundo bojjhaṅga— al ya establecido sati. Esta etapa del seguimiento entra dentro de la etapa *mindfulness* del sentimiento en la descripción del Ānāpānasati Sutta.

Nimitta (Imagen Mental) y Acceso al Jhāna

Las etapas de contar y seguir son la base para desarrollar el vitakka y el vicāra. A medida que la atención se estabiliza, los hábitos de pensar, etiquetar y nombrar se relajan, el interés por la práctica se profundiza y comienzan a surgir momentos de paz y felicidad, a menudo con más energía disponible (pīti y sukha). Al principio, estos desarrollos pueden ser sutiles y pasar desapercibidos con facilidad, o darse por sentados, y si se intensifican, la tendencia es volver a pensar en ellos o «comentarlos» —los hábitos de la consciencia sensorial—.

Para este momento, el meditador habrá progresado hasta la tercera etapa, la de «tocar» (Figura 6), apoyando la atención en la sensación del tacto del respiro en la punta de la nariz. La tarea consiste ahora en instalarse más profundamente en una creciente sensación de satisfacción, resistiendo cualquier deseo de pensar discursivamente, o cualquier pensamiento de «llegar a alguna parte» o de desear ser o hacer otra cosa que no sea instalarse en una quietud más profunda. Esto también requiere que el meditador comprenda mejor los hábitos profundos de gustar o no gustar, de querer o no querer, que se encuentran en las raíces del apego y el ansia. En otras palabras, el vipassanā se desarrolla necesariamente de forma natural junto al samatha —el kammaṭṭhāna gemelo—.

Ahora, esta es la base central para desligarse de la consciencia sensorial. La práctica se basa cada vez más en la mente, y la sensación de la respiración en la punta de la nariz se sustituye gradualmente por la nimitta, o imagen mental, que representa la consciencia creciente del meditador o el «signo» de su propia consciencia —o por tomar prestado un término de los estudios sobre la consciencia, su *qualia*—. Comparado con un objeto de meditación más definido, como uno de los kasinas mencionados anteriormente, el objeto en el ānāpānasati, la respiración y su nimitta, es mucho más sutil. Así, se requiere paciencia, así como la guía de un maestro competente, para permitir que la nimitta se desarrolle. Para algunos meditadores, la nimitta puede experimentarse como algo visual —una luz clara o difusa, justo delante, o inundando progresivamente el cuerpo—. Para otros, puede ser una sensación de tocar algo con la mente, o puede ser un fenómeno auditivo, como si escuchara el silencio, entre otras posibilidades. La asociación con uno u otro modo sensorial es un reflejo interiorizado o un remanente de los hábitos de la consciencia sensorial. A medida que la absorción se profundiza, tales distinciones se desvanecen.

El meditador permite que este proceso siga su curso hacia una quietud más profunda sin interferir ni «comentar». Mientras tanto, es plenamente consciente de cualquier forma que adopte la nimitta mediante una especie de visión periférica.[18] Finalmente, la nimitta se vuelve más estable, momento en el que el meditador puede transferir la atención directamente sobre ella en la etapa de «asentar» (figura 6). Este es ahora el umbral del jhāna, y todo lo que se requiere es permitir que la absorción profundice en la unificación de la mente, ekaggatā citta, donde la respiración sutil, la nimitta y la consciencia, con sus factores jhāna asociados, se vuelven uno en la consciencia del jhāna.

La descripción hecha en estas páginas de las dieciséis etapas puede parecer desalentadora; no cabe duda de que suponen un reto para la paciencia de un nuevo meditador y requieren confianza en el maestro y en la tradición para persistir. Familiarizarse con las dieciséis etapas puede llevar normalmente de seis a doce meses antes de que se conviertan en algo familiar como parte del *mindfulness* general. A partir de ese momento, la práctica se convierte, más bien, en dejarse llevar —por los hábitos de pensar, etiquetar, gustar y disgustar que sustentan la consciencia sensorial—, y en un movimiento general que va desde la complejidad hacia una sensación más sencilla y profunda de paz y quietud, sin dejar de ser plenamente consciente.

En el primer rūpa jhāna, los factores vitakka y vicāra son centrales, mientras que los factores posteriores del jhāna —pīti, sukha y ekaggatā— son secundarios. El meditador que experimenta el primer rūpa jhāna llega gradualmente a comprender las interrelaciones entre la nimitta y las etapas de desarrollo del

18 Este proceso de utilizar la nimitta como guía es anterior, más de dos milenios y medio, a la comprensión moderna de la neurorretroalimentación, sobre esto véase Dennison (2012b).

pīti. Dicha comprensión, a su vez, es la base para desarrollar el segundo jhāna, en el que el pīti ocupa el centro del escenario.

Los Impedimentos: ¿Supresión o Desvinculación?

Al analizar la frase *vivicc' eva kāmehi* en la fórmula para el primer jhāna, traducida como «recluido de los deseos sensoriales», el *Visuddhimagga* añade una interpretación paralela de *viveka* para significar recluido de, o separado de, los impedimentos. Los impedimentos se mencionan en muchos lugares de los Suttas como obstáculos para alcanzar el jhāna, y se enumeran como el deseo sensorial, la mala voluntad, la pereza y el letargo, el desasosiego y el remordimiento, y la duda. La mayoría de los enfoques para hacer frente a los impedimentos hacen hincapié en la necesidad de comprender pacientemente por qué surgen, qué significan en términos de apego y ansia, y luego cómo minimizar su impacto.

En los textos de Yogāvacara se reconocen, a veces en una invocación «que me libere de los impedimentos», pero generalmente no se convierten en un foco primario como algo que deba trabajarse por separado o antes de la práctica real del kammaṭṭhāna. Esto contrasta con un posible exceso de atención en algunas tradiciones, en las que se consideran «obstáculos» puestos en el camino, que uno debe superar. Tal concentración excesiva corre el riesgo de alimentar el problema subyacente o de intentar reprimirlo, y como consecuencia se sufre una retirada incompleta de la consciencia sensorial y experiencias distorsionadas del jhāna, como se describe en el capítulo 6.

Si un meditador es impaciente, la represión se convierte en un resultado probable, en cuyo caso, alcanzar el jhāna será más difícil, y será, más bien, una breve experiencia momentánea interrumpida por una reactiva regresión y casi inmediata a la consciencia sensorial. Tal es la naturaleza de la represión, reconocida por Freud hace más de un siglo como una estrategia condenada al fracaso; lo que se reprime permanece siempre presente en el inconsciente, necesitando solo un ligero desencadenante para resurgir.

Para algunos temperamentos, y en ausencia de un maestro experimentado, también existe la trampa potencial de asumir que hay que pagar un precio para justificar el alivio de los obstáculos. Esto conduce al ascetismo, o a lo que históricamente se conoce como *tapas*, en algunas tradiciones del yoga (*tapas* deriva de la raíz sánscrita *tap,* quemar, y se refiere a prácticas disciplinadas para consumir o quemar impurezas u obstáculos). Los *dhutaṅgas*, o prácticas ascéticas, de las tradiciones budistas de meditación del bosque[19] se consideran igualmente medios de purificación para debilitar o sacudirse los obstáculos, y cuando se practican con fe y ecuanimidad pueden mejorar la práctica de una persona. Sin embargo, los maestros suelen tener cuidado de sugerirlas en función del tipo de carácter de la persona, ya que pueden ser prácticas malinterpretadas o incluso peligrosas en algunas circunstancias.

El mismo principio se aplica al énfasis excesivo de algunas tradiciones en las sentadas largas, a veces de varias horas en las primeras etapas del desarrollo de un acercamiento a los jhānas. Si bien esto puede ser apropiado para algunos temperamentos en el momento adecuado, para otros, y a veces especialmente para los temperamentos occidentales, también puede conducir a la represión de los impedimentos con sus simultáneos problemas descritos anteriormente. Es importante recordar la propia experiencia de Buda cuando era joven y recordaba una experiencia del primer rūpa jhāna mientras estaba en un modo placentero

19 Los trece dhutaṅgas son (1) llevar túnicas remendadas; (2) llevar solo tres túnicas; (3) ir a pedir limosnas; (4) no omitir ninguna casa en la ronda de limosnas; (5) comer de una sentada; (6) comer solamente del cuenco de limosna; (7) rechazar cualquier otro alimento; (8) vivir en el bosque; (9) vivir bajo un árbol; (10) vivir al aire libre; (11) vivir en un cementerio; (12) conformarse con cualquier vivienda; y (13) dormir sentado. Véase también Khantipalo Bhikkhu (1965).

y relajado, y su posterior rechazo de las prácticas ascéticas como adulto antes de volver a la ruta de los jhānas.

El Yogāvacara como camino gradual parece en gran medida libre de la trampa de la represión, y la perspectiva adicional del estudio de los EEG, descrito a lo largo de este libro, es muy útil para aclarar con mayor claridad lo que los impedimentos representan realmente cuando se ven a través de la lente de la neurociencia. Dicho brevemente, en lugar de la suposición simplista y desalentadora de que son obstáculos, o un problema del meditador, pueden considerarse igualmente signos de un éxito, lento, pero en constante desarrollo a la hora de afectar a los cambios en las redes cerebrales mientras se desconecta de la consciencia sensorial. Esto se tratará con más detalle en el capítulo 6, después de que se hayan descrito los cuatro rūpa jhānas.

El Símil de la Campana

Es tarea de un meditador que desarrolla el primer rūpa jhāna dominar la atención en sus dos aspectos, vitakka y vicāra, y esto está bien ilustrado en el *Vimuttimagga* y el *Visuddhimagga* por el símil de la campana. El primer golpe de la campana es vitakka, que establece el *mindfulness* —sati— como un momento en el tiempo y el espacio. La reverberación, el eco, es vicāra. Si, a medida que se desvanece lentamente la reverberación, la atención descansa sin vacilar en ella, saboreando la sensación con una actitud de atención interesada (dhamma-vicaya), incluso de reverencia, es entonces, a medida que la reverberación se desvanece hasta el silencio, cuando el meditador es llevado a un punto de quietud de un modo similar al que se desarrolla en la aproximación a la primera rūpa jhāna.

En la sección que trata del ānāpānasati, el *Visuddhimagga* desarrolla aún más el símil de la siguiente manera:

> […] igual que cuando se golpea un gong. Al principio, se producen sonidos fuertes y la consciencia [surge] porque el indicio de los sonidos fuertes queda bien asimilado, bien atendido, bien observado; y cuando los sonidos fuertes han cesado, entonces después se producen sonidos tenues y [surge la consciencia] porque el indicio de los sonidos tenues queda bien asimilado, bien atendido, bien observado; y cuando los tenues sonidos han cesado, entonces después se produce la consciencia porque tiene como objeto el indicio de los sonidos tenues

—así también, al principio ocurren inhalaciones y exhalaciones fuertes y [la consciencia no se distrae] porque el indicio de las inhalaciones y exhalaciones fuertes queda bien asimilado, bien atendido, bien observado; y cuando las inspiraciones y espiraciones fuertes han cesado, entonces después se producen inspiraciones y espiraciones tenues y [la consciencia no se distrae] porque el indicio de las inspiraciones y espiraciones tenues queda bien asimilado, bien atendido, bien observado; y cuando las inspiraciones y espiraciones tenues han cesado, entonces después la consciencia no se distrae porque tiene como objeto el indicio de las inspiraciones y espiraciones tenues.[20]

Esto describe el proceso en el que la atención se vuelve, progresivamente, menos propensa a la distracción, mientras que simultáneamente las respiraciones se vuelven cada vez más sutiles, finalmente, hasta el punto de cesar —de manera aparente—, momento en el que la consciencia permanece sin distracción, tomando como objeto el indicio de las respiraciones más sutiles anteriores. El indicio, aquí, es la nimitta tal y como se ha descrito anteriormente.

Algunos de los primeros estudios académicos sobre los jhānas especularon sobre si la centralidad de vitakka y vicāra en el primer rūpa jhāna implicaba una continuación del pensamiento no muy distinta a la de la consciencia cotidiana. El símil aclara que vitakka y vicāra son aspectos de una forma de atención que se

20 *Visuddhimagga* VIII (Buddhaghosa [1999, p. 184]).

desliga del pensamiento discursivo típico de la experiencia sensorial ordinaria.

La Neurociencia del Primer Rūpa Jhāna: Principales Resultados

Entre 2014 y 2019, treinta practicantes de meditación ānāpānasati con interés en desarrollar los jhānas se ofrecieron como voluntarios para que se registrara su actividad eléctrica cerebral (EEG; electroencefalograma) mientras meditaban. Se trataba de practicantes laicos involucrados activamente en la vida ordinaria, con una amplia gama de ocupaciones, muchos de ellos con familia e hijos, y con una experiencia en meditación que oscilaba entre los cuatro y los más de cincuenta años.

Los resultados del estudio fueron notables, y sin precedentes, en términos neurocientíficos. No obstante, también han proporcionado una ventana hasta ahora inexplorada, desde una perspectiva budista, para comprender los mecanismos detallados de la meditación jhāna, así como la naturaleza de la consciencia, y han sido una motivación primordial para decidirme a escribir este libro.

En este capítulo, y en el resto de la Primera Parte, se presentarán resúmenes de los hallazgos clave del estudio de EEG para cada una de los jhānas, puesto que para la Segunda Parte se reservarán las presentaciones más detalladas, que incluirán ejemplos de registros de EEG sin procesar en tiempo real. La intención es desarrollar una visión general de los jhānas en su conjunto antes de ofrecer la oportunidad de profundizar en la neurociencia más compleja, en la Segunda Parte. Además, se dispone de material explicativo complementario en www.shambhala.com/jhana-eeg.

El informe realizado para la revista *Frontiers* se ocupó por completo de la meditación ānāpānasati, la principal modalidad que enseña el Samatha Trust, y los conocimientos más importantes han surgido de ese estudio. Sin embargo, se dice que si una persona desarrolla un grado de maestría en ānāpānasati, será capaz de practicar hasta el mismo nivel de desarrollo en cualquiera de las otras modalidades de meditación samatha con comparativa facilidad. Esta discusión neurocientífica, para el primer rūpa jhāna, también incluye percepciones de la técnica Bu Ddho, basadas en el registro de un miembro de un pequeño grupo de meditadores dentro del Samatha Trust que han explorado esa modalidad por curiosidad personal. Parte de la de la motivación para explorar el método Bu Ddho es que constituye un ejemplo fascinante del papel de las sílabas en el Yogāvacara, lo que se describirá en el capítulo 7.

La comparación entre las técnicas Bu Ddho y ānāpānasati resulta intrigante. Por un lado, el ānāpānasati se caracteriza por ser una progresión gradual que avanza cuidadosamente a través de procesos cada vez más sutiles de *mindfulness* y una concentración en constante aumento. En cambio, la Bu Ddho se presenta como una práctica voluntaria, que desde el principio se enfoca intensamente. Esta técnica se fundamenta en el uso de las sílabas BU y DDHO, las cuales encapsulan tanto el significado como la intención del proceso. En el caso de BU, la intención es despertar la energía, seguida por la tranquilización de esa energía hacia el jhāna que ocasiona la entonación de DDHO durante la espiración.

Por otra parte, se podría esperar que la naturaleza gradual del ānāpānasati tuviera ventajas a la hora de identificar las características de los jhānas a medida que se desarrollan, pero en la práctica esto no fue sencillo. Una visión simplista de que cada jhāna podría tener una «firma» clara resultó poco realista, y solo después de casi dos años de análisis detallado se reconoció que los registros, muy complejas, mostraban ciertos temas de actividad que empezaban a tener sentido cuando se veían como etapas de retirada de la consciencia sensorial.

En conjunto, tomando los dos modos de práctica juntos, los principales resultados pueden resumirse como sigue.

A partir de la Meditación Bu Ddho

- Respuesta muy rápida de la actividad eléctrica del cerebro (en dos o tres segundos) tras la intención voluntaria del meditador de comenzar la práctica.
- Supresión inicial de la actividad de la parte frontal del cerebro (procesamiento cognitivo) junto con una mayor actividad de las áreas de la corteza auditiva del lóbulo temporal del cerebro durante la entonación del BU.
- A continuación, se desarrollan potentes ondas, lentas, en las zonas frontales, que en algunos casos muestran un aumento de potencia de más de 5000:1, algo sin precedentes en la neurociencia como respuesta a la intención voluntaria de una persona. Las ondas lentas son inusuales en neurociencia y, cuando se producen, suelen estar asociadas a estados de inconsciencia, a diferencia de la meditación, en la que el sujeto es plenamente consciente.
- Al mismo tiempo, se observó que los ritmos más rápidos, típicos del procesamiento cognitivo cotidiano, se desvanecían en comparación con los ritmos más rápidos de la meditación.
- A medida que el meditador pasa a la entonación del DDHO en la espiración, toda la actividad se desvanece en un EEG relativamente tranquilo, hasta que el proceso se repite en el siguiente ciclo BU DDHO.
- En general, la técnica Bu Ddho demuestra una potente excitación unida a una ralentización de la actividad cerebral caracterizada por intensas ondas lentas, seguidas de una relajación cada vez más profunda.

A partir del Ānāpānasati: Husos

De lejos, el tema más común en los EEG de todo el grupo de meditadores fue la aparición de husos en sus EEG mientras trabajaban para desarrollar el jhāna, concretamente el primer rūpa jhāna. Los *husos* son interrupciones del ritmo alfa normal y bastante aleatorio del cerebro (fluctuaciones de la actividad eléctrica a unos 10 Hz) en breves ráfagas de paquetes de ondas conocidas por estar relacionadas con interrupciones de la atención, como en la aproximación al sueño o la anestesia, o en situaciones de atención conflictiva, como la conducción distraída.[21] Sin embargo, los husos durante la meditación diferían radicalmente de esos eventos más habituales, sobre todo, en las redes cerebrales más profundas que los controlan, las cuales, según se descubrió, se corresponden con los mecanismos de atención conocidos como corrientes de atención/percepción dorsal y ventral de la neurociencia.

La red de atención dorsal conecta la corteza visual occipital (posterior) en la parte posterior de la cabeza con los sitios frontales relacionados con el procesamiento cognitivo a través de las regiones parietales superiores (dorsales) del cerebro. Se sabe que esta red es rápida y a corto plazo, más bien como la RAM de un ordenador, y establece una posición en el tiempo, por lo que se corresponde bien con la función básica momento a momento de colocar la atención en el sati y el factor jhāna vitakka.

La red de atención ventral también vincula las zonas occipitales con las frontales, pero a través de las zonas centrales (límbicas) y laterales (temporales) del cerebro relacionadas con la memoria a largo plazo, los sentimientos y las emociones. En conjunto, estas redes adicionales añaden significado y saliencia a

21 La distracción del conductor es un ejemplo de atención conflictiva y no implica necesariamente que el conductor esté somnoliento, por lo que se trata de una modalidad diferente a las primeras fases del sueño (Sonnleitner *et al.*, 2012).

la atención, vinculando la información tanto en el tiempo como en el espacio, con una escala temporal correspondiente más larga, que se ajusta bien con las funciones de dhamma-vicaya, la investigación, y el segundo factor jhāna, vicāra, ambos de los cuales requieren el desarrollo de la saliencia.

La meditación BU DDHO es un ejercicio de fuerza de voluntad, que utiliza los sílabas BU y DDHO para canalizar la intención. La definición de diccionario de *intención* tiene que ver con fijar la mente en algo que se va a lograr, lo que se traduce en dirigir y mantener la atención. Del mismo modo, el análisis de los husos en el ānāpānasati revela la interrupción de la atención como el principal mecanismo responsable. Las redes de atención dorsal y ventral en neurociencia son cruciales para la consciencia sensorial diaria. La relevancia de los husos radica en que indican la alteración de estas redes a medida que los meditadores desplazan su atención habitual del mundo sensorial externo hacia la respiración y, finalmente, hacia el objeto de meditación interno (nimitta), como se detalla previamente en este capítulo.

En el estudio de EEG publicado, los husos se interpretaron como los primeros signos de éxito de los meditadores que desarrollan el vitakka y vicāra —y, por tanto, los dos primeros bojjhaṅgas, sati y dhamma-vicaya— en el acercamiento al primer rūpa jhāna. El hecho de que todos los sujetos registrados mostraran actividad del huso en algún momento, y en algún grado, confirma el papel clave del dominio de la atención como primer paso para intentar desarrollar el primer rūpa jhāna y, por extensión, como base para ir más allá en el desarrollo de los jhānas superiores.

Estos resultados también sugieren que la atención es el principal factor de apoyo de la consciencia sensorial, ya que son las redes de atención del cerebro las primeras en interrumpirse cuando un meditador comienza a desligarse de la consciencia sensorial.

3

EL SEGUNDO RŪPA JHĀNA: PĪTI, ENERGIZACIÓN

En los suttas budistas el desarrollo del segundo rūpa jhāna se describe mediante la siguiente fórmula:

En pāli,

vitakka-vicārānaṃ vūpasamā ajjhattaṃ sampasādanaṃ cetaso ekodi-bhāvaṃ avitakkaṃ avicāraṃ samādhijaṃ pīti-sukhaṃ dutiyaṃ jhānaṃ upasaṃpajja viharati (Dīgha Nikāya 2).

Con el sosiego del pensamiento aplicado y sostenido [el meditador] entra y mora en el segundo jhāna, que tiene confianza interna y unicidad de mente sin pensamiento aplicado, sin pensamiento sostenido, con la felicidad y la dicha nacidas de la concentración
(Vism. IV, p. 148).

La frase *vitakka-vicārānaṃ vūpasamā*, «con el sosiego del pensamiento aplicado y sostenido», confirma la afirmación del capítulo anterior de que vitakka y vicāra son los factores clave para el primer rūpa jhāna, y que la comprensión de esos factores y de la naturaleza de la atención es fundamental para desarrollar el primer rūpa jhāna y para desvincularse de la consciencia sensorial. Ese desentendimiento o «reclusión» del deseo sensorial es el fundamento del pīti y del sukha en el primer rūpa jhāna;

recuerde que, en la fórmula del primer rūpa jhāna, pīti y sukha se describen como «nacidos de la reclusión».

En el segundo rūpa jhāna, sin embargo, un meditador consolida la separación de la consciencia sensorial mediante el desarrollo de una concentración cada vez más fuerte, lo que lo lleva a un aumento del pīti y del sukha, en esta ocasión descrito como *samādhijaṃ*, «nacido de la concentración».

Como el pīti es el factor jhāna dominante del segundo rūpa jhāna, este capítulo examinará el pīti con cierta profundidad, particularmente a la luz de las percepciones adicionales de los estudios de la actividad cerebral basados en electroencefalogramas (EEG). Estos sugieren que la energización puede ser la característica principal del pīti, no adecuadamente captada en la traducción que acabamos de hacer de *pīti-sukhaṃ* como «la felicidad y la dicha». Antes, sin embargo, debo decir algo más sobre las etapas de preparación en el desarrollo de los jhānas, las cuales conducen finalmente a su maestría.

Preparación y Maestría

Hay dos puntos de vista comunes expresados en muchos textos de meditación —incluidos el *Visuddhimagga* y comentarios—, que podrían parecer diferentes de las tradiciones orales en cuanto a cómo se desarrollan los jhānas sucesivos. Tomando como referencia los dos primeros rūpa jhānas, la enseñanza común sugiere que, para avanzar hacia el jhāna siguiente, un meditador debe primero salir del jhāna actual, reflexionar sobre su nivel de tosquedad y luego tomar consciencia de que el siguiente jhāna es aún más refinado. En el caso del desarrollo del segundo rūpa jhāna, se abandonarían vitakka y vicāra, que son aspectos más toscos, para luego reintegrarse en el segundo rūpa jhāna, que es más sutil.

Tomado al pie de la letra, esto podría sugerir un grado de análisis cognitivo como preparación para el siguiente jhāna superior. Podría entenderse como una vuelta al procesamiento cognitivo sensorial, aunque sea brevemente, lo que a su vez corre el riesgo de deshacer las ganancias establecidas en el primer rūpa jhāna. Esas ganancias son precisamente el grado de desvinculación de la consciencia sensorial necesario para desarrollar el primer rūpa jhāna. Sin embargo, probablemente lo que se pretenda con «emerger» y «reflexionar» sea algo similar al proceso descrito a continuación como la quinta y última etapa de dominio del jhāna, «repaso», que es más una cuestión de comprensión directa con cualidades de *insight*, incluso de sabiduría, que de burdo procesamiento cognitivo.

La tradición oral de los jhānas también ofrece un enfoque alternativo —pero estrechamente relacionado— en el que, antes de la práctica, un meditador que ha alcanzado el dominio de la primera rūpa jhāna «determina» (pāli, *adhiṭṭhāna*) una intención de practicar más allá de ella. Cuando se alcanza ese punto, la intención se recuerda automáticamente, sin pensamiento discursivo. Esto lleva al meditador al umbral inmediato de la primera jhāna en este caso, sin una regresión a la consciencia sensorial. En este estado, se produce una reflexión automática, nuevamente sin pensamiento discursivo, lo que permite al meditador darse cuenta directamente de que vitakka y vicāra están ahora implícitos y ya no requieren ningún esfuerzo consciente. Es en este momento que el meditador vuelve a la unificación de la mente y establece directamente el segundo rūpa jhāna, sin tener vitakka y vicāra activos.

La segunda diferencia de comprensión en la tradición textual es la opinión de que un meditador debe dominar plenamente cada jhāna antes de intentar desarrollar la siguiente. La realidad, sin embargo, es que al familiarizarse con el primer rūpa jhāna, ya se está preparando activamente el terreno para el segundo; todos los factores del jhāna se están desarrollando en cierta medida, y es el pensamiento simplista arraigado en los hábitos de la consciencia sensorial lingüística el que lleva a suponer un proceso lineal, de punto A a punto B, y una separación correspondientemente rígida entre etapas.

La experiencia dentro de las tradiciones orales anteriores a la reforma y la tradición del Samatha Trust es que cuando un meditador tiene una comprensión suficiente o lo bastante buena del primer jhāna, puede empezar a trabajar hacia el segundo jhāna. Es como si los factores del jhāna y el potencial de todos los jhānas estuvieran presentes desde el momento en que un meditador determina desligarse de la consciencia sensorial —el momento de la invocación y el establecimiento del *mindfulness* en el objeto de meditación—. Más que un proceso lineal, podría describirse mejor como una cuestión de profundidad —o incluso más sutilmente, como una jerarquía superpuesta que funciona de forma similar a como se desarrollan los bojjhaṅgas o el Noble Camino Óctuple, de forma interactiva, y no siguen un camino lineal rígido—.

Al describir en 1980 el esquema budista clásico de causa y efecto conocido como origen dependiente, el monje y eminente erudito estadounidense de tradición Theravāda, Bhikkhu Bodhi, afirma de forma bastante elocuente que «cada eslabón desempeña una doble función: al tiempo que recompensa los esfuerzos invertidos en la realización de la etapa precedente, proporciona el incentivo para el comienzo de la etapa consecuente. De este modo, el entrenamiento graduado se despliega orgánicamente en una progresión fluida en la que, como dice el Buda, "la etapa desemboca en la etapa, la etapa cumple la etapa, para cruzar de la orilla de aquí al más allá"».[22] Lo que yo propongo es que se aplica un proceso similar en el desarrollo y la comprensión de los jhānas.

Siempre que un meditador no se deje llevar por la impaciencia o el ansia, puede ser de gran ayuda empezar a trabajar en el

22 Este extracto procede de una exposición y comentario del *Upanisa Sutta* (Saṃyutta Nikāya 12.23) de Bhikkhu Bodhi (1980, p. 11).

siguiente nivel superior, mientras se consolida el anterior, con lo cual, lograría aclarar el nivel precedente. Esto, de hecho, es un principio que se aplica en muchos ámbitos de la vida. Resulta ciertamente claro, por ejemplo, en las dieciséis etapas del ānāpānasati (figura 6), en las que cada etapa sucesiva de la secuencia de contar, seguir, tocar y asentar, permite que se aclare y profundice la experiencia del meditador en la etapa precedente. También es el principio que subyace a la tradición del Samatha Trust de los profesores por adelantado, como una oportunidad para que profundicen en su propia comprensión —en efecto— por medio de aprender de sus alumnos.

Esta área de desarrollo interrelacionado pero progresivo de los jhānas también está relacionada con el concepto de maestría. Los suttas y comentarios budistas se refieren a tres niveles de experiencia de jhāna y a cinco aspectos de su maestría. Los niveles de experiencia se enumeran como inferior, medio y superior, y están relacionados con la capacidad de un meditador para prolongar la duración del jhāna.

Las etapas de la maestría descritas en el *Visuddhimagga* son cinco —maestría de advertir, alcanzar, durar, emerger y revisar—, pero en el contexto de la discusión, hasta ahora, elijo considerar primero todas las etapas que conducen al logro como «preparación». Esto incluye la invocación de apertura, y luego implica familiarizarse con los impedimentos mencionados brevemente en el capítulo anterior, que prefiero interpretar como síntomas de desvinculación de la consciencia sensorial (véase también el capítulo 6). Al principio, esto hace parte de trabajar con la atención, vitakka y vicāra. Cuando los impedimentos se estabilizan lo suficiente y el meditador puede resistir los tirones habituales hacia el pensamiento, el «querer» o el «no querer», entonces se vuelve posible tocar y experimentar el jhāna. Inicialmente, esto suele ser solo de forma momentánea. De hecho, la primera experiencia puede ser tan fugaz que no se reflexione sobre ella. Sin embargo, con la práctica paciente, se hace posible tomar consciencia del momento del tacto como «advertir», seguido del momento de unificación de la mente o absorción, conocido como «alcanzar».

El dominio de la duración se desarrolla junto con una comprensión más profunda del vitakka, el vicāra y los estados de sensación. A medida que el vitakka y el vicāra se vuelven efectivamente automáticos, los sentimientos de satisfacción pasan a un primer plano, con una necesidad, aún menor, de estar en otro lugar que no sea la experiencia directa que se profundiza en la meditación. Esto corresponde a un mayor debilitamiento del apego a los hábitos de la consciencia sensorial, y el creciente grado de satisfacción permite al meditador prolongar la duración de la experiencia jhāna.

Controlar la duración también implica una creciente consciencia de cuándo y cómo la experiencia llega a su fin. Al principio esto puede depender de las etapas de preparación, de la invocación inicial y de la determinación y fuerza de voluntad del meditador, que con el tiempo se debilitan ante un final natural de la experiencia del jhāna. Eventualmente, sin embargo, se hace posible mediante un acto mental de adhiṭṭhāna, para «determinar» la duración en el momento de advertir y emerger en un momento predeterminado. En este punto se completan las cuatro primeras etapas de la maestría, acompañadas de un grado de tranquilidad y libertad apropiado para el jhāna particular.

La quinta etapa del dominio —repaso—, estrechamente relacionada con el recuerdo, a veces se pasa por alto sin apreciar plenamente su importancia, por lo que a continuación se describe por separado, junto con el recuerdo.

Repaso y Recuerdo

La quinta maestría en pāli es *paccavekkhanā*, una combinación de *pati* y *vekkhanā*, donde el prefijo *pati-* denota «contra». Así, los dos juntos describen la experiencia de haberse vuelto hacia lo que precedió inmediatamente a este momento de reflexión o revisión, en este caso el jhāna recién experimentado. Dado que el estado jhāna inmediatamente precedente está libre de los impedimentos y de los procesos de apego habituales de la consciencia sensorial —incluyendo el gustar/disgustar, o el querer/no querer—, se trata de un momento de clara comprensión cercano a la sabiduría o al conocimiento directo. También podría considerarse un desarrollo del *mindfulness* —sati— hacia un *sati-sampajañña*, «conocer junto con». Tras esta comprensión y conocimiento directos de lo que se ha experimentado, se hace posible el recuerdo en un momento futuro, lo que completa los cinco aspectos de la maestría.

Al principio, la sutileza de la etapa de emerger puede no estar clara antes de volver a la consciencia sensorial. Por tanto, resulta muy beneficioso que un meditador introduzca el recuerdo como ejercicio regular al final de una práctica, incluso desde las primeras etapas ānāpānasati. De hecho, sin empezar a practicar el recuerdo, es posible que los meditadores ni siquiera se den cuenta de que han tocado el jhāna en absoluto en sus experiencias iniciales. El procedimiento consiste, simplemente, en permanecer en la quietud, un poco más, al final de una práctica, antes de moverse —ya sea mental o físicamente— y sin dejarse arrastrar de nuevo a *pensar sobre* lo que se ha experimentado. La calidad de la propia quietud será la calidad del jhāna que se ha experimentado, sin pensar en ello. En el caso del primer rūpa jhāna, esto incluirá sentimientos de estabilidad y firmeza debidos a la estabilidad de vitakka y vicāra, con cierto grado también de paz y felicidad. Al cabo de un rato, el estado se afloja de nuevo hacia la consciencia sensorial ordinaria, la reflexión y el pensamiento. Este proceso se elaborará más cuando pasemos a describir los jhānas superiores.

Esto es diferente de poner fin (por ejemplo) a una práctica, para examinar lo que se puede recordar utilizando el lenguaje convencional, tanto si es hablado como si no lo es. Puesto que el jhāna se encuentra fuera del lenguaje normal, cualquier conclusión que se saque sobre lo que se cree haber experimentado probablemente sea una construcción cognitiva, que omita el punto o malinterprete la experiencia directa. Así que las formas de recuerdo o repaso, descritas anteriormente, no implican un retorno al proceso cognitivo del día a día, de naturaleza tosca, de «pensar sobre».

La capacidad de formular construcciones cognitivas como una especie de experiencia facsimilar del jhāna no debe subestimarse, sobre todo para quienes confían en capacidades intelectuales y de pensamiento fuertemente desarrolladas, incluyendo lo que se haya podido leer sobre el jhāna. De hecho, quedará claro en los capítulos 12 y 13 que las redes cerebrales operan habitualmente en patrones de retroalimentación, reconocidos tanto en la neurociencia moderna como en el origen dependiente budista, que hacen que tal refuerzo de las construcciones cognitivas sea bastante fácil. Uno de los objetivos y beneficios de la meditación jhāna es desvincularse de tales procesos.

La Nimitta y el Pīti

El recuerdo, la familiaridad y la confianza en los procesos del vitakka y vicāra permiten que la atención se vuelva estable y, en gran medida, automática como parte del sati, el *mindfulness* y el fortalecimiento de la concentración.

Subjetivamente, la experiencia del pīti y del sukha «nacida de la concentración» tiene dos aspectos: una sensación de más energía disponible —que equivale a viriya, vigor, el tercer bojjhaṅga— y sentimientos de alegría, felicidad o incluso dicha, que afectan tanto al cuerpo como a la mente. En esta etapa, o incluso antes para algunos meditadores, se desarrolla una clara relación entre el pīti como energización y la nimitta —o imagen mental, mencionada en el capítulo anterior, relacionada con los fenómenos visuales, táctiles, auditivos u otros fenómenos sensoriales que los meditadores experimentan inicialmente— como una consciencia creciente de sus propias mentes.

El papel de pīti y su interrelación con la nimitta es central para el Yogāvacara. Tanto en el *Manual del Yogāvacara* como en *El Camino de Lanka*, la invocación va seguida inmediatamente del ānāpānasati y de una aspiración a las tres formas de la nimitta y a los cinco pītis.

El primer nivel de desarrollo de la nimitta es la transición de la sensación física del tacto del aliento en la punta de la nariz a la consciencia creciente de la consciencia de ese tacto. Este es el trabajo preliminar, o *parikamma* nimitta, la primera de las tres formas de la nimitta a la que se aspira en las invocaciones del Yogāvacara, y se dice que se comprende a través de la «puerta del ojo».[23] Esta primera forma es cambiante y escurridiza, y el meditador debe resistirse a cualquier tentación de examinarla como objeto primario, desarrollando una atención cada vez más sutil a la respiración y a los sentimientos y sensaciones asociados, mientras la concentración aumenta de forma constante.

A medida que el nivel de experiencia mental se vuelve más habitual (también denominado nivel de experiencia «fino-material»), la nimitta se vuelve más estable y se mantiene por completo en la mente en su segunda forma, la *uggaha* nimitta —o signo adquirido—, que en el Yogāvacara se dice que es comprendida a través de la «puerta de la mente».

A medida que el aliento se vuelve más fino y sutil, todo se une hacia la absorción, o ekaggatā citta: unificación de la mente, el quinto factor jhāna, al igual que en el primer rūpa jhāna. La nimitta, el aliento y la consciencia del todo se unen como el *pati-bhāga* nimitta, la tercera forma de la nimitta, o signo homólogo, comprendido, ahora, a través de la «puerta del tacto». Esto conduce a la experiencia encarnada del jhāna y es la base para referirse a esta práctica como Yogāvacara, ya que es un medio de unir cuerpo y mente.

23 La frase «puerta del ojo» se comprende fácilmente cuando el objeto de meditación es uno de los kasinas, un objeto externo, donde es literalmente a través de los ojos y la visión normal como comienza a desarrollarse la parikamma nimitta.

El término *samādhijaṃ*, «nacido de la concentración», en la fórmula para el segundo rūpa jhāna, refleja el mayor nivel de concentración requerido para desarrollar el segundo jhāna. El término *samādhi*, utilizado aquí —suele traducirse a su vez como «concentración», pero derivado de la raíz sánscrita *sam*, que significa «junto», «unir» o «completo»— transmite algo más parecido al yoga, una unificación o estado completo, en este caso de cuerpo-mente, en el que nada se siente excluido. Aunque no se nombra como un factor jhāna, *samādhi* transmite mucho más claramente la experiencia subjetiva de la «presencia encarnada»— más que el término *ekaggatā citta*—, y desde este punto puede decirse que se convierte en una característica del segundo jhāna, y de los siguientes.

Curiosamente, durante los primeros años de su enseñanza en Londres y Cambridge, Nai Boonman describió la meditación casi exclusivamente en términos de concentración y *mindfulness*, sin mencionar durante muchos años los factores jhāna y sus significados hasta que se había desarrollado una experiencia práctica significativa de los jhānas. En muchos aspectos, la concentración y el *mindfulness* representan al samatha y al vipassanā, y ambos comienzan de forma muy sencilla para convertirse finalmente en las dos etapas finales del Camino Óctuple: *samma sati*, *mindfulness* correcto, y *samma samādhi*, concentración correcta. Aunque ni sati ni samādhi se nombran como factores jhāna, ambos están presentes durante todo el recorrido.

El pīti se desarrolla paralelamente a la nimitta —comenzando normalmente en las etapas de tocar y asentarse del ānāpānasati— y en la etapa de la nimitta *uggaha*, se experimenta como sensaciones corporales de intensidad variable, tal como se enumeran en la tabla 1. Subjetivamente, es como si el cuerpo cobrara cada vez más vida, o despertara, lo que también forma parte de la experiencia del samādhi.

Cuando la nimitta se desarrolla hasta la etapa de la nimitta patibhāga, el pīti se experimenta principalmente como luz, mientras que al mismo tiempo las sensaciones físicas se tranquilizan cada vez más y forman parte del samādhi en desarrollo y de la absorción final del jhāna. Los términos pāli para las etapas del pīti se enumeran en la columna de la izquierda de la tabla 1, con las descripciones de cada una de *El camino de Lanka* y el *Manual del Yogāvacara* en las columnas 2 y 3, y las asociaciones a los cinco elementos en la columna 4.

Los cinco pītis también se vinculan a veces en el mismo orden a los cinco factores jhāna. A primera vista, esto podría parecer sugerir que la gama completa de los pītis solo está disponible para una persona que tiene experiencia de los cuatro rūpa jhānas, aunque es algo que no encaja del todo con la experiencia subjetiva. El punto más probable podría ser que la impregnación omnipresente de la quinta pharanā pīti es la que marca el punto donde toda perturbación corporal se desvanece para ser sustituida por un grado de ecuanimidad presente hasta cierto punto en las absorciones de cada uno de los jhānas, desde el segundo hasta los siguientes.

Tabla 1. Etapas del Desarrollo del Pīti.

Pīti	*El Camino de Lanka*	*Manual del Yogāvacara*	Elemento
1. *khuddikā pīti*	Escalofríos por todo el cuerpo	Menor emoción	Tierra
2. *khanikā pīti*	El frío envuelve el cuerpo	Destello momentáneo	Fuego
3. *okkantikā pīti*	Llevado por olas que inundan el cuerpo	Éxtasis por inundación	Agua
4. *ubbegā pīti*	Elevado y se desliza	Transportar el éxtasis	Aire
5. *pharanā pīti*	El cuerpo se vacía y se infla	Éxtasis omnipresente	Espacio

También hay referencias en el *Manual* y en *El Camino* a las cualidades de la nimitta, incluyendo color para los distintos niveles del pīti, así como a la «colocación» de pītis (o sílabas) en orden, en distintos lugares del cuerpo. Uno de esos grupos de ubicaciones incluye la cabeza, la garganta, el esternón, el ombligo y todo el cuerpo.

El Camino de Lanka describe a los pītis como sensaciones corporales, movimientos físicos y efectos, más cercanos a lo que yo prefiero de traducir *pīti* como «energización», en lugar de «alegría». La práctica Bu Ddho también sugiere un despertar de la energía, al igual que la evidencia del EEG, que se describirá más adelante. Por otra parte, las traducciones del *Manual del Yogāvacara* utilizan la ambigua palabra «éxtasis»[24] para las tres formas más fuertes del pīti, que superficialmente sugiere un sentimiento mental. Sin embargo, las palabras pāli *okkantikā*, *ubbegā* y *pharanā* se traducen mejor como «ondulante», «transporta» e «impregna», como en las descripciones de *El Camino de Lanka*, sin implicar alegría ni felicidad, ni ningún otro sentimiento. «Éxtasis» no es, por tanto, una buena interpretación, aunque esto no quiere decir que un tono de sentimiento mental —como la alegría o la felicidad— no pudiera surgir como reacción secundaria al pīti. Los autores de estos textos Yogāvacara podrían haber asumido esta reacción secundaria como la característica principal del propio pīti.

Aunque existe una comprensión implícita en el Yogāvacara de que ciertas zonas del cuerpo tienen un significado particular durante los procesos de desarrollo de los pītis, esto no se describe explícitamente en términos de chakras, como en las tradiciones del yoga. De hecho, cualquier descripción del cuerpo en los textos Yogāvacara tiende a estar enigmáticamente encubierta —probablemente de forma deliberada—. En la tradición enseñada

24 En inglés, *rapture*. También puede traducirse como «rapto» o «arrebato». Sin embargo, puesto que estos términos tienen cierta connotación cristiana, preferimos usar «éxtasis» en este contexto. *[N. del T.]*

por Nai Boonman, tampoco se hace referencia a los chakras, y el único ejemplo de «colocación» en las primeras enseñanzas era sugerir mirar «hacia delante» (con los ojos cerrados) en las etapas iniciales del desarrollo de la nimitta. Cuando se le preguntó por los chakras, Boonman respondió que era mejor dejar que la práctica se desarrollara sin expectativas de que se desplegara de una forma determinada.

Por otra parte, la naturaleza de la práctica que utiliza cuatro longitudes de respiración desarrolla implícitamente una consciencia de las diferentes zonas del cuerpo, en particular, al seguir el curso de la respiración y las sensaciones sutilmente diferentes en la punta de la nariz, la garganta, el pecho y el diafragma. Los meditadores también se vuelven más conscientes de las tensiones y otras sensaciones del cuerpo, incluida la consciencia de que los recuerdos profundamente arraigados a veces pueden afectar a ciertas zonas del cuerpo. Normalmente, si no se interfiere con ellas (y después de que el meditador haya adquirido familiaridad con el pīti), dichas tensiones se disuelven o se integran en niveles más profundos del samādhi.

Además, al familiarizarse con los jhānas superiores, los meditadores se dan cuenta de que la nimitta no «pertenece» a ningún lugar y puede colocarse mediante un simple acto de voluntad en cualquier parte del cuerpo. Esto suele ir unido a la práctica de mettā, o bondad amorosa, primero hacia uno mismo e impregnando gradualmente todo el cuerpo con la *mettā-nimitta*, y luego expandiéndola más allá del cuerpo hacia los demás y hacia todos los seres.

A la larga, los meditadores llegan a comprender que las sutilezas de la nimitta y el pīti están muy alejadas de las distinciones rígidas o posiciones. A medida que se desarrolla la experiencia, la nimitta no solo puede colocarse en cualquier lugar, sino que su brillo y color pueden cambiarse mediante un acto de voluntad, y puede utilizarse hábilmente para restablecer el equilibrio en el sistema nervioso, a veces con fines curativos.

Pīti y Passaddhi

La agitación de los estados de energía alta observada en el EEG, en esta etapa del progreso de una persona en el desarrollo de los jhānas, sugiere fuertemente que dicha energización es la contrapartida del factor pīti del jhāna. Esto va relacionado con una liberación y una mayor disponibilidad de energía, debido a que se requiere menos para mantener las complejas redes corticales que sostienen nuestra consciencia sensorial cotidiana y la autorrepresentación del «yo».

Como segundo tema más prevalente tras los husos, esta liberación de energía también se corresponde con la antigua comprensión de los jhānas, según la cual, tras el dominio de la atención (vitakka y vicāra) en el primer rūpa jhāna, el segundo rūpa jhāna implica el dominio del pīti. Normalmente el pīti se desarrolla de forma natural, su fuerza varía según los distintos meditadores: en algunos es bastante leve, mientras que en otros es lo suficientemente fuerte como para hacer que el cuerpo tiemble o incluso salte por los aires. Algunos meditadores lo describen como una sensación de que el cuerpo se despierta. La tarea en el segundo rūpa jhāna es experimentar este proceso y aprender a tranquilizar la energía (passaddhi, el quinto bojjhaṅga) hacia una absorción más profunda, o samādhi.

En las tradiciones mayoritariamente orales del Yogāvacara, a veces se enseñan métodos para suscitar deliberadamente un pīti especialmente intenso, que algunos meditadores encuentran útiles para profundizar en la comprensión de la naturaleza sutil de tal agitación, y de su posterior tranquilización. La técnica Bu Ddho ya descrita en el capítulo anterior es un método, y puede practicarse incluso sin utilizar las sílabas, simplemente con la intención de «recolectar» energía durante cada inspiración, fortaleciendo e iluminando progresivamente la nimitta durante las sucesivas inspiraciones. Esto se practica mejor bajo la guía de un maestro experimentado y no es muy diferente de la práctica del *tummo* en el yoga tibetano, conocida también como «respiración de la vasija».[25] En ambas casos la respiración-energía se concentra inicialmente en la zona del estómago/diafragma y luego se dirige hacia arriba, hacia la coronilla.

En la Segunda Parte del libro se describen algunos registros de EEG sobre lo que ocurre en el cerebro durante estas prácticas. Mucho más dramáticas que las ondas lentas rítmicas de alta energía descritas en el desarrollo normal del ānāpānasati, los registros tienen muchas similitudes con la actividad de un EEG durante ataques epilépticos. Entre ellas se incluyen breves ráfagas de «spike-waves» en regiones posteriores del cerebro, así como breves ráfagas «ictales», término utilizado en epilepsia para describir las ráfagas de actividad de un EEG asociadas a un movimiento físico, como una sacudida o un espasmo, que suelen ir seguidas de la crisis clónica principal (véase la Segunda Parte, capítulo 12). La palabra *clónica* hace referencia a los conocidos signos externos de la epilepsia gran-mal, como fuertes sacudidas o espasmos, durante los cuales, en la epilepsia, el sujeto está inconsciente.

En varios de los ejemplos de meditación, las fuentes corticales subyacentes incluían localizaciones temporales, un hallazgo habitual también en la epilepsia del lóbulo temporal. Sin embargo, a diferencia de lo que ocurre en la epilepsia, el meditador es plenamente consciente, y con la práctica es capaz de despertar tales estados a voluntad y sin molestias, e igualmente de volver al funcionamiento cotidiano normal sin molestias.

Como antiguo consultor de psicoterapia en un gran hospital londinense, recuerdo haber enseñado a un consultor jefe de epilepsia algunos de los primeros registros. Cuando por fin se convenció de que los registros eran auténticos, se quedó atónito al darse cuenta de que esos estados de alta energía —en muchos

25 El *tummo* como método para despertar el calor también ha suscitado interés en los círculos de neurociencia, como en Kozhevnikov *et al.* (2013).

aspectos similares a las convulsiones de tipo gran-mal— podían evocarse a voluntad, sin molestias, entrando en ellos durante un tiempo y saliendo a propia voluntad. A lo largo de los años, se han mantenido conversaciones intermitentes para explorar si algunos elementos de las técnicas podrían transferirse y enseñarse a los enfermos de epilepsia para intentar mitigar la fuerza y la frecuencia de sus crisis, pero hasta la fecha esto no ha tenido mucho progreso.

Uno de los beneficios de explorar el pīti con estas técnicas tan activas es compatible con las etapas de dominio del jhāna, descritas anteriormente. Primero, es el dominio de su agitación, luego, el manejo de su duración, y después, la capacidad de tranquilizar la energización y volver a la normalidad funcionando sin problemas ni secuelas. Gradualmente, la naturaleza del pīti se vuelve clara, y en lugar de cualquier falso orgullo por ser capaz de despertar un fuerte pīti, el meditador se da cuenta de que la habilidad más valiosa es manejar los procesos sutiles de su incorporación a un samādhi más profundo mediante la aplicación del passaddhi, la tranquilización. También se dan cuenta de cómo esto refleja el papel de integrarse corporalmente en el samādhi, cada vez más importante.

Durante el periodo de las reformas, las prácticas conocidas durante siglos como medios para desarrollar un pīti muy fuerte fueron efectivamente suprimidas (quizá debido a que las apariencias externas se confundían con temores supersticiosos de posesión) y ahora ya no se conocen ni practican ampliamente. En los primeros años del desarrollo de la tradición del Samatha Trust en el Reino Unido, un pequeño número de alumnos de Nai Boonman empezaron a experimentar fuertes pītis, para sorpresa de Nai Boonman, que no había enseñado activamente técnicas específicas. Algunos años más tarde me comentó que le parecía extraordinario que esto pudiera suceder de forma natural en occidentales fuera de un entorno monástico.

Con el estímulo de Nai Boonman y tras su regreso a Tailandia en 1974, sus alumnos más experimentados continuaron desarrollando su interés, enseñando en ocasiones las técnicas a lo largo de los años, pero generalmente de forma discreta, en parte todavía como reacción a las supresiones de las reformas y al deseo de proteger las viejas técnicas. Sin embargo, a mediados de los años noventa se hizo evidente lo importantes que pueden llegar a ser estas prácticas para profundizar en la comprensión del jhāna, y lo poco frecuente que es tener la oportunidad de desarrollar esta área. Tiempo después, se ha convertido en una práctica habitual en los retiros más largos —al principio, con el mismo Boonman— pedir a distintos meditadores que demuestren lo poderoso que puede llegar a ser el pīti ante todo el grupo. Estas eran, y son, ocasiones poderosas y conmovedoras, que a menudo despiertan un fuerte pīti en algunos de los que observan, ayudando a consolidar su propia comprensión de los procesos.

El Símil de una Piscina Tranquila

El símil de una piscina tranquila, para el segundo rūpa jhāna, aparece con frecuencia en los textos budistas, y esta descripción se basa en la versión del *Visuddhimagga*. Describe una piscina de agua quieta y clara, alimentada por un manantial donde el agua (el símbolo de «la alegría y la dicha nacidas de la concentración») brota fresca y pura desde el interior, saturando toda la piscina (es decir, *inundando* cada parte del meditador) y desbordándose para extenderse a lo lejos.

Esto describe la culminación de la segunda rūpa jhāna cuando el pīti —incluso el desarrollo más fuerte del éxtasis que inunda— ha sido totalmente tranquilizado por el passaddhi y se ha convertido en un samādhi de cuerpo-mente que todo lo abarca. La superficie quieta refleja la realidad como un espejo, sin ondulaciones ni perturbaciones. Quieta y clara.

En el Yogāvacara, que está repleto de simbolismo maternal y natal, esto se asemeja a veces a la seguridad y autosuficiencia de volver al útero, pero con más discernimiento y posibilidades que la escena original.

La Neurociencia del Segundo Rūpa Jhāna: Principales Resultados

Para el primer rūpa jhāna, el estudio de los EEG recalcó el importante papel de la atención en las primeras etapas de la desconexión de la consciencia sensorial, con intrigantes correspondencias entre la comprensión de la neurociencia moderna de las redes de atención/percepción del cerebro y los antiguos modelos jhāna de atención descritos por los dos primeros factores jhāna: el vitakka, y el vicāra —dirigir o situar la atención, y mantener la atención, respectivamente—. Las alteraciones de las redes de atención «normales» de la consciencia sensorial se evidenciaron mediante husos en los EEG. En esta sección, me dispongo a describir el segundo tema más común de actividad en los EEG, a medida que un meditador progresa hacia los jhānas superiores, que fue el desarrollo de una actividad rítmica lenta que se produjo, en cierto grado, en aproximadamente dos tercios de los sujetos, alcanzando en algunos casos niveles de intensidad muy altos. Tal actividad rítmica lenta es inusual en neurociencia, excepto en algunos estados de inconsciencia como el sueño profundo o el coma. Sin embargo, en estos casos, los meditadores siguen estando muy lúcidos y plenamente conscientes.

Los registros de EEG de los practicantes de Bu Ddho, descritos en el capítulo anterior, también mostraban ondas lentas de alta intensidad, pero se trataban de ondas lentas únicas aisladas en sitios frontales, mientras que las ondas lentas en el ānāpānasati se mantenían de forma continua en diferentes zonas de la cabeza, a veces durante la mayor parte de la duración de un registro de hasta cuarenta minutos o más. La diferencia, creo, está relacionada con que el método Bu Ddho es un ejercicio de fuerza de voluntad centrado en el uso a corto plazo de las sílabas BU y DDHO, mientras que el ānāpānasati es una práctica continua y gradual que se desarrolla a través de etapas sucesivamente más sutiles.

A primera vista, las ondas lentas de la meditación tienen cierta similitud con las ondas lentas en las fases más profundas del sueño o en algunas fases de la anestesia o el coma. No obstante, al examinarlas más de cerca, se descubrió que eran significativamente más lentas, con periodos de tiempo de unos ocho segundos de media en comparación con alrededor de un segundo para las otras modalidades (relacionadas con el ritmo cardiaco). De hecho, se encontraron pruebas de ritmos aún más lentos con escalas temporales de veinte a cincuenta segundos, poco frecuentes en neurociencia y, desde luego, nunca con una ritmicidad tan regular y consistente como la observada durante la meditación. Dicha actividad tan lenta se denomina como ondas infralentas (ISW)[26], lo cual fue un indicador temprano de un probable factor metabólico lento durante la meditación jhāna, mucho más lento que los ritmos eléctricos más rápidos observados en el cerebro durante la consciencia sensorial.

En algunos casos, estas ISW durante la meditación alcanzaron niveles extraordinariamente altos de intensidad raramente o nunca vistos en la investigación neurocientífica. Finalmente, se comprendió que esto podría ser la contrapartida de la energización del pīti, el tercer factor jhāna, que es el factor dominante en el desarrollo del segundo rūpa jhāna como puerta de entrada a la tercera y cuarta rūpa jhānas.

Algunos meditadores también mostraron una alta respuesta a las intenciones indicadas de comenzar a desarrollar el segundo rūpa jhāna, lo que se reflejó en un rápido inicio de fuertes ISW. Una vez establecidas, las ISW seguían típicamente un ciclo rít-

26 ISW, del inglés *InfraSlow Waves*.

mico de alternancia excitación/inhibición, equilibrando así la energía general durante largos periodos de tiempo en este estado. Además, una vez establecidos, los ritmos anteriormente más rápidos y débiles, típicos de la consciencia sensorial cotidiana, se desvanecen gradualmente, en comparación con los normales.

Junto a estas grandes diferencias con las ondas lentas del sueño, la anestesia y el coma, la característica más llamativa es, por supuesto, que los meditadores son plenamente conscientes —la mayoría diría que vívidamente—.

Una vez identificados estas ISW, mi estudio pasó a analizar las regiones corticales responsables de esta actividad cerebral. Este análisis —basado en más de 2500 segundos de datos de siete registros independientes de las ISW más fuertes y claramente definidas— reveló cambios importantes e inesperados en las redes cerebrales, a medida que el jhāna se establecía más profundamente. Los resultados se describen con cierto detalle en la Segunda Parte de este libro, pero las regiones clave de interés pueden resumirse, por ahora, como sigue:

- Actividad frontal que supone alrededor del 24 % de la actividad total.
- Fuerte actividad en torno a la coronilla que representa alrededor del 44 % de la actividad total.
- Actividad en la parte posterior de la cabeza (corteza occipital) que asciende a alrededor del 20 % de la actividad total.
- Actividad en la corteza temporal/occipital (parte posterior izquierda o derecha de la cabeza) que asciende a alrededor del 12 % de la actividad total.

La energización que cerca del vértice, o zona de la coronilla, se hace más fuerte, representa casi la mitad de la actividad cerebral total. Esto indica un eje vertical en desarrollo de la actividad de la red cerebral, tan diferente de cualquier actividad EEG registrada anteriormente durante la consciencia cotidiana. Lo anterior llevó a que se interpretara dicha actividad cerebral, de manera provisional, como un signo de un creciente eje vertical de la consciencia jhāna. Este eje vertical parece desarrollarse en el segundo rūpa jhāna, llegando a dominar la actividad cerebral general en los jhānas superiores, como quedará claro en los dos capítulos siguientes. Esta energización de la coronilla fue un hallazgo inesperado y clave del estudio, ya que hasta donde yo sé, nunca antes se había observado en estudios neurocientíficos sobre ninguna otra forma de meditación. Resulta tentador especular si este tipo de activación está relacionado con las antiguas descripciones de un «chakra de la corona» en algunas tradiciones de yoga.

En el artículo de la revista *Frontiers in Human Neuroscience*, se hipotetizó que las regiones frontal (~24 %) y posterior/temporal (~12 %) de la lista de viñetas anterior representaban la actividad en torno a los polos sujeto-objeto de la consciencia sensorial normal: es decir, el córtex visual posterior, como la posición del sujeto «yo/ojo», y el córtex frontal, normalmente especializado en funciones ejecutivas/cognitivas representando la posición del objeto.

4

EL TERCER RŪPA JHĀNA: SUKHA, «PLENAMENTE CONSCIENTE»

El desarrollo del tercer rūpa jhāna se describe como sigue:

En pāli,

pītiyā ca virāgā upekhako ca viharati sato ca sampajāno sukhañ ca kāyena paṭisaṃvedeti yaṃ taṃ ariyā ācikkhanti: "upekhako satimā sukha vihārīti tatiyaṃ jhānaṃ upasampajja viharati" (Dīgha Nikāya 2).

Con el desvanecimiento de la felicidad también [el meditador] mora en la ecuanimidad, y atento y plenamente lúcido siente la dicha con su cuerpo; entra y mora en el tercer jhāna, por lo que los Nobles anuncian: «[El meditador] mora en la dicha quien tiene ecuanimidad y es consciente» (Vism. IV, p. 151).

A pesar de la traducción anterior de pīti como «felicidad», y en otras traducciones como «alegría», mantendré el pāli *pīti* o utilizaré «energización» como traducción alternativa de aquí en adelante, siguiendo la discusión del capítulo anterior. Así, *pītiyā ca virāgā*, «con el desvanecimiento del pīti», es el punto de partida del tercer rūpa jhāna.

Completamente Consciente

La frase *upekhako ca viharati sato ca sampajāno*, en la traducción expuesta anteriormente, equivale a «mora en la ecuanimidad, y atento y plenamente lúcido». En otras traducciones, *sampajāno* se traduce como «completamente consciente». Esta es la primera vez en las descripciones de los jhānas que se menciona una experiencia en la que el meditador se vuelve plenamente consciente, o plenamente lúcido, lo cual es un concepto importante dado que podríamos suponer superficialmente que siempre estamos plenamente conscientes cuando estamos despiertos. Lo que implica esto es que la mayoría de las veces no somos tan plenamente conscientes como nos gustaría pensar que somos.

En la fórmula anterior, es el desvanecimiento del pīti, en el segundo rūpa jhāna, lo que conduce a la cualidad de ser «plenamente consciente», en el tercer rūpa jhāna. Además, si recordamos que las descripciones Yogāvacara del pīti claramente describen una energización con base en el cuerpo, al igual que en el estudio de electroencefalogramas (EEG), entonces se deduce que es el apaciguamiento total de toda perturbación corporal lo que conduce a una experiencia puramente mental de ecuanimidad, *upekhako*, que es atenta y plenamente consciente, *sampajāno*.

Esto contrasta con la consciencia sensorial, durante la cual una persona vive dentro de un flujo continuo de estar consciente sobre «esto» o «aquello». En el primer rūpa jhāna, aunque los dos aspectos de la atención, vitakka y vicāra, se han estabilizado en el punto de absorción, la consciencia sensorial sigue estando cerca, potencialmente. Incluso, a veces es denominada como el «enemigo íntimo» del primer jhāna. Y puesto que vitakka y vicāra desempeñan ellos mismos un papel clave en la consciencia sensorial de «esto» o «aquello», un meditador en el primer rūpa jhāna está aún lejos de la ecuanimidad perfectamente imperturbable que se desarrolla en los jhānas superiores. Justo esta ecuanimidad es la cualidad que se señala como subyacente a la de «plenamente consciente» del tercer rūpa jhāna.

Del mismo modo, en el segundo rūpa jhāna, mientras permanezca cualquier vestigio de perturbación corporal, el meditador será propenso a que las sensaciones corporales, incluidas las del pīti, se conviertan en objeto de consciencia, haciendo imposible la ecuanimidad perfecta. Este ocurre hasta la etapa más desarrollada, la del pīti «omnipresente», cuando todo el cuerpo se impregna, sin dejar ninguna parte que pueda discriminarse de cualquier otra, lo que se corresponde con la etapa de tranquilización del pīti, que tanto completa el segundo rūpa jhāna como presagia la ecuanimidad, upekkhā, del tercero, y más tarde del cuarto.

En el tercer rūpa jhāna, pues, el meditador descansa en la ecuanimidad. La consciencia consiste simplemente en la ecuanimidad misma, experimentada como sukha, traducida atrás como «dicha». Para ayudar a clarificar los términos pāli sobre los factores jhāna, incluyendo el sukha, el modelo budista de persona y funcionamiento mental, los khandhās, o agregados, proporciona un trasfondo útil.

Los Khandhās Budistas

Los cinco khandhās describen los procesos que conforman el compromiso de una persona con el mundo. En otras palabras, se ocupan de la consciencia sensorial y de lo que podría denominarse procesos de pensamiento asociados. Los factores son rūpa, vedanā, saññā, saṅkhārā y viññāṇa. La primera etapa en el proceso de pensamiento sensorial es cuando la atención se dirige a un objeto, rūpa, a través de la entrada sensorial.

La primera reacción a tal entrada es afectiva —una respuesta muy básica en la que se «siente» el objeto—. Se trata de la vedanā (sensación), experimentada como agradable, desagradable o neutra, sin procesamiento emocional o cognitivo de nivel superior en esta fase. Aquí, «procesamiento cognitivo» se refiere al pensamiento por discriminación o etiquetado de «esto» o «aquello». Si la impresión es lo suficientemente fuerte, la saññā (percepción) cumple la función de reconocimiento —normalmente en relación con la memoria— y luego siguen otros procesamientos y actividades mentales, descritos como saṅkhārā, traducidos habitualmente como formaciones mentales pero que podrían describirse igualmente como diversos niveles de procesamiento cognitivo. Finalmente, todo el conjunto de procesos confluye en la consciencia, viññāṇa.[27]

En cuanto a los factores jhāna, el primer factor, vitakka, el aspecto más básico de la atención, pertenece a la etapa más temprana del proceso de pensamiento en la cual la atención se dirige al objeto, rūpa, siguiéndole de cerca el segundo factor jhāna, vicāra, la atención sostenida. La siguiente etapa del proceso de pensamiento relacionado con la vedanā —sensación— está paralizada en la secuencia jhāna por el tercer y cuarto factor jhāna, pīti y sukha.

Pīti y Sukha

Como muestran los extractos al comienzo de este capítulo y de los anteriores, *pīti* y *sukha* se traducen comúnmente como «alegría» y «felicidad», que a primera vista parecen ser sentimientos. Sin embargo, en el análisis de los procesos mentales en el Abhidhamma budista, pīti cae dentro del grupo saṅkhārā de los khandhās, mientras que sukha cae dentro del grupo de los sentimientos, viññāṇa.[28] Así que pīti no se considera un senti-

27 Puede encontrar una descripción más completa de los khandhās en Gethin (1986) o Harvey (2021).

28 Existen muchas referencias posibles a escritos sobre el Abhidhamma budista, pero la obra autorizada de Bhikkhu Bodhi (2000) es particularmente exhaustiva.

miento, en cuyo caso «alegría» no es una traducción apropiada para *pīti*. Como miembro de este grupo saṅkhārā, el pīti en el Abhidhamma se considera un factor conativo, uno de los varios factores activos tras la percepción y el sentimiento que completan el proceso de pensamiento que culmina en la consciencia y la acción. La experiencia subjetiva durante la meditación mientras se desarrolla el segundo rūpa jhāna es de energización corporal, también confirmada en el estudio por EEG, por lo que la elección de «energización» como traducción preferida parece justificada.

Sukha, por otra parte, traducido comúnmente como «felicidad» o «dicha», es un miembro del grupo de los sentimientos, viññāṇa. El Abhidhamma dice que los sentimientos emergen de la mente, del cuerpo o de ambos, pero que el sukha surge, siendo un factor jhāna, como un sentimiento enteramente mental. La sensación placentera corporal, por otra parte, se describe en el Abhidhamma como la que acompaña a la consciencia corporal sana. Ciertamente, la experiencia subjetiva en la meditación samatha y jhāna parece ser tanto sensación placentera corporal como mental, difíciles de discriminar por separado y aparentemente muy interdependientes; esto es, hasta la etapa del tercer rūpa jhāna, que ahora podemos considerar más detenidamente.

En las fórmulas para el primer y segundo rūpa jhānas, la frase *pīti-sukhaṃ* refleja el desarrollo estrechamente interrelacionado de los dos factores jhāna pīti y sukha juntos. En lugar de traducirlos como «alegría» y «dicha», prefiero, por un lado, «energización» para pīti, o quizás aún mejor sería conservar simplemente el pāli, pīti, y por otro lado, para sukha, en el caso de los dos primeros jhānas, «alegría» o «felicidad» parece más apropiado, mientras que «dicha» transmite una cualidad más plena que me parece más exacto para el tercer rūpa jhāna. La indescriptible sensación subjetiva de felicidad corporal no parece describirse como un factor del jhāna, y nos queda la duda de si las concepciones modernas de la interocepción —como la vía por la que percibimos los procesos viscerales y del sistema nervioso en el cuerpo— podrían ser relevantes aquí.[29]

En la tercera fórmula jhāna, la relación entre pīti y sukha cambia. Pīti aparece ahora por separado, como calmado, *pītiyā ca virāgā*, mientras que sukha aparece en la frase *sukhañ ca kāyena paṭisaṃvedeti*, traducida como «experimentar en el cuerpo la dicha», lo que plantea dos preguntas. En primer lugar, ¿cuál es la naturaleza real de este sukha, dado que el Abhidhamma describe claramente el sukha como una sensación enteramente mental en el tercer rūpa jhāna? Segundo y relacionado, ¿cuál es el significado de la frase «en el cuerpo»?

Una aclaración puede residir en el término pāli *kāyena*, que es un término más complejo de lo que transmite su traducción «en el cuerpo». Aunque a menudo se utiliza para referirse al cuerpo físico, tanto en los Suttas como en el Abhidhamma kāya también puede emplearse en un sentido diferente para significar cualquier «grupo», como el «grupo mental» (nāma-kāya) o el «grupo corporal» (rūpa-kāya), o incluso los dos combinados en el nāma-rūpa de todo el cuerpo sensible.[30] En la descripción del tercer rūpa jhāna, pues, la frase *sukhañ ca kāyena paṭisaṃvedeti* podría referirse más exactamente al nāma-kāya, el grupo mental, y no al cuerpo físico.

Esto lo confirma Buddhaghosa en el *Visuddhimagga* en el que, siguiendo la traducción estándar que cuestiono, elabora lo siguiente: el meditador «siente la dicha asociada a su cuerpo mental, y después de emerger del jhāna también sentiría dicha, puesto que su cuerpo material habría sido afectado por la ma-

29 La interocepción es la percepción de las sensaciones del interior del cuerpo e incluye la percepción de las sensaciones físicas relacionadas con el funcionamiento de los órganos internos, como los latidos del corazón, la respiración y la saciedad, así como la actividad del sistema nervioso autónomo relacionada con las emociones (Price y Hooven, 2018).

30 Agradezco que las conversaciones con Peter Harvey me hayan ayudado a aclarar mi comprensión de kāya. Véase también Harvey (1995, pp. 116-117).

teria sumamente superior originada por esa dicha asociada al cuerpo mental». Elabora, además, que la dicha del tercer rūpa jhāna es inseparable de la ecuanimidad (upekkhā) y muy diferente de cualquier sensación de felicidad eufórica que pudiera sugerir el uso común del término «dicha»: «[él] ha alcanzado la perfección de la dicha [...] no se siente atraído hacia ella por un gusto por la dicha [...] es consciente con la atención plena establecida para prevenir el surgimiento de la dicha, y siente con su cuerpo mental la dicha inmaculada amada por los Nobles [...] "Habita en la dicha quien tiene ecuanimidad y está atento"».[31] Esto apoya la elección de aquí en adelante de utilizar «dicha» para la cualidad sukha en el tercer rūpa jhāna, mientras que se utiliza felicidad para el sukha del primer y segundo rūpa jhāna.

El Chakra de la Corona

En el capítulo anterior, con base en los EEG, se interpretaron como relacionados con el factor jhāna pīti los registros en los que crecía una energización cada vez más fuerte cerca del vértice, o zona de la coronilla, mientras se desarrollaba el segundo rūpa jhāna. También se sugirió que un eje vertical en desarrollo de la actividad de la red cerebral podría ser un signo de un eje vertical en desarrollo de la consciencia jhāna, lo que se asemeja de manera intrigante a la noción de un chakra de la corona, en algunas ramas del yoga.

En el hatha yoga, el chakra de la corona, o Sahasrara, se considera la sede de la consciencia pura y se visualiza como un loto de mil pétalos. En algunas tradiciones budistas chinas se visualiza como un loto de treinta y dos pétalos, y en el yoga budista tibetano se hace referencia al chakra de la corona como el chakra de la dicha divina. Es casi seguro que está relacionado con el uṣṇīṣa del budismo Theravāda, que es la número treinta y dos de las

31 *Visuddhimagga* IV (Buddhaghosa [1999, p. 155]).

«treinta y dos marcas del Gran Hombre», de las que Buda es el ejemplar.[32] El uṣṇīṣa se muestra como una protuberancia, o a veces llama, en la coronilla de la cabeza en las estatuas de Buda, y también aparece como un trazo en espiral hacia arriba en la parte superior de muchos yantras (véase el capítulo 7).

En general, entonces, el dominio creciente de esta intensa actividad de la coronilla (vértice), vista en los EEG, parece encajar bien con las descripciones del Abhidhamma y los Sutta de una progresión del segundo al tercer y cuarto rūpa jhānas, hacia una «consciencia completa» caracterizada por la ecuanimidad y la dicha.

El Símil del Estanque de Lotos

El símil para el tercer rūpa jhāna es un loto emergiendo por encima de la superficie de un estanque de lotos:

> Al igual que en un estanque [...] los lotos nacen, crecen y permanecen en el agua y se sumergen en el agua fría desde la raíz hasta el cuello, así este cuerpo está lleno y saturado de dicha que está libre de gozo [...] así permanece en la tercera mediación, jhāna, con el cuerpo y la mente llenos y saturados de dicha, que está libre de gozo.[33]

En relación con esto podría estar la experiencia de presencia encarnada de la que a menudo informan los meditadores que

32 Existen muchas prácticas que pretenden vincular las cualidades de Buda al propio cuerpo del meditador, de las cuales la incrustación o colocación de sílabas descrita en los textos boran kammaṭṭhāna es solo un ejemplo. Es probable que estas hayan variado a través del tiempo y el lugar según los intereses específicos de los maestros individuales. Dos ejemplos importantes son la visualización y la interiorización de las cualidades de una imagen de Buda, conocidas por muchos practicantes de la tradición del Samatha Trust, y a veces aumentadas relacionando diferentes aspectos con las «32 Marcas del Gran Hombre» (por ejemplo, en el *Sutta Brahmāyu*, Majjhima Nikāya 91).

33 *Vimuttimagga* VIII (Upatissa [1961, p. 108]).

describen sus experiencias subjetivas con el jhāna segundo y superiores, junto con la sensación al alcanzar el tercer rūpa jhāna de emerger de, y elevarse arriba de toda la distracción, en una ecuanimidad completamente imperturbable, que mira. Lo que probablemente explica la preferencia que muchos meditadores encuentran en las imágenes de lotos que se elevan por encima de la superficie de un estanque, con preferencia a las variedades que permanecen en la superficie.

Figura 7. En una granja de lotos en el norte de Tailandia.

La Neurociencia del Tercer y Cuarto Rūpa Jhānas: Principales Resultados

El tercer y cuarto rūpa jhāna comparten la cualidad de ser «completamente conscientes», siendo la única diferencia el abandono del sukha y el apego a la sensación en el cuarto jhāna. Basándonos en esta característica común, podríamos esperar que las pruebas de EEG fueran muy similares para el tercer y el cuarto jhānas, y así parece desprenderse del estudio de los EEG. En el capítulo anterior, los resultados de un grupo de meditadores experimentados mostraron el desarrollo de un fuerte foco de actividad en la coronilla, y este resultado se amplió siguiendo a dos de esos sujetos mientras se les volvía a registrar tras intervalos de uno a tres años para examinar cómo se desarrollan los jhānas superiores a medida que se profundiza en la experiencia. Aquí nos limitamos a resumir los principales hallazgos, con más detalles en la Segunda Parte de este libro y en el estudio publicado.

Las cifras medias del grupo, descritas en el capítulo anterior, para los meditadores que mostraban ISW fuertes y rítmicas, demostraron un predominio aproximado del 44 % de actividad alrededor del vértice, con el resto de actividad frontal y posterior interpretada como actividad de consciencia sensorial residual. Mi hipótesis basada en estas observaciones era que, en su conjunto, ese grupo se encontraba en varias etapas adquiriendo experiencia en el desarrollo del segundo rūpa jhāna, quizá con breves periodos tocando los jhānas superiores, caracterizados por una actividad pīti/ISW de alta intensidad en la fuente del vértice, lo que indicaba un eje vertical de consciencia jhāna en desarrollo.

Dos sujetos registrados de nuevo tras intervalos de uno a tres años mostraron un desarrollo progresivo tomando como fuente la coronilla, a medida que crecía la experiencia, con un aumento espectacular de la dominancia del vértice hasta superar el 90 % durante duraciones variables. En ambos casos la actividad en el resto de la cabeza se redujo en comparación con la actividad de la coronilla, en ocasiones casi hasta desaparecer.

Para uno de los sujetos, la dominancia del vértice se mantuvo durante más de veinte minutos a un nivel asombroso de más de 99 %, mientras que, al mismo tiempo, la actividad de las ISW mostraba evidencias de un ritmo aún más lento de entre veinte y cincuenta segundos, lo que indica un probable componente metabólico más profundo en la integración o absorción del samādhi. Esto podría ser un indicio de que este ritmo, aún más lento, está relacionado con el progreso del tercer al cuarto rūpa jhāna. Esto sería coherente con la teoría de las jerarquías descrita en el capítulo 13, en donde se predice que la escala de tiempo aumenta cada vez que se asciende un nivel en una jerarquía. Se necesitarán más registros para explorar esta hipótesis.

Siguiendo la pauta de relacionar la neurociencia moderna con las antiguas concepciones de los jhānas, mi hipótesis es que esa abrumadora dominancia de la coronilla corresponde probablemente a la «consciencia completa» del tercer y/o cuarto rūpa jhāna. Un análisis más detallado de la estructura de frecuencias mostró que la fuente del vértice estaba compuesta de forma abrumadora por actividad muy lenta (ISW) frente a un fondo residual mucho más débil y casi insignificante de actividad de banda gamma de alta frecuencia. Esta actividad gamma no se comprende bien en la neurociencia, pero lo que está claro es que las bandas de frecuencia intermedia, típicas de una predeterminada consciencia sensorial, habían desaparecido efectivamente.

5

EL CUARTO RŪPA JHĀNA: UPEKKHĀ, ECUANIMIDAD

El desarrollo del cuarto rūpa jhāna es algo diferente de los jhānas anteriores, en los cuales los factores del jhāna trascienden en secuencia. Por el contrario, el cuarto rūpa jhāna surge naturalmente del tercer rūpa jhāna, marcando en cierto sentido la finalización del tercer jhāna.

Descripción Sutta del Cuarto Rūpa Jhāna

El cuarto rūpa jhāna es la culminación de la serie de cuatro rūpa jhānas, y la fórmula en pāli lo refleja enumerando lo que se ha dejado ir en los jhānas anteriores:

En pāli,

sukhassa ca pahānā dukkhassa ca pahānā pubb'eva somanassa-domanassānaṃ atthagamā adukkhaṃ asukhaṃ upekkhā-sati-pārisuddhiṃ catutthaṃ jhanaṃ upasampajja viharati (Dīgha Nikāya 2).

Con el abandono del placer y el dolor y con la desaparición previa de la alegría y la pena [el meditador] entra y mora en el cuarto jhāna, que no tiene ni dolor ni placer, y tiene pureza de atención plena debido a la ecuanimidad (Vism. IV, p. 156).

La frase *pubb'eva somanass-domanassānam atthagamā*, «con la desaparición previa de la alegría y la pena», se refiere a lo que se ha dejado ir en el primer y segundo rūpa jhānas, mientras que *sukhassa ca pahānā dukkhassa ca pahānā*, «con el abandono del placer [sukha] y el dolor [dukkha]», se refiere al abandono de todos los vestigios de placer y dolor y su sustitución por la upekkhā, ecuanimidad, que se alcanza en la culminación, o *completación*, del tercer rūpa jhāna, y en el momento de acceso al cuarto rūpa jhāna.

A diferencia del paso del primero al segundo, o del segundo al tercer rūpa jhāna, en donde los factores jhāna vitakka, vicāra y pīti se han dominado progresivamente, el tercer y cuarto rūpa jhāna son casi idénticos al compartir la cualidad de la upekkhā, ecuanimidad. Además, el paso del tercero al cuarto es más sutil en comparación con los jhānas precedentes. En el tercer rūpa jhāna, el cuarto factor jhāna, sukha —entendido como dicha—, se experimenta con atención y ecuanimidad casi perfectas. Aunque esta dicha se describe como «sumamente dulce» en el *Visuddhimagga*, se experimenta sin codicia, y el meditador no se conmueve por su experiencia.[34]

El *Vimuttimagga* describe un desarrollo progresivo de la ecuanimidad en los jhānas, comenzando en el primer y segundo jhāna con la ecuanimidad experimentada como no acción, ni precipitada ni lenta, a medida que la concentración se desarrolla hacia la ekaggatā citta, unificación de la mente. El término específico *upekkhā*, sin embargo, se reserva para el desarrollo ulterior de la ecuanimidad en el tercer y cuarto rūpa jhāna. En el tercer jhāna la cualidad de upekkhā es que la mente y el cuerpo están imperturbables por la experiencia de la dicha, mientras que en el cuarto jhāna, upekkhā alcanza la perfección al trascenderse tanto el placer como el dolor (equivalente a no desear más ni no desear: es decir, un cese temporal del ansia), *adukkhaṃ asukhaṃ*

---

34 *Visuddhimagga* IV (Buddhaghosa [1999, pp. 154-55]).

upekhāsati-pārisuddhiṃ, «ni doloroso ni placentero, con pureza de atención por ecuanimidad».

Cuando un practicante alcanza el adukkhaṃ asukhaṃ, el *Vimuttimagga* afirma:

> la ecuanimidad elimina las impurezas de inmediato y por completo [...] la mente no recibe y el pensamiento no rechaza. A esto se le llama alcanzar lo «sin dolor» y lo «sin placer» [adukkhamasukhaṃ]. La medianía es la característica sobresaliente. Morar en una posición intermedia es la función.[35]

Que un meditador desarrolle el cuarto rūpa jhāna depende del individuo y de las condiciones que lo apoyen. Hasta cierto punto, esto se aplica a todos los jhānas, pero particularmente a nuestro contexto laico moderno en el que los meditadores hacen malabares para meditar junto con una compleja mezcla de responsabilidades familiares y laborales. De hecho, no existe ningún requerimiento urgente para dominar alguno o todos los jhānas; si se logra, dependerá de la persona, el lugar y el momento adecuados.

Si se dan esas condiciones, entonces la transición del tercer al cuarto rūpa jhāna puede desarrollarse de forma natural a medida que la upekkhā, experimentada como libertad, va asumiendo gradualmente el papel de factor principal del tercer rūpa jhāna mientras se desvanece el apego sutil al sukha. En ese punto, todo lo que se necesita para progresar al cuarto rūpa jhāna es un reconocimiento, o advertencia de *adukkhaṃ asukhaṃ upekhā-sati- pārisuddhiṃ*, « ni doloroso ni placentero, con pureza de atención por ecuanimidad».

Para algunos meditadores, el proceso puede ir acompañado del discernimiento de que incluso la felicidad es una sutil perturbación de la quietud y la paz de la upekkhā en el tercer rūpa jhāna. Esto es más probable que surja al final de una práctica, en

35 *Vimuttimagga* VIII (Upatissa [1961, p. 111]).

la fase de recogimiento o repaso, mientras se permanece en la quietud para experimentar plenamente sus cualidades antes de regresar a la consciencia sensorial. Entonces puede surgir una comprensión directa del apego sutil a esa felicidad en el tercer rūpa jhāna, y un impulso correspondiente para soltar cualquier dependencia, abriendo el camino hacia el cuarto jhāna. Este es un ejemplo de la interacción entre la paz y la quietud del samatha y el desarrollo paralelo del vipassanā.

El cuarto jhāna es la perfección de la ecuanimidad, upekkhā; el ansia y el apego se han desvanecido por completo, al menos mientras dura el jhāna, que se experimenta con una «atención plena y una consciencia total como la de un hombre en el filo de una navaja».[36] A algunos meditadores interesados en la física cuántica puede que les recuerde a este respecto el concepto de «singularidad», un momento en el espacio-tiempo en el que se rompen las leyes normales de la física, pero con un potencial inimaginable. En las tradiciones budistas este potencial incluiría el Camino y la experiencia de la iluminación, el nibbāna. Y en las tradiciones esotéricas el potencial también incluye el acceso a poderes supranormales (*abhiññā*).

¿Un Efecto del Observador?

El estudio de electroencefalogramas (EEG) sugiere otro aspecto, de la física cuántica, que puede ser relevante. Durante los registros, varios meditadores comentaron que no eran capaces de llegar tan lejos como lo harían normalmente en sus prácticas individuales en casa, o en retiros, debido a una sutil autoconsciencia mientras eran registrados. Esta autoconsciencia se debe, en parte, a detalles técnicos y sensaciones relacionadas con llevar un gorro en la cabeza, así como con la presencia de un técnico que observa y dirige el registro.

36 *Visuddhimagga* IV (Buddhaghosa [1999, p. 154]).

Mi impresión al supervisar el estudio fue que dos factores clave permitieron a los participantes rendir tan bien como lo hicieron en esas condiciones de registro: (1) las cualidades que se desarrollan de forma natural en la meditación samatha —calma y paciencia— y (2) una comprensión cada vez mayor de lo que significa «morar en una posición intermedia». Sus comentarios sobre una sutil autoconsciencia recordaban al «efecto del observador» de la física cuántica, según el cual en cuanto se observa algo, cambia o se altera en cierta medida. Esto hace difícil imaginar desarrollar por completo el equilibrio extremadamente fino del cuarto rūpa jhāna mientras se registra, por no hablar de la dificultad de registrar los arūpa (o jhānas sin forma) que se considerarán en los capítulos 8 a 11. Puede que hayamos tenido la gran suerte de que algunos sujetos fueran, de hecho, capaces de demostrar algunas de las características de los jhānas superiores.

La Cualidad Liminal del Cuarto Rūpa Jhāna

El cuarto rūpa jhāna se describe con las palabras *adukkhaṃ* y *asukhaṃ* en la fórmula del Sutta citada anteriormente, que son ejemplos del uso de la letra inicial «a» en lengua pāli para negar el significado de la palabra que le sigue. Esto se describirá con más detalle en el capítulo 7 como parte del uso Yogāvacara de sílabas, caracteres y yantras para transmitir o apuntar hacia un significado más profundo. En este caso, *adukkhaṃ* y *asukhaṃ* significan «ausencia de dolor» y «ausencia de placer», respectivamente, en lugar de «no dolor» o «no placer».

En otras palabras, *adukkhaṃ asukhaṃ*, traducido como «ni doloroso ni placentero», describe un estado sensorial de ni-esto-ni-aquello, más que una ausencia total de sensaciones. Esto recuerda una vez más a las ideas cuánticas, en este caso de estados superpuestos que solo se resuelven en una u otra forma cuando son introducidos por un observador; y en el caso de un sujeto en meditación, por la intrusión de cualquier forma de discernimiento. Tales matices de significado no son habituales en la mayoría de las lenguas occidentales, y el significado de este ejemplo quedará claro cuando hablemos de los estados sin forma, o arūpa jhānas, en capítulos posteriores.

Esta sensación «ni-dolorosa-ni-placentera» también se relaciona con el comentario anterior de que el tercer rūpa jhāna conduce al cuarto de una manera bastante diferente que para los jhānas anteriores. Mientras que sukha y dukkha están interrelacionados, cada uno, en cierto sentido, no existe sin el otro, la situación para «ni doloroso-ni placentero» es diferente. En esta no hay una única cualidad de sentimiento que haya que soltar para acceder al cuarto jhāna; el cuarto jhāna no está condicionado por el tercero, como sí lo están los jhānas anteriores con sus precedentes. Es simplemente a través de la perfección de la upekkhā que el tercer jhāna se completa, momento en el cual se revela el cuarto jhāna.

La cualidad de ni-esto-ni-aquello, liminal, del cuarto jhāna está relacionada con la pérdida de los anclajes habituales en el tiempo y el espacio, a medida que se completa la separación de la consciencia sensorial. Esto no es solamente un logro destacable, sino también un reto considerable para la estabilidad y el más profundo sentido de sí mismo de un meditador. Esta es una de las razones por las que no debe haber demasiada prisa en el desarrollo de los jhānas. También justifica la seguridad inherente en la estructura tipo mandala, que utiliza cuatro longitudes diferentes de respiración durante las etapas de aproximación en esta tradición. Estas prácticas brindan un espacio seguro tanto para desarrollar y sumergirse en el jhāna como para retirarse cuidadosamente hacia la consciencia sensorial. Además, es importante, en los tiempos modernos, evaluar la estabilidad de la salud mental de un nuevo meditador antes de comprometerse rápidamente con la enseñanza de la meditación jhāna.

El Símil del Paño Blanco

El símil del paño blanco para el cuarto jhāna también capta su cualidad liminal. Esta descripción procede del *Vimuttimagga*:

> Al igual que un hombre puede sentarse y cubrirse el cuerpo con un paño blanco de la cabeza a los pies, de manera que ninguna parte de su cuerpo quede al descubierto, así un bhikkhu cubre su cuerpo y sus miembros con atención plena purificada, de tal forma que ninguna parte de él quede sin cubrir con atención plena purificada.[37]

Aunque el *Vimuttimagga* se refiere a un contexto monástico, esta descripción es igualmente aplicable a la situación laica, masculina o femenina. Es significativo que el *mindfulness* (atención plena) purificado se destaque como la cualidad que todo lo abarca (paño blanco) del cuarto rūpa jhāna. Las descripciones tanto en el *Vimuttimagga* como en el *Visuddhimagga* continúan aclarando esto como «purificada por la ecuanimidad» y relatan que esta profundidad y pureza del *mindfulness* es específica del cuarto jhāna y no se desarrolla en los jhānas inferiores.

Para un meditador que esté desarrollando el cuarto rūpa jhāna, a veces es interesante experimentarlo en la práctica. Para este ejercicio, se prefiere un paño fino de algodón blanco que conserve cierta translucidez. Se cubre con ella todo el cuerpo, tocando el suelo alrededor del meditador sin dejar espacios, y a veces puede utilizarse un gorro de paja de ala ancha para evitar que el material toque directamente la cara. Aunque la atención no se centra en el paño blanco, la sensación inicial al comienzo de una práctica así es de cierta consciencia subliminal del entorno del meditador, con una experiencia de no estar ni dentro del mundo ni totalmente separado de él. Es como si el paño blanco utilizado de este modo actuara como una invocación sutil de algunas de las cualidades del cuarto jhāna descritas anteriormente,

37 *Vimuttimagga* VIII (Upatissa [1961, p. 112]).

y para algunos esta práctica ha sido de ayuda para profundizar en su comprensión del cuarto rūpa jhāna.

La Evidencia de los EEG: Principales Resultados

Los jhānas tercero y cuarto no se discriminaron claramente en cuanto a la actividad cerebral del EEG en el capítulo anterior, ya que no existen (todavía) diferencias claras para distinguir los dos, aparte de la intrigante sugerencia en unos pocos casos de dos ritmos diferentes de ISW. También existen informes subjetivos que sí describen diferentes cualidades de la ecuanimidad con o sin dicha, como se ha comentado anteriormente, pero como también se ha dicho, puede ser difícil confiar en los informes subjetivos cuando se trata de un estudio científico cuantitativo.

Dada la gran similitud entre los jhānas tercero y cuarto tal y como se describen en los textos budistas, la similitud entre los registros del EEG no es sorprendente, y los resultados ofrecidos en el capítulo anterior parecen corresponderse con la descripción de los meditadores en ambos jhānas como «completamente conscientes» en el sentido de una ecuanimidad imperturbable y una separación de la consciencia sensorial, con una actividad del EEG altamente focalizada alrededor de la coronilla que sustituye a la actividad antes ampliamente distribuida, típica de la consciencia sensorial cotidiana.

Un Eje Vertical de la Consciencia Jhāna

El intenso foco de actividad cerebral cerca del vértice abarca áreas del cerebro que están altamente conectadas más profundamente en regiones centrales como el tálamo, y aún más hacia la parte superior del tronco cerebral y luego a la médula espinal. Este eje vertical sugiere que durante la meditación jhāna se desarrollan redes de conectividad muy diferentes a las del eje frontal-posterior sugerido para nuestra consciencia sensorial predeterminada. También es muy probable que esas redes incluyan lo que en neurociencia se conoce como sistema activador reticular ascendente (SARA), el cual, precisamente, conecta esas zonas del cerebro y está implicado en procesos no solo de atención, sino específicamente de excitación y consciencia. También se sabe que esta red está alterada en situaciones de inconsciencia y coma, mientras que en las formas de meditación que estamos describiendo, los meditadores están muy lúcidos y plenamente conscientes.

Este eje del cerebro-cuerpo a través de las regiones intermedias del tronco encefálico superior, y junto con los ritmos EEG extremadamente lentos revelados en el estudio de EEG a medida que se profundiza en el jhāna, también sugiere que intervienen procesos metabólicos que tienen factores temporales considerablemente más lentos que los procesos neuronales mucho más rápidos del cerebro. Esta observación, a su vez, indica la participación de extensas redes arborescentes de los nervios vagos del cuerpo que regulan los órganos principales y controlan el equilibrio del sistema nervioso autónomo entre la actividad simpática y parasimpática. Por lo tanto, era interesante comprobar si el equilibrio del sistema nervioso autónomo se ve afectado durante la meditación jhāna, y una forma de hacerlo es controlar la variabilidad de la frecuencia cardiaca (VFC) antes y durante la meditación. Los resultados preliminares de un estudio piloto, descritos en la Segunda Parte, capítulo 12, confirmaron un aumento significativo de la VFC y, por tanto, de la actividad parasimpática como parte del estado de profunda paz jhāna.

Es una característica intrigante de la forma en que se ha desarrollado la práctica jhāna en la tradición del Samatha Trust, que los meditadores sean cada vez más conscientes de la importancia del cuerpo y de su papel en la meditación, lo que parece contradecir las descripciones de algunas tradiciones del «nuevo samatha» que afirman que el cuerpo «desaparece» durante el jhāna. La evidencia de un eje vertical del cerebro-cuerpo a partir del estudio del EEG, así como los aumentos de la VFC señalados anteriormente, sugieren con fuerza que la experiencia de la presencia encarnada descrita por muchos meditadores de esta tradición es, de hecho, una experiencia de paz profunda tanto en el cuerpo como en la mente.

6

RESUMEN DE LOS CUATRO RŪPA JHĀNAS

Una interesante perspectiva general de los rūpa jhānas, según se describen en textos Yogāvacara como *El Camino de Lanka*, es la siguiente:

- Se dice que el primer rūpa jhāna se experimenta a través del ojo físico, enraizado en el tosco y sutil cuerpo humano.
- Se dice que el segundo rūpa jhāna se experimenta a través del ojo Deva, enraizado en el tosco y sutil cuerpo Deva.
- Se dice que el tercer rūpa jhāna se experimenta a través del ojo de la sabiduría, enraizado en el cuerpo de Brahmā en el reino de la forma, rūpa-loka.
- Se dice que el cuarto rūpa jhāna se experimenta a través del ojo de la omnisciencia, enraizado en el cuerpo de Brahmā en el reino sin forma, arūpa-loka.[38]

Esta progresión a través de los jhānas implica los tres «reinos»: el kāma-loka del mundo sensorial, el rūpa-loka fino-material y el sin forma arūpa-loka presagiado en el cuarto rūpa jhāna. La culminación de los cuatro rūpa jhānas es, por tanto, amplia y constituye un logro importante para un meditador. Sin embargo, lo más frecuente es que la progresión a través de los jhānas sea un trabajo continuo durante gran parte de la vida del meditador

38 Los términos *Deva* y *Brahmā* se relacionan con los modelos de la cosmología budista de diferentes planos de existencia; véase por ejemplo Kloetzli (1983).

—si no es que durante toda ella—, y en este capítulo resumo algunos de los puntos principales del trabajo en este proyecto de toda la vida.

Una Interpretación «Neurodhamma» de los Impedimentos

Los «impedimentos» para desarrollar el jhāna en la meditación budista se asumen a menudo, al menos en parte, como un problema del meditador y, por tanto, se experimentan como algo desalentador. «Necesito trabajar en mi obstáculos»; «¿Cuál es el antídoto contra la duda? ¿O la mala voluntad?»; y así sucesivamente. Por otro lado, un punto de vista «neurodhamma» podría verlos como reacciones normales a los intentos de un meditador de desvincularse de la consciencia predeterminada —síntomas de alteración de las redes por defecto del cerebro y, en otras palabras, signos de un progreso lento pero constante a la hora de afectar a los cambios en esas redes cerebrales—.

Puesto que cada uno de nosotros ha vivido dentro de la consciencia predeterminada desde que nacemos, es un gran reto retirarse de ella, y los meditadores no deberían sorprenderse al experimentar resistencia a hacerlo. Debido a su naturaleza omnipresente en nuestras vidas, como la consciencia habitual que sustenta nuestro sentido del «yo soy» y del «yo hago», esta consciencia predeterminada posee un impulso considerable, algo así como un enorme volante de inercia que una vez puesto a girar, como en el ciclo del origen dependiente, es difícil de frenar. Desde este punto de vista, los impedimentos reflejan experiencias subjetivas en las que uno se aleja cada vez más de componentes sutiles de esta consciencia predeterminada, como lo reflejan los factores jhāna y las pruebas de los electroencefalogramas (EEG), de la siguiente manera:

- Vitakka, o redirigir la atención, representa la primera etapa en la que se perturba la red de atención dorsal de la consciencia sensorial y es el primer desafío al impulso de nuestra consciencia predeterminada. El impedimento de *la pereza y el letargo* es la experiencia subjetiva de luchar contra ese impulso.
- Vicāra representa la siguiente etapa en la que se perturba la red de atención ventral de la consciencia sensorial, a medida que el meditador desarrolla los aspectos de saliencia de la atención refinada al tacto, de la respiración en la punta de la nariz, para «sentir» la experiencia y minimizar la duda sobre dónde se sitúa la atención. Vicāra se relaciona, por tanto, con la superación del segundo impedimento de *la duda*.
- Pīti refleja el surgimiento de la energía liberada una vez que la atención ha sido estabilizada por el trabajo de vitakka y vicāra, y las siguientes capas de consciencia sensorial con las que trabajan los meditadores se refieren al gustar y al no gustar. El impedimento del no gustar, o *la mala voluntad*, estrechamente relacionado con el miedo, es el impedimento dominante de este par en esta etapa y está relacionada con el miedo subyacente a la pérdida del yo que yace latente en la consciencia predeterminada. Contra este, la mala voluntad es la estrategia se superación defensiva (compárese con las reacciones de «lucha-huida» en las partes más antiguas del funcionamiento cerebral). El passaddhi o tranquilización del pīti supera el miedo y la mala voluntad.
- Sukha, o felicidad, comienza con sentimientos bastante sutiles de satisfacción que gradualmente inundan el cuerpo de satisfacción y confianza, reflejando la liberación del miedo y la mala voluntad, o de la necesidad de «defenderse». A medida que se desarrolla el sukha, el impedimento de *la inquietud* (y *el remordimiento* por cualquier acción pasada subyacente vinculada al miedo y la mala voluntad) disminuye.
- Ekaggatā citta, la unificación de la mente, es la culminación de la retirada de la consciencia sensorial; por tanto, corres-

ponde a la superación del impedimento general del apego a la totalidad de nuestra consciencia predeterminada —es decir, *el deseo sensorial.*

Esta interpretación de los impedimentos también subraya la necesidad crucial de que los meditadores sean pacientes a la hora de conceder el tiempo suficiente para comprender plenamente la atención en sus aspectos gemelos del vitakka y vicāra, como umbral para desarrollar el primer rūpa jhāna. Sin el dominio de la atención, la retirada de la consciencia sensorial será incompleta, lo que conducirá fácilmente a malentendidos (incluida la sobreestimación) de lo que se está experimentando.

La Nimitta, el Vitakka y el Vicāra

El desarrollo del vitakka y el vicāra también está estrechamente alineado con el desarrollo de la nimitta:

- Vitakka corresponde al proceso cognitivo básico de prestarle atención al tacto del aliento en la punta de la nariz, o de desarrollar el trabajo preliminar (parikamma) nimitta. En el Yogāvacara, se dice que se comprende a través de la «puerta del ojo» (similar a atender un kasina externo con los ojos abiertos).
- Vicāra muestra el camino al meditador que empieza a discernir la «sensación» —y la saliencia de la sensación de la respiración— y es un paso hacia la comprensión de su propia consciencia, *qualia*. Esto es paralelo al desarrollo de un signo adquirido —o uggaha nimitta— hecho por la mente en lugar de estar fijo en la punta de la nariz. En el Yogāvacara, el uggaha nimitta se comprende a través de la «puerta de la mente». Esta es también la etapa en la que se desarrolla el pīti, como energización experimentada en forma de sensaciones físicas.
- El trabajo de vitakka y vicāra culmina en una estabilidad en la que la respiración y la nimitta se vuelven, en cierto sentido,

inseparables, significando que el signo homólogo ha sido desarrollado plenamente, o patibhāga nimitta. Ahora es lo suficientemente estable como para conducir al meditador más profundamente hacia la absorción jhāna. En el Yogāvacara, esto se comprende a través de la «puerta del tacto», reflejando la profunda integración del cuerpo y la mente en el samādhi.

Volver a Visitar el Recuerdo

La importancia del recuerdo se mencionó brevemente en el capítulo 3, y habiendo descrito ahora los cuatro rūpa jhānas, podemos decir algo más. A medida que un meditador se familiariza con los jhānas superiores, es necesario encontrar otra forma de conceptualizar los procesos más allá de la burda denominación y comparación del lenguaje convencional. Al final de una práctica de meditación, entonces, se recomienda permanecer con esa experiencia de quietud, sin moverse ni abrir los ojos, resistiendo cualquier dependencia del lenguaje o cualquier diálogo interior con uno mismo queriendo recordar lo que se ha experimentado y cómo se ha logrado.

Por ejemplo, si el meditador estuviera inmerso en el estado upekkhā del cuarto rūpa jhāna, al concluir la práctica, experimentaría una sensación profunda de libertad y amplitud. En este estado, la quietud sería tan completa que no habría ninguna urgencia mental o física de moverse, manteniendo una presencia perfectamente equilibrada. Esta sensación podría perdurar durante un tiempo significativo, especialmente si el meditador no tiene otras responsabilidades que requieran atención inmediata. Al cabo de un rato, surgirá una consciencia del sukha —dicha mental— y en ese momento el meditador comprenderá directamente que la práctica que acaba de dejar era el cuarto rūpa jhāna y que este surgimiento del sukha marca el tercer rūpa jhāna. Se trata de un conocimiento directo comparable con abrir los ojos y simplemente ver y comprender, sin necesidad de un procesamiento cognitivo discursivo basado en el lenguaje. También es una expresión del *repaso*, la quinta etapa de la maestría.

La cualidad profundamente dichosa y satisfactoria relacionada con el tercer rūpa jhāna también podría durar un tiempo considerable, para finalmente desvanecerse y ser sustituida por una paz también profundamente satisfactoria, pero en la que el cuerpo, en particular, se experimenta como si estuviera totalmente en paz, igual que en el segundo rūpa jhāna, cuando el pīti se ha tranquilizado por la actividad del passaddhi.

De nuevo, después de algún tiempo, el meditador presentirá una tentación para «atender» —no todavía como para volver a caer en la conceptualización verbal, pero sí un impulso hacia los procesos vitakka y vicāra del primer rūpa jhāna—. El meditador seguirá sintiéndose profundamente en paz y feliz, pero ahora solamente está a un paso de la consciencia sensorial. Finalmente, tarde o temprano, la fuerza motriz que impulsa el desarrollo de la serie de los jhānas dejará de ser suficiente para mantener el conocimiento de acceso fino-material y las cualidades de los jhānas, y el meditador regresará con toda naturalidad a la plena consciencia sensorial.

De este modo, los meditadores llegan a saber «dónde han estado» y desarrollan gradualmente una comprensión más profunda de los factores jhāna basada en la experiencia directa más que en las palabras. Esto hace entonces posible recordar las cualidades de cualquier jhāna en particular e incluso llegar a ser capaz de simplemente «ir allí», lo que expresa un dominio altamente desarrollado de los jhānas y la terminación de la quinta etapa para lograr la maestría del repaso, descrito en el capítulo 3.

Un beneficio más profundo de esta práctica es que permite al meditador ser testigo del funcionamiento de ambos modos, samatha y vipassanā, como kammaṭṭhāna gemelo, y de la realidad de su funcionamiento inseparable. Esto se comprende a través de la repetición de dos aspectos clave. En primer lugar, se reconoce que el desarrollo del jhāna no es posible sin un avance sustancial en el *insight* o vipassanā, que contrarresta los procesos habituales de la consciencia sensorial. En segundo lugar, se observa que al surgir el jhāna, se experimenta de inmediato un momento de revisión de la consciencia. Este momento implica un profundo *insight* que permite al meditador conocer directamente las cualidades del jhāna previo. A través de esta experiencia, el meditador adquiere directamente, mediante la percepción, la compleja y recíproca relación entre samatha y vipassanā, o jhāna y *pañña* (sabiduría). Se revela de manera misteriosa cómo estas dimensiones se fusionan en la experiencia y la profunda quietud del jhāna.

«Etapas», Maestría y la Ilusión del Espacio-Tiempo

El repaso es de gran ayuda para desarrollar la consciencia de la esfera fina-material a diferencia de la consciencia sensorial ordinaria. Otras prácticas, en particular, las que implican al cuerpo, también son muy útiles, como el taichí, o de las artes marciales como el aikido, que desarrollan la sensibilidad a los movimientos fino-motores y el sutil conocimiento interoceptivo que puede permitir a una persona sentir los movimientos más sutiles de sus extremidades, así como las tensiones y conexiones dentro del cuerpo. Con el tiempo se hace posible desarrollar un conocimiento fino-motriz periférico que puede estar siempre presente hasta cierto punto como parte del *mindfulness* general —sati—.

Con respecto a este conocimiento fino-material, cuando se une a una experiencia creciente de los jhānas superiores, habrá una menor dependencia de los hábitos de la consciencia sensorial como el reconocimiento, el nombramiento o la comparación, lo que, en última instancia, significa una menor dependencia del lenguaje convencional. Puesto que es el lenguaje el que sustenta una disposición de la experiencia sensorial en el tiempo y el espacio, comienza a abrirse paso una nueva cualidad de la experiencia cotidiana, menos dependiente de dicha disposición. Dado que estos mismos procesos son los que sustentan nuestro sentido del «yo soy» y del «yo hago», nuestra excesiva dependencia de la construcción del yo se desvanece con la práctica continuada, lo que concuerda con el desarrollo paralelo, de vipassanā junto con samatha, en el modelo del kammaṭṭhāna gemelo del Yogāvacara.

A medida que nuestra confianza en el lenguaje convencional comienza a desvanecerse, la noción de desarrollar los jhānas por etapas, del tipo «llegar a alguna parte», de la segunda a la tercera, y de esa a la cuarta, se vuelve demasiado burda. Una vez que un meditador tiene suficiente experiencia con el segundo y tercer rūpa jhāna, aunque aún no sea perfecto, es posible abandonar por completo la idea de las etapas y permitir simplemente que la quietud del jhāna se profundice más y más. La paz, la quietud y la claridad que todo lo abarcan constituyen la sensación de presencia. La quietud por sí misma como «firma» del jhāna es suficiente para conducir al meditador a la absorción completa. Sin embargo, esto requiere una comprensión sofisticada del discernimiento y del *mindfulness*, donde el sati fundamentado por el dhamma-vicaya se convierte en sati-sampajañña, un *mindfulness* que discrimina directamente sin ningún rastro de comparación discursiva. Sampajañña deriva de la misma raíz que pañña —sabiduría— y sati se aproxima ahora al *mindfulness* correcto del Camino Óctuple.

El tipo de sati requerido tiene que ser cada vez más sutil para coincidir con la quietud, y de hecho ambos van juntos. Si se permite que la respiración siga un proceso natural de hacerse cada vez más fina, para no perturbar la quietud, entonces finalmente en el cuarto rūpa jhāna todo llega a un punto de quietud, que podría llamarse «no-respiración», en lugar de inspiración y espiración. En la tradición Yogāvacara, esto se compara con la respiración del feto en el útero.

Con un maestro experimentado, y especialmente con la práctica regular del repaso, un meditador puede desarrollar una maestría y una comprensión muy significativa de los significados más sutiles de las etapas del ānāpānasati y los jhānas. En la tradición que se ha desarrollado en el Samatha Trust, un meditador experimentado que haya practicado en su totalidad las dieciséis etapas del ānāpānasati podría ser animado a explorar diferentes rutas a través de esta estructura matricial de etapas. En la figura 8 se muestran algunos ejemplos, con diferentes disposiciones y secuencias a través de las cuatro longitudes de la respiración y las cuatro etapas de contar, seguir, tocar y asentarse.

El diagrama 1, el primer camino mostrado en la figura 8, reproduce la estructura general que muestra la figura 6, con las dieciséis etapas que resultan de cuatro longitudes de respiración de nueve, seis, tres, y uno (con la longitud «normal» indicada por la barra gris horizontal), y las etapas de contar, seguir, tocar y asentarse. Este es el punto de partida para que un meditador de esta tradición se familiarice con todas las diferentes longitudes de la respiración, principalmente tomando las rutas largas que se muestran en el primer diagrama.

Los diagramas del 2 al 9 muestran ejemplos de diferentes rutas, cada una de las cuales debe practicarse en orden hacia delante y hacia atrás. Tras la repetición (normalmente muchas repeticiones a lo largo de un período prolongado) de diferentes caminos a través de las etapas, el significado real de contar, seguir, tocar y asentarse se vuelve gradualmente claro, particularmente en cómo esas etapas se relacionan con los factores jhāna. Llegan a comprenderse por la sensación más que por la conceptualización verbal, y del mismo modo que aprendiendo una pieza musical compleja o un canto budista, quizá en pāli, el meditador llega a ser capaz de ir directamente a las diferentes etapas con fluidez. De forma algo diferente, el significado de las diferentes longitudes de la respiración también se hace evidente en la forma en que responden las diferentes zonas del cuerpo, sin necesidad de una mayor conceptualización, como la idea de los chakras. Se trata de familiarizarse con la forma, sin necesidad de analizar los componentes constituyentes.

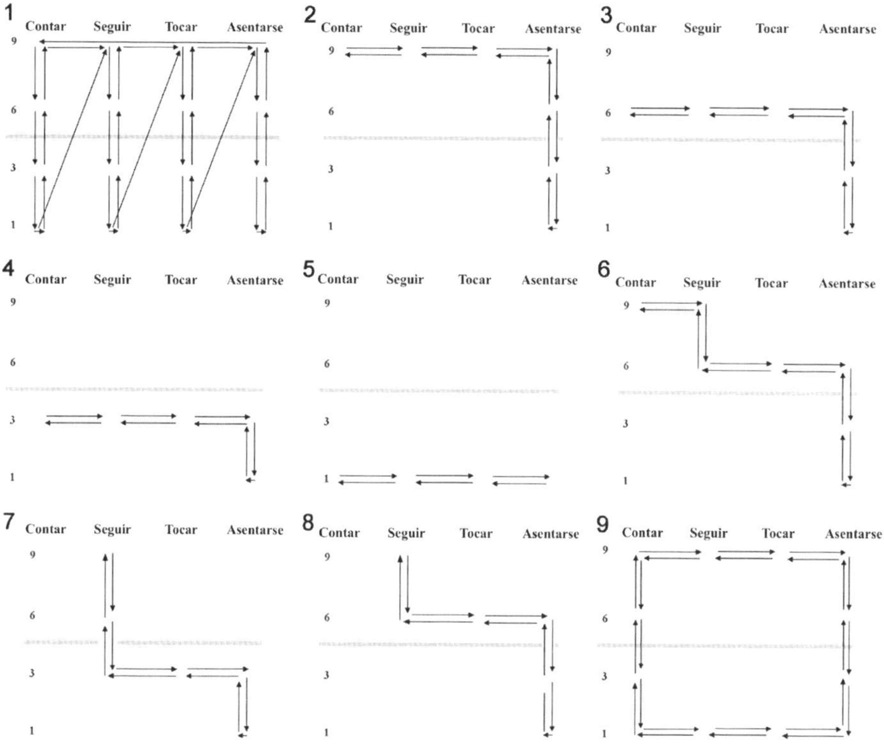

Figura 8. Exploración de rutas a través de las dieciséis etapas del ānāpānasati.

Este mismo enfoque puede aplicarse después a los cuatro rūpa jhānas una vez que el meditador esté suficientemente familiarizado con todos ellos, aunque no los domine por completo. Al igual que con las etapas del ānāpānasati, los cuatro jhānas pueden practicarse hacia adelante, hacia atrás o con un orden alterno, hasta que estén tan familiarizados con la sensación que puedan acceder a ellos simplemente mediante un acto mental directo de advertencia.

Si etiquetamos los cuatro jhānas como RJ1, RJ2, RJ3 y RJ4, por ejemplo, el orden básico sería del RJ1 al RJ2 al RJ3 al RJ4, y luego de vuelta al RJ3 al RJ2 al RJ1. A continuación, un meditador podría explorar distintos órdenes, como del RJ1 al RJ3 y de vuelta al RJ1, o del RJ2 al RJ4 y de vuelta al RJ2, y después al RJ1, entre otras posibilidades. Esto puede parecer poco realista a quienes sostienen una separación estricta de los jhānas y la idea de ir directamente a diferentes jhānas podría descartarse como imposible. La única forma de comprobarlo es dejar a un lado lo que se haya podido leer, y explorar, sin prejuicios, lo que ocurre directamente.

El objetivo, inicialmente, no es «perfeccionar» ningún jhāna en particular, sino reconocer gradualmente un nivel de percepción sutil que permita tomar una «determinación» (adhiṭṭhāna) en el umbral del jhāna para moverse entre los jhānas directamente. Este enfoque resultará más claro para los meditadores si pasan a desarrollar los arūpa jhānas como se describe en los capítulos del 8 al 11.

Orden y Maestría en el Yogāvacara

Hay equivalentes a lo anterior en algunos textos Yogāvacara, aunque muy disfrazados y relacionados, sobre todo, con el trabajo de los cinco pītis (tabla 1, capítulo 3), aunque los procedimientos también pueden aplicarse a un recuento quíntuple de los jhānas. Este modelo alternativo de cinco en lugar de los cuatro rūpa jhānas descritos en los Suttas es producto del Abhidhamma. En el modelo quíntuple, el dominio de vitakka y vicāra se desarrolla por separado en el primero y segundo jhāna, de modo que el segundo jhāna del modelo cuádruple se convierte en el tercero, en el modelo quíntuple; el tercero se convierte en el cuarto; y así sucesivamente.

El Camino de Lanka describe la práctica de «entrar» en seis modos: entrar en sucesión, por control, por duración, en un grupo, en un círculo y estar fijo. Así:

1. Entrar en sucesión, de uno en uno hasta que cada uno se familiarice, es el modo básico de desarrollar los cinco pītis enumerados en la tabla 1 del capítulo 3.
2. Entrar por control es practicar los pītis alternados como 1 a 3, 2 a 5, etc., así como en un orden inverso.
3. Entrar por duración es practicar los pītis 1 a 4, 2 a 5, etc., y luego en orden inverso. Un salto tan grande es muy difícil a menos que se haya desarrollado un grado de maestría en la duración para cada etapa, y para cada uno de los pītis (véase la discusión sobre la maestría en el capítulo 3).
4. Entrar en un grupo es desarrollar cada uno de los pītis 1, 2, 3, 4 y 5, en secuencia, y mantenerlos en mente juntos; después repetir la secuencia en orden inverso.
5. Entrar en un círculo es practicar cada uno por turno, 1, 2, 3, 4 y 5, al tiempo que se colocan en una forma circular, visualizada en los cinco puntos de las partes componentes del carácter khom «A» (Este uso de los caracteres se describirá con más detalle en el próximo capítulo).
6. Y por último, entrar en «estar fijo». Esta frase bastante enigmática se refiere probablemente a la ekaggatā citta, la absorción del jhāna, como culminación del desarrollo de los pītis, en particular pharanā pīti o éxtasis omnipresente (tabla 1).

La similitud entre las descripciones bastante enigmáticas de *El Camino de Lanka* y los métodos esbozados en la figura 8 que han surgido independientemente en un contexto occidental bastante diferente es fascinante. Tomados en su conjunto, los dos enfoques ayudan a aclarar cómo se desarrolla la maestría de los jhānas. El recuerdo y el repaso ya se han descrito como un método clave. La práctica repetida de diferentes rutas a través de las etapas del ānāpānasati, o pītis, y en última instancia, los jhānas, constituyen una forma relacionada de recordar. En este proceso, las sensaciones y formas de las etapas, o jhānas, no solo son «re-visadas», sino que también se imprimen profundamente en la mente-cuerpo del meditador. Esto es lo que significa la descripción de la etapa 6 de *El camino de Lanka*, «estar fijo».

Llama la atención que en ambos textos del Yogāvacara, el *Manual* y *El Camino*, las etapas del pīti ocupen el centro del escenario en lugar de una descripción más familiar de los jhānas. Es como si los jhānas estuvieran siendo descritos en términos de pītis, señalando que las etapas de los jhānas podrían considerarse mejor como una integración progresiva de las energías corporales en una experiencia corporal unificada de consciencia completa. En lugar de la idea —a veces asumida en algunas formas del samatha posterior a las reformas— de que los jhānas son estados concentrados profundos alejados de cualquier actividad de *insight* o sabiduría —paññа— así como completamente aislados de la consciencia corporal.

La descripción «estar fijo» también corresponde a la etapa de asentamiento en el modelo ānāpānasati descrito en la figura 6 y en el capítulo 2. Cuando se desarrolla plenamente y va acompañada del pīti, se desarrolla una integración profunda del sistema mente-cuerpo del meditador, que culminará en el quinto factor jhāna, ekaggatā citta, en el primer y segundo rūpa jhānas, y luego upekkhā en el tercero y cuarto. La «práctica del tapón de cera», que se describirá más adelante (en el capítulo 11), es otro método para «fijar» los jhānas en la mente-cuerpo del meditador.

Modelos Cuádruple y Quíntuple de los Jhānas

Algunos comentarios finales sobre el modelo quíntuple de los jhānas pertinentes para esta discusión. La tabla 2 enumera las características de los modelos cuádruple y quíntuple, uno al lado del otro, donde los factores dominantes para cada jhāna están marcados en negrita, y por debajo de estos, están listados los otros factores aún no desarrollados plenamente. Los factores entre paréntesis se han dominado o incorporado y ya no son un foco activo.

En el modelo cuádruple, se considera que vitakka y vicāra están lo suficientemente interrelacionados —al igual que los dos aspectos de la atención revelados en el estudio de los EEG— como para ser dominados juntos en el primer jhāna. Mientras tanto, en el modelo quíntuple, estos se tratan por separado, añadiendo, por tanto, un jhāna extra. Ekaggatā no figura deliberadamente en la tabla 2 como factor para el primer jhāna en el modelo quíntuple debido a una controversia en el mundo académico budista sobre si la unificación de la mente se produce en el primer rūpa jhāna.

En un artículo titulado «Jhāna and Buddhist Scholasticism», Martin Stuart-Fox (1989) sugería que la ekaggatā se añadió en la primer jhāna del modelo quíntuple del Abhidhamma simplemente por consistencia, con el fin de tener cinco factores de jhāna para todos los jhānas, y que no existe una justificación clara para afirmar que el primer rūpa jhāna en un modelo quíntuple podría desarrollar la unificación de la mente, ekaggatā citta.

Podemos ir más allá observando que en el estudio de EEG, ambas redes de atención neurocientífica —la corriente dorsal relacionada con el vitakka y la corriente ventral relacionada con el vicāra— se interrumpen conjuntamente en el acercamiento al primer rūpa jhāna en el modelo cuádruple.

Además, el vitakka es solamente a corto plazo. Establece un momento en el tiempo —es decir, un momento de *mindfulness* en los puntos en los que se coloca la atención repetidamente— mientras que el vicāra, por otro lado, añade discernimiento para establecer la saliencia con el fin de mantener la atención. Por lo tanto, el desarrollo del vicāra sigue necesariamente al vitakka para establecer la saliencia, lo que requiere implícitamente la consciencia de los momentos pasados, el momento presente y

Modelo Cuádruple de los Rūpa Jhānas (RJ) y los Factores Jhāna			
RJ1	RJ2	RJ3	RJ4
Vicāra Vitakka	**Pīti**	**Sukha**	**Upekkhā**
Pīti	Sukha	Ekaggatā	
Sukha	Ekaggatā		
Ekaggatā			
	(Vicāra)	(Pīti)	(Sukha)
	(Vitakka)	(Vicāra)	(Pīti)
		(Vitakka)	(Vicāra)
			(Vitakka)

Tabla 2. Los Modelos Cuádruple y Quíntuple de los Jhānas.
(Izquierda y derecha)

Modelo Quíntuple de los Rūpa Jhānas (RJ) y los Factores Jhāna				
RJ1	RJ2	RJ3	RJ4	RJ5
Vitakka	**Vicāra Vitakka**	**Pīti**	**Sukha**	**Upekkhā**
Vicāra	Pīti	Sukha	Ekaggatā	
Pīti	Sukha	Ekaggatā		
Sukha	Ekaggatā			
		(Vicāra)	(Pīti)	(Sukha)
		(Vitakka)	(Vicāra)	(Pīti)
			(Vitakka)	(Vicāra)
				(Vitakka)

un curso temporal proyectado, es decir, profundidad temporal. Sin un grado de profundidad temporal, la unificación de la mente carece de sentido, por lo que es un error formular un primer jhāna basado únicamente en la primera etapa de la atención, vitakka. De hecho, lo que se etiqueta como un primer jhāna separado en el modelo quíntuple es, con razón, simplemente la primera etapa en el desarrollo del primer jhāna en el modelo cuádruple. Esto también corresponde a la experiencia subjetiva; la etapa inicial de colocar repetidamente la atención, por sí misma, no puede abarcar plenamente el objeto de meditación hasta que se apoye en el vicāra.

Resulta tentador concluir que quienes compusieron el *Manual del Yogāvacara* y *El Camino de Lanka* estaban más influidos por el modelo quíntuple de los jhānas del Abhidhamma que por las descripciones más antiguas de los Sutta, pero puede que no sea así. Ambas obras evitan nombrar los jhānas explícitamente, ya sea en una estructura quíntuple o cuádruple, prefiriendo describir la experiencia subjetiva de la práctica de un meditador en términos de cinco etapas: cinco pītis, cinco factores de jhāna, cinco impedimentos. Los autores bien podrían haber adoptado el mismo punto de vista esbozado anteriormente, en el que el modelo cuádruple de los Suttas corresponde a la experiencia global de un meditador que desarrolla los jhānas, al tiempo que reconocen que el dominio de la atención en el primer jhāna implica la discriminación de dos factores juntos, vitakka y vicāra —de ahí que haya cinco factores jhāna en total—.

Dificultades para Establecer el Jhāna y Distorsiones del Jhāna

El primer rūpa jhāna es la puerta de entrada a un mayor progreso en el desarrollo de los jhānas. Y puesto que el factor central en la fórmula pāli para el primer jhāna es la frase *vivicc' eva kāmehi* —traducida como «aparte de los deseos sensoriales»—, entonces se deduce, en una terminología diferente, que desentenderse de la consciencia sensorial cotidiana es el factor crucial, confirmado por el estudio EEG.

Sin embargo, nunca se insistirá lo suficiente en lo importante que es una empresa de este tipo, tal y como se ha reconocido anteriormente en la sección en la que se describen los impedimentos como reacción a tales intentos. Es tarea del maestro ayudar al meditador a negociar este proceso, a aprender a no precipitarse ni a intentar una represión de los impedimentos, ya que ambas cosas pueden conducir a malentendidos o distorsiones de la experiencia del jhāna.

Habiendo experimentado estas dificultades de primera mano, así como habiendo sido testigo de las luchas de otros por encontrar un camino correcto a lo largo de más de cincuenta años, me parece que dos características de la tradición del Samatha Trust son particularmente importantes y útiles. La primera es el uso de duraciones no normales de respiración en el ānāpānasati. La segunda es el desarrollo del pīti. Ambas fueron devaluadas o suprimidas en las «reformas» de los años cincuenta y sesenta en el Sudeste Asiático, especialmente en Tailandia y Birmania, una situación que persistió en las secuelas posteriores a las reformas que se extendieron por todo el mundo a partir de los setenta.

Duración de la Respiración

Con respecto a la duración de la respiración, la fuerte publicidad que se hizo del «nuevo» vipassanā durante las reformas, en sustitución de las prácticas samatha y jhāna, hacía hincapié en observar la respiración y no en controlarla. Esta anulación del control de la respiración continuó en la era posterior a la reforma, incluso a partir de los ochenta, cuando resurgió el interés por la meditación jhāna.

La razón para elegir diferentes duraciones de respiración, como se ha señalado anteriormente, es marcar un nuevo kammaṭṭhāna —lugar de trabajo— como una elección consciente cuando se comienza a desligarse la consciencia sensorial. Aparte de la meditación, esto debería tener sentido a través de la observación de cómo la respiración refleja el estado emocional de una persona que vive en un mundo sensorial. Esto siempre es así en cierta medida, pero resulta especialmente evidente en las enfermedades mentales: los patrones respiratorios de las personas que sufren depresión aguda, trastorno bipolar, esquizofrenia o ataques de pánico, por nombrar algunos, son tan floridamente diferentes entre sí que casi permiten el diagnóstico simplemente observando los patrones respiratorios. Aunque quizá no sean tan evidentes en la vida cotidiana, estos patrones, en cierta medida, están siempre presentes.

Por lo tanto, desde las primeras etapas de la introducción de esta tradición prerreformista en el Reino Unido, se enfatizó la importancia de utilizar deliberadamente diferentes duraciones de respiración. Esta elección se hizo con el propósito de señalar un distanciamiento de los hábitos de la consciencia cotidiana. Además, tenía la ventaja adicional de facilitar el desarrollo seguro de estados pīti a veces intensos, seguidos por un retorno sin dificultad a la respiración normal y a la consciencia sensorial. Esto era especialmente significativo para los practicantes laicos.

Un factor relevante también está vinculado a cómo el conocimiento de la duración de la respiración se integra como parte de un fortalecimiento continuo del *mindfulness* —sati—. Ya se ha señalado que una vez que las etapas y longitudes de la respiración son bien conocidas, un meditador ya no necesita mantener la consciencia de la longitud de la respiración en el primer plano de la consciencia, ya que se convierte en parte del *mindfulness* general. De hecho, durante muchos años Nai Boonman describió la tradición como la de un equilibrio entre el *mindfulness* y la concentración, y aconsejó repetidamente a los meditadores que no dejaran que ni el *mindfulness* ni la concentración decayera en comparación con la otra, especialmente en las etapas más cercanas de aproximación al jhāna.

La importancia de equilibrar la concentración con el *mindfulness* hasta el punto de absorción no es diferente de la afirmación que citamos en el capítulo 5, desde el *Vimuttimagga*: «la medianía es la característica sobresaliente. Morar en una posición intermedia es la función». Aunque esta cita se refiere al cuarto rūpa jhāna, podría aplicarse a todos los jhānas, en cuanto al equilibrio entre concentración y *mindfulness*.

Pīti

Las reformas en el Sudeste Asiático, incluso las que se desarrollaron desde principios del siglo XIX en Tailandia y Birmania como precursoras de las reformas posteriores de los cincuenta y sesenta, atacaban todo lo que pudiera tacharse de supersticioso, peligroso o rozando la magia negra —en tailandés, *saiyasat*—. Esto habría incluido sin duda las manifestaciones de pīti caracterizadas por una gran energía y los efectos corporales descritos en la tabla 1 del capítulo 3, que en sus formas más potentes podrían confundirse fácilmente con convulsiones, locura o posesión.

Como resultado, tales prácticas, que en su mayor parte habían estado protegidas dentro de las comunidades monásticas, se hicieron aún menos visibles, y luego, en la segunda fase de reformas a partir de mediados de la década de 1950, fueron activamente suprimidas. Cuando Nai Boonman comenzó a enseñar ānāpānasati en el Reino Unido desde principios de 1964, tuvo mucho cuidado de no enseñar abiertamente prácticas que implicaran fuertes desarrollos de pīti, tal era la rigidez de la nueva ortodoxia en cuanto a puntos de vista. No obstante, sí se produjo un desarrollo natural fuerte del pīti, aunque es justo decir que el Samatha Trust mantuvo un perfil bajo durante muchos años mientras ayudaba silenciosamente a los meditadores a desarrollar su comprensión.

La importancia del pīti es crucial para desarrollar el segundo rūpa jhāna. Aunque es posible una experiencia momentánea con solo un desarrollo limitado del pīti para dominar plenamente el segundo jhāna y luego más allá, hasta el tercer y cuarto rūpa jhānas, es necesaria una comprensión y un desarrollo mucho más profundos del pīti, si se quiere que el cuerpo se integre plenamente en la experiencia samādhi.

Jhāna Facsimilar

Cuando un meditador experimenta el jhāna por primera vez, la evolución de esa experiencia está vinculada a las etapas de aproximación. Si la aproximación ha sido gradual a través del ānāpānasati, especialmente si se ha establecido un espacio protegido mediante respiraciones de diferentes duraciones, entonces el meditador puede ser consciente, sin excesiva excitación, de que ha ocurrido algo distinto. Con la ayuda del recuerdo y la orientación de un maestro, podrá extender la duración del jhāna, comprendiendo gradualmente los factores implicados y avanzando en su desarrollo.

En situaciones diferentes, la complejidad puede aumentar. Si las etapas de aproximación se apresuran, y especialmente si no se comprende la importancia de la duración de la respiración para lograr una desconexión gradual de la consciencia sensorial, es probable que esta desconexión sea incompleta. En tales casos, la única opción para que alguien experimente incluso brevemente el primer rūpa jhāna será reprimir de alguna manera los impedimentos. Esto suele hacerse mediante largas sesiones, intensos ejercicios cognitivos para contrarrestar cada impedimento por su opuesto, o «pagando un precio» en forma de prácticas ascéticas de una forma u otra.

La represión de los impedimentos es el problema más común, ya que cualquier cosa reprimida está siempre cerca lista para resurgir, como se dio cuenta Freud en los primeros años del psicoanálisis. La represión no puede sostener una primera experiencia del jhāna, ya que conducirá rápidamente a un rebote, ya sea a la consciencia sensorial o al umbral cercano del jhāna. Si es a la consciencia sensorial, entonces la práctica repetida puede permitir al meditador al menos sostener el estado de umbral durante más tiempo. La posición umbral, por otro lado, es un estado interesante por derecho propio y es, de hecho, un primer logro significativo para un meditador. Aunque los impedimentos puedan estar en suspenso solo a través de la represión, la mente estará menos desordenada, más alegre y, de hecho, bastante receptiva en comparación con la consciencia sensorial cotidiana, lo que prepara el terreno para que un meditador crea que ha experimentado el jhāna y logra sostenerlo. Especialmente, para un temperamento que se basa en gran medida en el pensamiento, cualquier lectura previa o conocimiento intelectual sobre los jhānas puede conducir a un proceso de formulación y construcción de una experiencia para que con lo que se espera, según ha leído o escuchado.

Además, una aproximación demasiado rápida al jhāna carecerá casi con toda seguridad de una comprensión adecuada del ansia y el apego, o del querer y no querer, dejando a los meditadores propensos a creer lo que quieren creer, incluyendo que el jhāna ya se ha comprendido, lo que fácilmente se extiende a pensar que los jhānas superiores, también, en prácticas posteriores, también se han dominado. Esto da como resultado una especie de jhāna en facsimilar, una versión superficialmente convincente del jhāna, que puede ser sinceramente creída por el practicante, pero que para un maestro experimentado no suena del todo verdadera, como si el meditador no formara parte plenamente de la experiencia que se describe.

Una vez que este modo se desarrolla, puede llegar a estar muy arraigado. De hecho, dado que el funcionamiento normal de las redes cerebrales en la consciencia sensorial cotidiana implica modos de refuerzo de retroalimentación (véase el capítulo 13), entonces el modo facsimilar puede «confirmarse» repetidamente como válido para la persona que lo experimenta. Sin embargo, a pesar de su naturaleza facsimilar, sigue siendo una base mejor que lo que podría ser la alternativa sin meditación, y con la ayuda de un maestro competente el proceso de separación de la consciencia sensorial podría ser revisado y completado.

Estados Profundos de Concentración

No parece haber duda de que algunos practicantes en desarrollos posteriores a la reforma de la meditación samatha entran en estados profundos de concentración en los que sienten que todo contacto con el cuerpo y el mundo sensorial desaparece o termina por completo durante un tiempo. Esto ha dado lugar incluso a controversias sobre qué es un jhāna «correcto», y si cualquier otra cosa que no sea una experiencia de este tipo es jhāna en absoluto, o como mucho una forma de jhāna *light*.

En años anteriores, cuando algunos estudiantes de Nai Boonman mostraban una propensión a sumergirse en estados de concentración excesiva, Boonman insistía rápidamente en la importancia de mantener el mindfulness junto a la concentración durante el mayor tiempo posible. Este enfoque va más allá de cualquier expectativa o momento de liberación o «caer» en el jhāna, evitando lo que él denominaba en ocasiones como concentración errónea. La calidad del *mindfulness* necesaria en esta etapa es bastante sutil, distante de cualquier forma de pensamiento discursivo. Similar al desafío que surge cuando la respiración parece desvanecerse en el jhāna más profundo —conocida como la etapa de «no-respiración» mencionada anteriormente en este capítulo—, la tarea del meditador radica en mantener una posición intermedia, esencialmente equilibrando el *mindfulness* y la concentración.

De hecho, si el desarrollo ha sido gradual y progresivo a través de las etapas del ānāpānasati, entonces cuando un meditador se acerque al umbral del jhāna, el sati se habrá desarrollado hasta la etapa de sati-sampajañña, que permite que una forma de consciencia directa, conocimiento y percepción fina continúe hasta la experiencia del jhāna. Muchos practicantes de jhāna en esta tradición renaciente anterior a la reforma también afirmarían que un grado de percepción fina persiste a través de los cuatro rūpa jhānas y los tres primeros arūpa jhānas. Sin embargo, para mantener el equilibrio entre concentración y *mindfulness* hasta el umbral del jhāna, de la unificación de la mente (y el cuerpo), se necesita una fuerte saddhā —fe— y un maestro que comprenda el proceso para ayudar al meditador a resistir el impulso de soltarse demasiado pronto. Para utilizar la analogía de la física cuántica, esto es también algo así como acercarse a una singularidad, como un agujero negro, donde se rompen todas las concepciones del espacio-tiempo. Hasta que no se experimenta, no es posible conceptualizar cómo —a medida que se aproxima a la «singularidad»— el inmenso poder de la concentración puede transformarse en la inmensa paz y quietud del jhāna.

En este estado equilibrado, el mundo sensorial, o el cuerpo, no desaparecen por completo, pero como el meditador ya no tiene apego a ese modo y no se siente movido a reflejar o conectar con canales sensoriales externos, no se inmiscuyen en la experiencia del jhāna. Esto queda claro en el electroencefalograma de alguien en el tercer o cuarto jhānas en esta tradición, cuando cesa toda la actividad de red en el cerebro típica de la consciencia sensorial —lo que se describirá con más detalle en la Segunda Parte—. Sin embargo, sin tomar ninguna parte del cuerpo como objeto, este es «conocido» y experimentado por el meditador como un estado unificado mente-cuerpo de integración profunda y consciencia clara. Sin embargo, se trata de un conocimiento muy diferente del cognitivo discursivo y está asociado a un nivel de percepción fina que no es típico de la consciencia sensorial. Que tal percepción fina pueda existir en el jhāna no parece estar reconocido en la mayoría de las tradiciones posteriores a las reformas.

Los profundos estados de concentración que pueden desarrollarse cuando decae el *mindfulness* pueden ser extremadamente seductores y, en algunos casos, bastante adictivos, lo que a menudo conduce a una rigidez de miras según la cual esta es la verdadera y única forma de practicar el jhāna. Sin embargo, es en el desarrollo de los estados arūpa sin forma donde se hace evidente la verdadera importancia de mantener el *mindfulness* junto con la concentración: es difícil imaginar que, sin la cualidad de *insight* o sabiduría del sati-sampajañña junto con el samādhi y la upekkhā en los rūpa jhānas, los arūpas puedan desarrollarse en absoluto más que como construcciones cognitivas, por sutiles que sean, superpuestas al modo de los estados de concentración profunda.

Sin embargo, desde una perspectiva neurocientífica hay algo intrigante y sugerente en cómo los estados de concentración profunda se describen a veces como «caer en» el jhāna, o en la dicha, lo que recuerda a la transición vigilia-sueño, o de la transición igualmente conmutativa de la vigilia a la anestesia, o, pensando en las prácticas vipassanā birmanas de los años 1950-1970, en la tendencia de algunos meditadores de aquella época a caer en un *bhavaṅga* (un estado de inconsciencia similar al sueño profundo nREM).[39] Aunque la neurociencia aún no ha trazado un mapa completo, se sabe qué zonas del mesencéfalo y de la parte superior del tronco encefálico están implicadas en el cambio vigilia-sueño y, como ya se ha señalado, es probable que la parte superior del tronco encefálico también desempeñe un

39 La transición vigilia-sueño en neurociencia sigue siendo objeto de muchas investigaciones y aún no se comprende del todo; véase Blumberg *et al.* (2014).

papel importante como interfaz entre el cerebro y el cuerpo en la consciencia jhāna. Además, dado que el segundo jhāna y los jhānas superiores desarrollan una actividad de ondas lentas en los EEG, y que el sueño profundo y la anestesia también desarrollan una actividad de ondas lentas, aunque algo diferente de los ritmos mucho más lentos en el jhāna, es probable que estos modos tan diferentes de sueño, anestesia y jhānas compartan en común algunas de esas redes en el cerebro.

Puede ser, entonces, que en algunas circunstancias, los componentes de las redes vigilia-sueño puedan activarse, desencadenando el modo experimentado como «caer en» la concentración profunda. Surge entonces la pregunta de por qué esto no ocurre en alguien que se ha desarrollado a través de la tradición que informa este libro. La respuesta podría ser doble. En primer lugar, está el papel centralmente importante del pīti en el Samatha Trust y otras tradiciones Yogāvacara, «despertando⊠» eficazmente al cuerpo para que forme parte de un samādhi mente-cuerpo que quizás hace que el cuerpo ya no sea vulnerable a las redes vigilia-sueño. En segundo lugar, el Yogāvacara y la tradición enseñada por Nai Boonman hacen hincapié en un equilibrio entre el *mindfulness* y la concentración hasta el punto más sutil de establecer un samādhi mente-cuerpo final que, si se deja ir demasiado rápido, podría dar lugar a un exceso de concentración y a los estados de concentración profunda experimentados. Sería interesante examinar el EEG de alguien en el modo de concentración profunda.

Sin querer caer en la improductiva discusión sobre el jhāna verdadero o falso, especularía con que los modos de concentración profundos bien pueden tener validez para algunos practicantes, quizá como una forma de «bhavaṅga jhāna» en la que el cuerpo aún no está plenamente incorporado en un samādhi mente-cuerpo completo, sino como preludio de un desarrollo posterior. Si el practicante no está demasiado apegado a tales modos, tales estados de concentración profundos pueden conducir eventualmente a un curso similar al descrito en este libro, particularmente si los meditadores son movidos a desarrollarse más hacia los arūpa jhānas.

Un comentario relacionado se refiere a la característica naturaleza «encarnada» de las experiencias del jhāna descritas a lo largo de este libro, en contraste con algunas descripciones en modalidades posteriores a la reforma del jhāna en las que el cuerpo «desaparece». Esta experiencia encarnada ha sido descrita por los meditadores como «nada que quede fuera» del samādhi experimentado en los jhānas superiores, lo que se corresponde con la evidencia del EEG de que todas las estructuras de banda de frecuencia intermedia, normales en la consciencia sensorial, se desvanecen para ser sustituidos por ritmos mucho más lentos indicativos de un componente metabólico, corporal, de la experiencia jhāna, a lo largo de un eje vertical en los jhānas superiores.

Hasta ahora no hay pruebas detalladas de EEG sobre las tradiciones jhāna del nuevo-samatha y posteriores a las reformas para hacer comparaciones, pero si resulta que las estructuras de bandas de frecuencia típicas de la consciencia sensorial persisten en esas modalidades, plantearía cuestiones interesantes sobre si el segundo jhāna y sus superiores pueden desarrollarse plenamente en esas modalidades, ya que el cerebro y sus redes seguirían interactuando con el mundo sensorial, aunque fuera de forma inconsciente, como en el sueño profundo o bhavaṅga.

Figuras de Phra Bo Khem, Laos. Etapas del desarrollo de la naturaleza de Buda.

7

LENGUAJE CREPUSCULAR, SÍLABAS Y YANTRAS

Puede que no sea una coincidencia que, por un lado, el lenguaje sea un rasgo definitorio de la consciencia sensorial, mientras que, por otro, los aspectos más simbólicos y basados en la forma del lenguaje hayan sido una característica central del budismo esotérico desde los tiempos de Buda. Este capítulo explorará el curioso y fascinante mundo de las sílabas y los yantras, y lo que algunos han denominado «lenguaje crepuscular», pero antes ofreceré unos breves antecedentes sobre la naturaleza del lenguaje convencional, lo que implícitamente plantea la cuestión de la naturaleza de lo «no convencional».

La comprensión Convencional y Otras Concepciones del Lenguaje

El papel del lenguaje en la consciencia sensorial sustenta nuestro sentido del «yo» como sujeto, en relación con objetos o ideas, con verbos que representan acciones y un curso temporal. Esto está bien descrito por las gramáticas y proporciona una estructura fiable a nuestro compromiso cotidiano con los demás y con la vida, y puede decirse que vivimos la mayor parte de nuestras vidas inmersos en el lenguaje convencional. Sin embargo, esto cambia radicalmente al desarrollar la meditación jhāna, cuando hay que resistirse a los hábitos de nombrar y etiquetar para desligarse de la consciencia sensorial, y empezamos a percibir que hay otros aspectos en la forma en que se transmite el significado y surge el conocimiento.

A lo largo de los tiempos, filósofos y otras personas de disciplinas muy distintas al budismo esotérico también han reflexionado sobre estas cuestiones. El filósofo alemán Gottfried Wilhelm Leibnitz, por ejemplo, desde muy temprano exploró la idea de un «lenguaje primario del pensamiento», escribiendo más tarde en sus *New Essays Concerning Human Understanding*: «creo sinceramente que las lenguas son los mejores espejos de la mente humana, y que un análisis exacto del significado de las palabras nos mostraría mejor que ninguna otra cosa el funcionamiento del entendimiento».[40]

Unos trescientos años más tarde, Freud, el padre del psicoanálisis, muy influido por Leibnitz, escribió: «Las palabras que utilizamos en nuestro habla cotidiana no son otra cosa que magia aguada. Pero tendremos que seguir un camino indirecto para explicar cómo la ciencia se propone devolver a las palabras una parte al menos de su antiguo poder mágico».[41] Freud estaba especialmente interesado en cómo el habla transmite un significado latente del que el hablante a menudo no es consciente, lo que constituye una parte clave de la habilidad de un psicoanalista a la hora de tratar de comprender el significado más profundo de los síntomas de un paciente. Freud también se dio cuenta de que en casos extremos las palabras pueden convertirse en «cosas», desvinculadas del significado interrelacional, lo que consideró una de las características definitorias de la psicosis. La consciencia del significado latente en el habla también sustenta el uso de sílabas, mantras y yantras para transmitir un significado que de otro modo sería inconsciente en el Yogāvacara.

40 Leibnitz (1896, p. 368).

41 Esta cita es muy temprana en la obra de Freud, en su *Psychical (or Mental) Treatment* (1890, p. 283).

La Estructura y Neurociencia del Lenguaje

Los fonemas son unidades del habla, en todas las lenguas, que incluyen vocales, consonantes y sílabas; son representaciones externas de los procesos de pensamiento y sentimiento que expresamos en el habla convencional. Una vocal es un sonido que se produce con el tracto vocal abierto, de forma que la lengua no toca los labios, los dientes ni el paladar. Las vocales pueden ser más cortas o más largas según el sentimiento y el significado que se quiera expresar. Las consonantes son sonidos del habla articulados con un cierre total o parcial del tracto vocal, y articulan los límites entre los distintos segmentos del habla creando ritmos que transmiten información importante al oyente. Del mismo modo, una sílaba es una unidad de organización de una secuencia de sonidos del habla y suele estar formada por un núcleo (normalmente una vocal) con márgenes iniciales o finales (normalmente consonantes). Las sílabas son los componentes básicos de las palabras: establecen el ritmo de una lengua, su prosodia, su métrica poética y sus patrones de acentuación.

Puesto que ya hemos estado considerando cómo se relacionan los electroencefalogramas (EEG) con la actividad cerebral durante la meditación silenciosa, también es interesante considerar cómo se ven afectados por el habla, es decir, durante la consciencia sensorial. Resulta que existe una notable correspondencia entre las duraciones medias de las unidades del habla y las bandas de frecuencia que caracterizan la consciencia cotidiana. Los rasgos fonéticos como las vocales y las consonantes con duraciones cortas de ~20-50 milisegundos se asocian con oscilaciones rápidas gamma (>50 Hz) y beta (15-30 Hz) en la actividad eléctrica (EEG) del cerebro. Las sílabas y las palabras con duraciones medias algo más largas de ~250 milisegundos se asocian con oscilaciones más lentas *theta* (4.5-7,5 Hz); y secuencias aún más largas de sílabas y palabras incrustadas dentro de una frase prosódica y con duraciones de ~500-2000 milisegundos se asocian a oscilaciones delta aún más lentas (1-4 HZ).

En otras palabras, la actividad eléctrica de un EEG del cerebro durante la consciencia sensorial está íntimamente relacionada con el lenguaje convencional. Por lo tanto, no es sorprendente encontrar esas redes de actividad cerebral profundamente perturbadas cuando los meditadores se desligan del dialogo interno de «esto» o «aquello» hacia una consciencia interior no basada en el lenguaje convencional.

La correlación entre la acústica del lenguaje hablado y las grabaciones de los EEG también ha demostrado que las respuestas corticales temporales en las bandas *theta* y beta del cerebro contienen información suficiente para discriminar palabras sueltas.[42] Además, la creciente comprensión de las relaciones entre el habla y la actividad cerebral confirma los vínculos entre el habla y la implicación de varias redes cerebrales relacionadas con la emoción, la memoria y la activación somática.

La relación de estas redes cerebrales con el lenguaje confirma aún más que el lenguaje es una característica central de la consciencia sensorial. En las secciones siguientes, examinaremos el reino intermedio entre la consciencia sensorial y la consciencia jhāna, donde el uso del lenguaje adquiere dimensiones más sutiles y a veces inesperadas.

El Lenguaje del Dhamma

El Buda enseñó en el noreste de la India, donde se cree que la lengua hablada era una versión del prácrito magadhi, y como antiguo príncipe también habría conocido el sánscrito. Inicialmente sus enseñanzas se transmitieron oralmente, antes de ser escritas tras su muerte en Gandhāri, y luego se registraron en

42 Suppes *et al.* (1997) fueron pioneros en el estudio de la actividad cerebral correlativa a palabras individuales.

pāli, para convertirse en los textos del Canon Pāli del Budismo Theravāda. Estos primeros textos se escribieron con reverencia y apreciando las formas de los caracteres, primero en hojas de abedul y más tarde en hojas de palma. En la colección del Museo Británico pueden verse algunos fragmentos de hojas de abedul encontrados en jarras de arcilla selladas y que datan de principios del siglo primero a. e. c. No es difícil comprender cómo estos primeros registros escritos llegaron a ser venerados como textos sagrados, ya que encarnaban las enseñanzas de Buda. Tampoco es difícil entender el hecho de que para la gente, en su mayoría analfabeta, que los oía leer, los propios caracteres y sus formas se convirtieron en algo casi mágico al transmitir los significados pronunciados. A partir de ahí se desarrolló una reverencia por las propiedades mágicas del lenguaje y la escritura, en lugar de la comprensión a veces demasiado rígidamente cognitiva del lenguaje que tendemos a asumir en Occidente.

Esta misma actitud hacia los textos sigue siendo muy evidente hoy en día en los países budistas —desde luego, en el Sudeste Asiático, donde la mayoría de los laicos no tienen un gran conocimiento de la lengua pāli y, sin embargo, escuchan con reverencia a los monjes cantar extractos o suttas enteros en pāli en ceremonias para acumular méritos, en funerales, bendiciones y festivales, etcétera—. De hecho, muchos monjes también tienen solo un conocimiento rudimentario del pāli, habiendo aprendido los cantos por repetición, con alguna explicación básica del significado a través de traducciones a sus propias lenguas, como el tailandés. El resultado es que ciertas frases clave simplemente se recuerdan y adquieren un significado especial.

Tomemos como ejemplo, *Karaṇīyam attha-kusalena*. Estas palabras iniciales del *Mettā Sutta* sobre la bondad amorosa, que se traducen como «esto es lo que se debe hacer, por alguien hábil en el bien», son capaces de evocar el sentimiento de todo el Sutta, aunque no se haya memorizado en su conjunto.

Otro ejemplo es *Iti pi so*, «así es en verdad él...» que forma el comienzo del recuerdo de Buda, también mencionado anteriormente como parte de la invocación:

> Iti pi so Bhagavā arahaṃ sammā-sambuddho vijjācaraṇa-sampanno sugato loka-vidū anuttaro purisadamma-sārathi satthā deva-manussānaṃ Buddho Bhagavā ti.

> Así es él, el Bendito: un *arahant*, plenamente iluminado, dotado de visión clara y conducta virtuosa, sublime, conocedor de los mundos, líder incomparable de los hombres que hay que domar, maestro de dioses y humanos, iluminado y bendito.

El canto del *Iti pi so* se considera especialmente favorable y se entona varias veces —por ejemplo, en la preparación del agua bendita (tailandés, *nam mon*, literalmente «agua del mantra») para las bendiciones—. Un monje que dirige el ritual sostiene una vela de cera de abeja encendida horizontalmente sobre un cuenco parcialmente lleno de agua, mientras el grupo de monjes y laicos entona el *Iti pi so*, normalmente nueve veces. El goteo de la cera simboliza la fecundación en el útero, representado por el cuenco del monje, y el nacimiento de todas las buenas cualidades. Algunos lectores que hayan participado en ceremonias de bendición en países budistas pueden tener buenos recuerdos de haber sido rociados generosamente con esa agua por un monje que utilizaba un manojo de tallos de abedul mojados en *nam mon*.

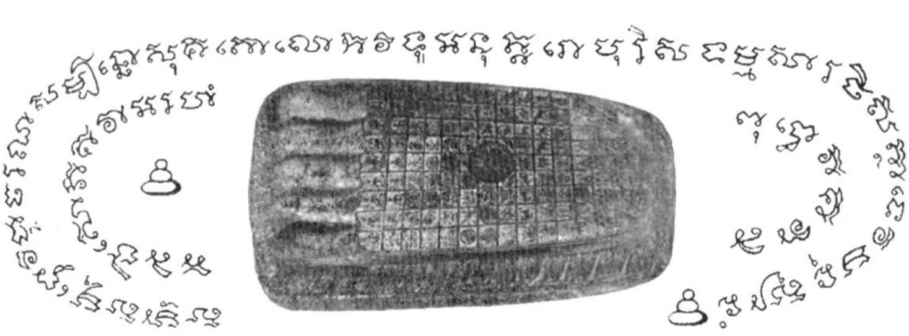

Figura 9. Canto *Iti pi so* en escritura Khom con la huella de Buda.

La figura 9 es un yantra formado alrededor de una huella de Buda, del canto *Iti pi so* completo escrito en la antigua escritura camboyana khom, comenzando en la parte inferior del arco interior izquierdo, continuando desde la parte inferior del arco exterior izquierdo y terminando en la parte inferior del arco interior derecho.

Para alguien, como yo, a quien le cuesta recordar o aprender los cantos, ¡las palabras *evaṃ me suttaṃ* son especialmente útiles! Generalmente traducidas como «así he oído», son las palabras que introducen todos los suttas que se cree que son discursos del propio Buda, transmitidos en una tradición oral antes de ser escritos. De este modo, el recuerdo de *evaṃ me suttaṃ* puede utilizarse para invocar cualidades de todos los Suttas, en conjunto, que una persona puede haber oído a lo largo de los años, o conocer partes de ellos, sin preocuparse demasiado por recordar alguno en su totalidad.

Lenguaje Crepuscular

Es a partir de este contexto de la tradición oral budista que se desarrollaron los «cultos» o tantras, que, en el caso del budismo esotérico y el Yogāvacara, hacían uso de sílabas, mantras y yantras. *Tantra*, de la raíz *tan*, «extender», significa una elaboración, por ejemplo de una técnica de meditación. *Mantra*, derivado de la raíz *man*, tiene el sentido de guiar o atar la mente. *Yantra* (tailandés, *yan*), de la raíz *yam*, «sostener», es un dispositivo o estructura de apoyo con una cualidad de precisión. Los yantra del Sudeste Asiático suelen ser mucho más sencillos que los mandalas budistas del norte y suelen incorporar sílabas o caracteres.

En el *Patisambhidāmagga* budista —el Camino del Discernimiento—, que se cree data de mediados del siglo III a. e. c., se afirma que uno de los logros del arahant es el dominio de cuatro discernimientos (*patisambhidā*) —del significado, del dhamma, del lenguaje y de la perspicacia—. Esta es otra manera de formular la sabiduría y el *insight*, pero el discernimiento del lenguaje en esta lista sugiere que el arahant penetra hasta las raíces y los significados del propio lenguaje, el significado más allá de las palabras, independientemente de las estructuras lingüísticas específicas, lo que recuerda al «lenguaje primigenio» de Leibnitz. Relacionado con esto está el comentario en el *Vimuttimagga* posterior de que «el conocimiento de la mente de los demás se llama conocimiento del discernimiento», lo que implica un discernimiento que no se basa en el lenguaje convencional.

En 1986, Roderick Bucknell y Martin Stuart-Fox publicaron un libro titulado *The Twilight Language*, basado en los esfuerzos de Bucknell mientras pasaba una temporada como monje en Tailandia para desentrañar los significados simbólicos que se escondían tras las primeras descripciones budistas de la meditación, y también explorar el desarrollo de la sabiduría y el significado plasmados en rituales y formas. Se sintió muy conmovido por los ejemplos tibetanos y, de hecho, el término «lenguaje crepuscular» (*saṃdhyā-bhāṣā*) procede de las descripciones de la naturaleza encubierta de los textos tántricos tibetanos.

Los textos del Yogāvacara también muestran una fascinación por el significado simbólico, y los ejemplos que siguen ilustran una comprensión de la vaguedad y los múltiples niveles de significado del lenguaje, así como la importancia de la forma. Es a este uso de sílabas, caracteres y diagramas mágicos al que Bucknell y Stuart-Fox se refieren como lenguaje crepuscular.

Sílabas y Yantras

En esta sección describo algunas de las principales combinaciones de sílabas que se encuentran en el Yogāvacara, y cómo se combinan con formas visuales dibujadas en los yantras.

NA MO BU DDHA YA

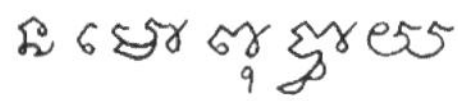

Este grupo de sílabas forma un mantra que aparece con frecuencia en los textos Yogāvacara pero que también es muy conocido en todas las escuelas budistas. En el linaje tibetano Dzogchen, por ejemplo, se considera la «esencia de todos los mantras». Aunque en el budismo pāli se traduce habitualmente como «tomo refugio en Buda», en el Dzogchen y el Yogāvacara el significado literal importa mucho menos que las cualidades y sentimientos que este invoca en una persona que lo utiliza como mantra o invocación para conectar con las cualidades del Buda, y el Camino del Buda, hacia la iluminación. En estas tradiciones esotéricas, los caracteres simbolizan lo siguiente, en diferentes contextos:

- el embrión en el útero con cinco bifurcaciones: cabeza, brazos y piernas;
- los cinco elementos: tierra, agua, fuego, aire y espacio;
- madre, padre, rey, familia y maestro; o
- los cinco agregados, o khandhās, que componen a una persona: rūpa (forma), vedanā (sensaciones), saññā (percepciones), saṅkhārā (formaciones o fabricaciones mentales) y viññāṇa (consciencia).

El último grupo de khandhās es objeto de reflexión diaria para los monjes, al margen de la vía específica del Yogāvacara, y una de las experiencias más evocadoras cuando se visita un templo budista es escuchar el canto matutino justo antes del amanecer, cuando, tras el recuerdo del Buda, el Dhamma y la Saṅgha, sigue este pasaje inquietante y conmovedor que para muchos meditadores nunca deja de suscitar pīti:[43]

Rūpaṃ aniccaṃ.
Vedanā aniccā.
Saññā aniccā.
Saṅkhārā aniccā.
Viññāṇaṃ aniccaṃ.

Rūpaṃ anattā.
Vedanā anattā.
Saññā anattā.
Saṅkhārā anattā.
Viññāṇaṃ anattā.

Sabbe saṅkhārā aniccā.
Sabbe dhammā anattā ti.

> La forma es impermanente; el sentimiento es impermanente; la percepción es impermanente; las formaciones mentales son impermanentes; la consciencia es impermanente.
>
> La forma no es el yo; el sentimiento no es el yo; la percepción no es el yo; las formaciones mentales no son el yo; la consciencia no es el yo.
>
> Todas las formaciones son impermanentes; todos los dhammas [fenómenos] no son el yo.

---

43 Los extractos de los cánticos budistas Theravada que aquí se presentan pueden obtenerse fácilmente de múltiples fuentes en línea; véase, por ejemplo, el libro de cánticos del Samatha Trust, disponible en www.samatha.org, o el sitio web del monasterio budista Amaravati, www.amaravati.org.

Seguido por,

> Te mayaṃ / otiṇṇāmha jātiyā jarā-maraṇena / sokehi paridevehi dukkhehi domanassehi upāyāsehi / dukkhotiṇṇā dukkha-paretā: / app' eva nām' imassa kevalassa dukkha-kkhandhassa antakiriyā paññāyethā ti. / Ciraparinibbutam pi taṃ Bhagavantaṃ saraṇaṃ gatā / dhammañ ca bhikkhu-saṅghañ ca. / Tassa Bhagavato sāsanaṃ / yathā-sati yathā-balaṃ manasikaroma / anupaṭipajjāma. / Sā no paṭipatti. / Imassa kevalassa dukkha-kkhandhassa antakiriyāya saṃvattatu.

> Todos estamos sujetos al nacimiento, al envejecimiento y a la muerte, a la tristeza, al lamento, al dolor, a la pena y a la desesperación. Atados por el sufrimiento y obstruidos por el sufrimiento. Aspiremos a liberarnos completamente del sufrimiento. El Exaltado que hace tiempo alcanzó el parinibbāna es nuestro refugio, así como el Dhamma y la Saṅgha. Atentos seguimos el Camino del Bendito con toda nuestra atención plena [*mindfulness*] y fortaleza. Que el cultivo de esta práctica nos conduzca al final de todo sufrimiento.

La forma en que estos cantos, que se remontan en el pasado por siglos, son capaces de dispersar eficazmente los impedimentos de quienes los escuchan y despertar estados a los que normalmente solamente se accede en la meditación formal es bastante extraordinaria y es una señal de que los estados profundos no dependen necesariamente de las técnicas formales de meditación.

El yantra de la figura 10 es uno de los varios que representan el embrión con cinco bifurcaciones, o los cinco khandhās. Mientras que los dos de la figura 11 son yantras formados enteramente por los caracteres khom para las sílabas NA MO BU DDHA YA, estos yantras también se utilizan a menudo como símbolos de mettā, o amor.

Figura 10. Yan, khandhā

Figura 11. Dos ejemplos de yantras formados a partir de los caracteres NA MO BU DDHA YA.

Dibujar o ejecutar un yantra, de la forma más continua, suave y con el menor número de trazos posible, vinculado a la respiración, es un acto del samatha, mientras que captar simultáneamente su significado es del vipassanā.

BU DDHO

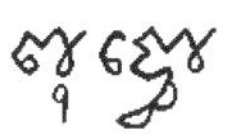

Como se describe en el capítulo 2, la repetición mental de BU DDHO vinculada a la respiración es uno de los métodos más antiguos para desarrollar el jhāna. Fue practicado por Ajahn Mun —figura insigne de la tradición tailandesa del bosque— y es una práctica antigua que forma parte del Yogāvacara así como del boran kammaṭṭhāna (prácticas tradicionales de meditación). En aras de la exhaustividad, las sílabas en forma de yantra, mostradas antes en la figura 5 (capítulo 2), se repiten aquí en la figura 12.

Figura 12. Yan, BU DDHO.

La práctica Bu Ddho aún se encuentra en el Sudeste Asiático, pero la entonación silenciosa de las sílabas también se utiliza ampliamente como mantra para recolectar o invocar las cualidades del Buda y del Camino. Bu, en el centro de este yantra, corresponde al elemento fuego así como al agregado de la percepción en el Yogāvacara. En algunos textos jemeres, corresponde a una de las cuatro purificaciones de sīla —a saber, la «restricción de los seis sentidos», descrita por Buda en el *Mahātaṇhāsaṅkhaya Sutta*, o *Gran Discurso sobre la Destrucción del Deseo*:

> Siempre que el monje percibe una forma con el ojo, un sonido con el oído, un olor con la nariz, un sabor con la lengua, una sensación con el cuerpo, un objeto con la mente, no se adhiere ni a la apariencia como un todo, ni a sus partes. Y se esfuerza por alejar aquello a través de lo cual surgirían el mal y las cosas malsanas, la codicia y la tristeza,

> si permaneciera con los sentidos desprevenidos: y también vigila sus sentidos, refrena sus sentidos.[44]

Aquí Buda también podría estar describiendo la aproximación al jhāna esbozada en capítulos anteriores, en la que la tarea de los meditadores es resistirse a los hábitos de nombrar, reconocer, gustar y disgustar, etc.

ME TTĀ

Las sílabas ME y TTĀ pueden vincularse a la respiración de forma similar a BU DDHO. En cada inspiración, ME se entona con la intención de despertar y fortalecer la bondad amorosa (mettā), mientras que TTĀ se entona en la espiración manteniendo la ecuanimidad. Tras cierta práctica, el sentimiento de mettā se fortalecerá y desarrollará hasta el punto de que no solo impregne el cuerpo, sino que, durante la entonación de TTĀ, se extienda progresivamente hacia más allá del cuerpo, con la intención de «que todos los seres estén bien y sean felices».

MA A U

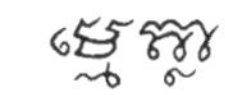

Estas tres sílabas y caracteres —MA como en el sonido en inglés de *map*, A como la *a* en el inglés *hat*, y U como la *u* en el inglés *up*— aparecen juntos en muchos yantras. En el Yogāvacara, MA representa el fundamento, el cuerpo, la invocación completa o, en particular, la madre. A, la vocal más breve, «corta» la corriente de consciencia y, en términos de meditación jhāna, señala la transición de la consciencia sensorial a la consciencia jhāna.

44 La traducción de este extracto del *Mahātaṇhāsaṅkhaya Sutta*, Majjhima Nikāya 38, está tomada de Nyanatiloka Thera (1998, s.v. Sikkhāpada, reglas morales).

La primera experiencia del jhāna es un acontecimiento en el que surge algo completamente nuevo, incondicionado y nunca antes experimentado, referido en el Yogāvacara como un «cambio de linaje» —*gotrabhū*—, cuando el curso de la vida de una persona cambia de forma importante y fundamental. En pāli, «a» precediendo a una palabra la niega, como en *attā* y *anattā* (yo y no-yo), mientras que «u» o «upa» precediendo a una palabra indica «superior», como en *upasampadā*, ordenación superior. En la tradición del yantra, U denota la etapa que sigue A donde el meditador se dirige hacia arriba, como en el logro.

Los sonidos MA, A y U también se utilizan para representar diferentes grupos de tres en distintos yantras: como dukkha, aniccā y anattā; o inspiración (passāsa), espiración (assāsa) y no-respiración (nissāsa).

Juntos, MA A U representan la esencia eterna del pasado, el presente y el futuro; o el nacimiento, la vida y la muerte, inseparablemente entrelazados; o como en el sencillo yantra de las «Tres Piṭakas» que se muestra en la figura 13, donde representan Sutta, Vinaya y Abhidhamma. En un orden distinto se convierten en el OM (AUM) tibetano e indio, que se considera una invocación al poder espiritual y a lo absoluto.

Figura 13. Yan, «Tres Piṭakas».

A

អ

El carácter A tiene un culto mágico propio relacionado con su capacidad, cuando se coloca delante de palabras pāli, de eliminar cualquier significado que le siga, como en las ya mencionadas *attā* y *anattā* (yo y no-yo). Otros ejemplos son *vijjā/avijjā* (conocimiento/ausencia de conocimiento) y *rūpa/arūpa* (forma/ausencia de forma). Esto es sutilmente diferente de utilizar palabras como *sin forma* o *ignorancia*, que son conceptos discretos o «cosas» más que ausencias.

En el castellano, y otras lenguas, también la *a-* se utiliza a veces de la misma manera. Tomemos, por ejemplo, *amorfo* (que no tiene forma), un uso que tiene origen en su raíz griega. También es la primera letra del alfabeto, por lo que siempre puede ser un buen punto de partida para el meditador ingenuo. Además, si pensamos en la lengua inglesa, *a* funciona también como artículo indefinido, con lo que puede significar cualquier cosa.

En el ritual o mantra Yogāvacara, el carácter A significa una ruptura que permite alejarse de un nombre o concepto para dejar espacio a que aparezca algo totalmente nuevo. Sonando en la garganta, la vocal A puede ser extremadamente corta, casi precediendo al sonido audible. Corta, y al cortar deja un espacio.

A veces se utilizan grupos de sílabas juntas para aprovechar sus diferentes cualidades. Por ejemplo, las sílabas UA, MO, BU, DDHA, YA pueden colocarse en orden, empezando por UA, en la punta de la nariz, la epiglotis, el cuello, el esternón y el ombligo, lo que se denomina como el «viaje» del Yogāvacarin en *El Camino de Lanka*. En cada etapa, el Yogāvacarin repite en silencio el triple mantra A RA HAṂ para evocar el «tesoro del Dhamma», el «tesoro de Buda» y el «tesoro de la Saṅgha» para fortalecer e incrustar en los cinco lugares cada una de las sílabas ua, mo, bu, ddha, ya, mientras mantiene periféricamente el nibbāna como meta.

Algunos meditadores que practican esta visualización también descubren que el pīti se desarrolla progresivamente a través de los cinco niveles de intensidad descritos anteriormente (tabla 1, capítulo 3), como signo de que el cuerpo se va integrando en un samādhi cada vez más profundo y abarcador. Cuando esta estructura quíntuple se estabiliza en el cuerpo, el meditador puede ahora visualizar en secuencia las partes constituyentes del carácter a en la figura 14, colocando las sílabas en las posiciones etiquetadas del uno (ua) al cinco (ya). La posición cinco, el punto central, representa el cambio de linaje (a) a la consciencia jhāna o al Camino. El conjunto es ekaggatā citta, unificación de la mente.

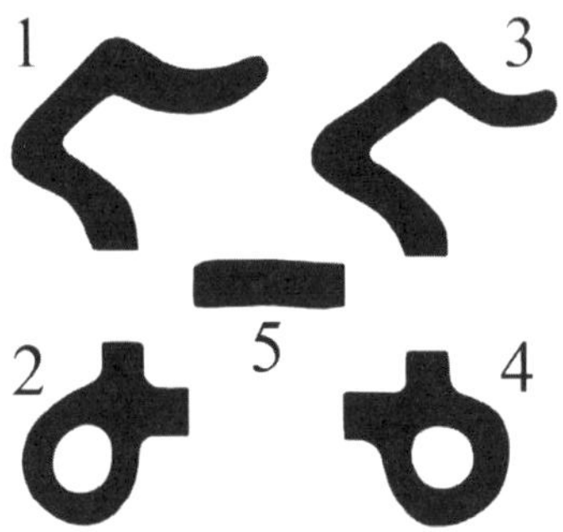

Figura 14. Componentes de a.

Este procedimiento es también una metáfora para establecer el jhāna y es un ejemplo interesante de cómo gran parte del material de los textos Yogāvacara refleja probablemente tradiciones locales bajo un maestro concreto, donde las técnicas habrían evolucionado para adaptarse a temperamentos particulares. Para otros temperamentos, podría ser apropiada una instrucción mucho menos directiva, como ha sido el caso en gran parte de las enseñanzas que subyacen a la tradición que informa este libro.

En lugar del uso de cinco bifurcaciones, que se muestra en la figura 14, la forma simétrica o de espejo del carácter jemer para A se utiliza a veces para ilustrar su capacidad de hacer desaparecer la forma, como en la figura 15. Con algo de imaginación creativa, las partes izquierda y derecha, al voltearse y superponerse, se anulan mutuamente, reflejando la naturaleza dual de la mente, vijjā y avijjā, como raíces del sufrimiento, mientras que la unidad del carácter es ekaggatā citta, unificación de la mente.

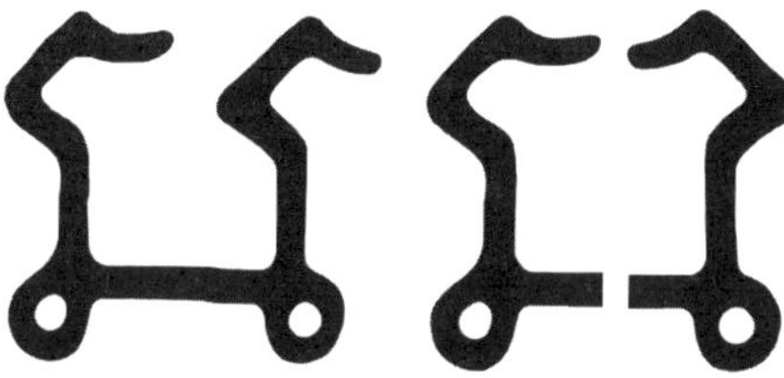

Figura 15. Simetría de A.

A RA HAṃ

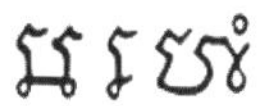

Las sílabas A RA HAṂ mencionadas anteriormente son un rasgo prominente en los textos Yogāvacara, y al igual que BU DDHO se erigen como epítetos de Buda o del estado iluminado. Utilizadas como mantra, entonadas en silencio, ambas se describen en los textos boran kammaṭṭhāna para invocar la nimitta y experiencias del pīti, lo que contrasta con la tradición del Samatha Trust, en la que el nimitta y el pīti surgen de forma natural a medida que se desarrolla el ānāpānasati.

También, de forma similar a MA A U, la combinación de tres sílabas en A RA HAṂ tiene una «sensación» bastante diferente a la de combinaciones binarias como BU DDHO o ME TTĀ, o de caracteres o sílabas aislados como A o BU, o del quíntuple NA MO BU DDHA YA. La naturaleza espacial de estas diferentes combinaciones se utiliza de forma muy creativa en el Yogāvacara y es, una vez más, un reflejo del nivel fino-material de la experiencia y de la relajación de las limitaciones del lenguaje convencional en la periferia del jhāna.

Así, A es un acto mental preciso que «corta» o niega, mientras que BU DDHO y ME TTĀ son binarias y se vinculan típicamente a inspiraciones y espiraciones para invocar las cualidades que las palabras representan. Sin embargo, MA A U y A RA HAṂ tienen la capacidad de ser tridimensionales, y aparte de sus vínculos con los grupos de tres en el Yogāvacara, MA A U, por ejemplo, también se asocia comúnmente a las formas corporales del *Ong Phra* yantra que se describirá más adelante.

En la tradición del Samatha Trust, las sílabas A RA HAṂ se utilizan a veces de forma específica para «hacer girar» la nimitta utilizando la cualidad «rrrr» de la RA central. Así, en los ejercicios en los que la nimitta se asocia con la bondad amorosa —mettā—, por ejemplo —donde la mettā-nimitta se coloca típicamente en el centro del cuerpo—, la entonación silenciosa de A RA HAṂ puede utilizarse para acariciar o hacer girar la nimitta de forma muy parecida a una peonza, para hacer girar cualquier desequilibrio, nubosidad o enfermedad localizada en el cuerpo, al tiempo que permite que la nimitta y las cualidades de mettā se expandan para inundar todo el cuerpo y, más allá, a todos los seres.

Yantra na (en tailandés, Na Yan*)*

El primer carácter NA del grupo NA MO BU DDHA YA también tiene una función por sí solo: representar la totalidad del ser sensible o su esencia. La forma del carácter se representa a veces como derivada del desarrollo del embrión en el útero, como en la primera parte de la figura 16, el «circulito»; podría añadirse que todo el camino del Yogāvacara se compara a veces con una reelaboración del viaje del embrión en desarrollo, pero hacia la iluminación, en lugar de hacia renacimientos repetidos en el mundo sensorial.

Figura 16. Gestación de NA.

Basados en NA, se desarrolló una clase poco conocida de yantras conocidos como yantras NA. Algunos ejemplos (figura 17) son humorísticos, otros francamente más bien extraños, y de nuevo es probable que hayan sido dibujados para ilustrar un punto concreto de interés para un grupo regional local, con el significado original perdido hace tiempo.

Algunos, sin embargo, sugieren una relación con la experiencia subjetiva del pīti y los flujos de energía en el cuerpo, como en el ejemplo de la parte inferior derecha de la figura 17. Aquí, con alguna variación, dependiendo del punto que se esté tratando, la forma central es el «circulito» (bindu) y el canal vertical en las primeras etapas del feto (figura 16), con el flujo de energía procedente de las zonas genitales que se redirige para activar primero el diafragma, subiendo después por la parte posterior de la columna vertebral hasta una región por encima de la coronilla. El desarrollo del pīti durante la práctica del jhāna se experimenta a veces subjetivamente de forma similar.

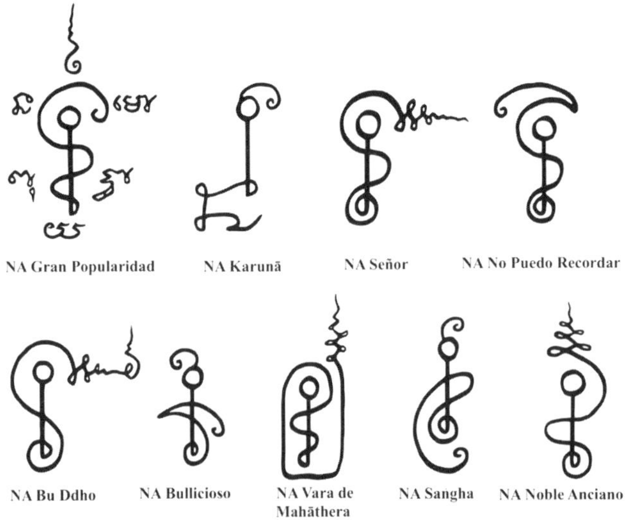

Figura 17. Ejemplos del *yan*, NA.

Yan Ong Phra

Ong es un clasificador lingüístico en tailandés utilizado para referirse al cuerpo de un monje o de Buda. Esta clase de yantra es especialmente relevante para un meditador. En el ejemplo de la izquierda de la figura 18, los caracteres NA MO BU DDHA YA están colocados en el interior del cuerpo, mientras que en el ejemplo de la derecha están debajo del cuerpo. Los caracteres MA A U están colocados internamente en el ejemplo de la derecha y están alrededor de la cabeza del ejemplo de la izquierda.

El carácter khom para U aparece frecuentemente invertido sobre la cabeza en los ejemplos del yan Ong Phra, como en estos dos ejemplos, en cuyo caso se denomina *unalom* (*uṣṇīṣak*, en sánscrito) o llama de la liberación, sobre la cabeza de Buda.

La forma más sencilla de un yan Ong Phra sería la que aparece a la derecha en la figura 18, pero dibujada sin los caracteres y en un solo movimiento fluido como en la figura 19, a la izquierda. El acto de dibujar es un ejercicio de mindfulness que integra los tres aspectos: sīla, samādhi y paññā, o MA (fundamento), A (cambio de linaje) y U (logro). No importa el orden de estos aspectos (de hecho, el dibujo suele comenzar en la parte superior de la cabeza y terminar en la punta superior del unalom).

Tampoco es necesario que el dibujo sea perfecto. La actitud al dibujar es simplemente los dos primeros factores de la atención, vitakka y vicāra, para el primer rūpa jhāna, o igualmente los dos primeros bojjhaṅgas, sīla y dhamma-vicaya.

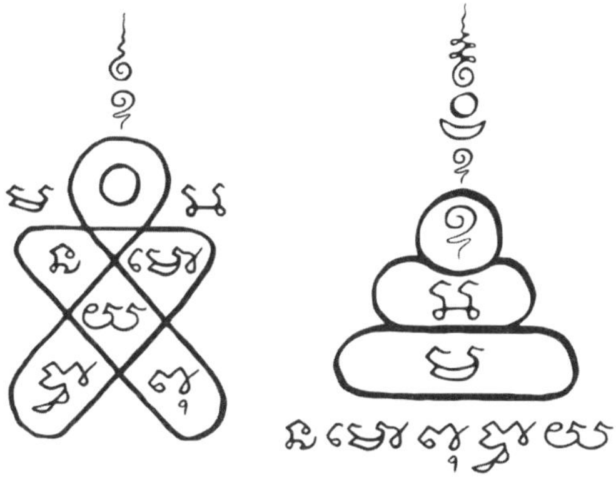

Figura 18. Ejemplos del yan Ong Phra.

Figura 19. Dibujo del *yan* Ong Phra como ejercicio de meditación.

El dibujo puede repetirse (como en la figura 19, derecha), en paralelo a la práctica repetida de la meditación que construye gradualmente un Dhammakāya interno —o cuerpo de Dhamma— que puede ser repasado y al que se puede volver cuando sea necesario. A veces, este repaso puede emplearse útilmente al desarrollar la meditación, como si se dibujara el yantra dentro del propio cuerpo utilizando la respiración. Dibujar un yantra es una lección útil para no esforzarse por alcanzar la perfección, incluso durante la meditación; puede llevar a la comprensión de que, a pesar de las imperfecciones en las prácticas individuales, con el tiempo puede desarrollarse algo bastante hermoso.

Yantras en Metal, Tatuajes y Amuletos

En Tailandia, Camboya, Laos y Birmania, los yantra se dibujan en muchos materiales con distintos fines, a veces como ayuda para la meditación, como se ha descrito anteriormente, otras veces en telas para colgar en la sala de un santuario y otras en trozos más pequeños de papel o tela para llevarlos encima o como protección. Algunos de los ejemplos más bellos, sin embargo, se encuentran inscritos en metal, a menudo plata o metales mixtos. Y, sorprendentemente, hay tatuajes sagrados dibujados en el cuerpo.

Yantras Inscritos en Metal

La figura 20 muestra dos ejemplos de múltiples yantras inscritos en finas láminas de plata. La lámina de la izquierda fue inscrita en honor al maestro budista Luang Por Suk del Wat Pa Klong Makham Thao (un templo situado a unos doscientos kilómetros al noroeste de Bangkok), que era famoso por su poder psíquico y por fabricar amuletos. Esta lámina está fechada en torno a la época de su muerte en 1917 y muestra muchas formas de yantras, incluidos ejemplos de NA MO BU DDHA YA en forma de yantra, varios yan Ong Phra y otros yantras favorables.

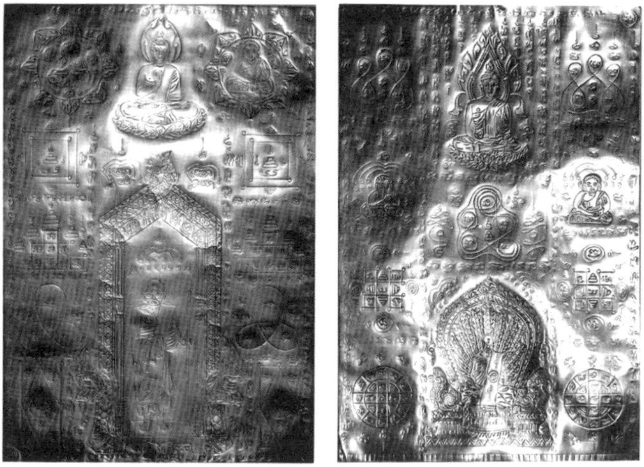

Figura 20. Yantras grabados en plata. *Izquierda*: Luang Por Suk, 1917. *Derecha*: Luang Por Derm, 1932. Ambas de 35 × 24 cm; colección del autor.

El ejemplo de la derecha fue inscrito en 1932 para conmemorar a Luang Por Derm del Wat Nong Po, a unos 250 kilómetros también al noroeste de Bangkok. Este maestro era famoso por su poder psíquico y, supuestamente, amado por los elefantes. De nuevo la lámina muestra una mezcla de diferentes formas, pero nótese en el centro el yantra Ong Phra NA MO BU DDHA YA, con ejemplos de pequeños yan de pīti (NA yan) a ambos lados. Luang Por Derm murió en1951 a la edad de noventa y dos años.

La figura 21 es un ejemplo en el que se utilizan metales mixtos superpuestos sobre una lámina de plata, para conferir un poder adicional a los yantras en virtud de las propiedades esotéricas de los diferentes metales (esto puede apreciarse mejor, a todo color en www.shambhala.com/jhana-eeg).

Figura 21. Yantras grabados en plata con el uso de otras dos aleaciones. Luang Por Derm, 1932, 62 × 35 cm; colección del autor.

Se trata de un raro ejemplo, de nuevo, en honor a Luang Por Derm, y es probable que tanto esta como la placa más pequeña de Luang Por Derm de la figura 20 se produjeran en respuesta a la revolución de 1932 en Tailandia (entonces Siam) que puso fin a ochocientos años de monarquía absoluta, como un acto meritorio para alentar un resultado positivo a la agitación de la sociedad tailandesa en aquel momento.

Tatuajes Sagrados

Históricamente, el cuerpo humano ha sido un medio importante para el yantra, con tatuajes sagrados populares en Tailandia y Camboya y otros países asiáticos durante siglos. La tradición se conoce en tailandés como *sak yan*, donde *sak* —«*tap*», en inglés[45]—, equivale al «tatuaje» occidental (figura 22). Históricamente, estos tatuajes estaban estrechamente vinculados a las prácticas budistas como medios de repaso y conexión con el Dhamma, y muchos de los antiguos tatuajes eran símbolos de tradiciones heredadas. Los usos asociados fuera del templo han sido para protección, populares entre las fuerzas armadas y los boxeadores de muay thai, así en como prácticas dudosas relacionadas con la magia negra.

Debido al turismo occidental, estos tatuajes se han convertido en moda, para crear cierta impresión, en los últimos años, y poco queda de las tradiciones anteriores a la reforma, excepto entre algunos monjes ancianos. Además, desde la década de los sesenta, como parte del movimiento reformista en Tailandia, el tatuaje está mal visto y prohibido para quienes trabajan en servicios gubernamentales o en las fuerzas armadas, a menos que los diseños no sean visibles.

45 Con *tap* el autor se refiere a la técnica ancestral de tatuar el cuerpo en la que solo se utilizan herramientas manuales (*hand tapping* o *hand-poke*) en contraste con el *tattoo* moderno, para el cual se usan máquinas. En español podríamos usar el término *punción* (usado en medicina) que viene de la acción de *punzar*. *[N. del T.]*

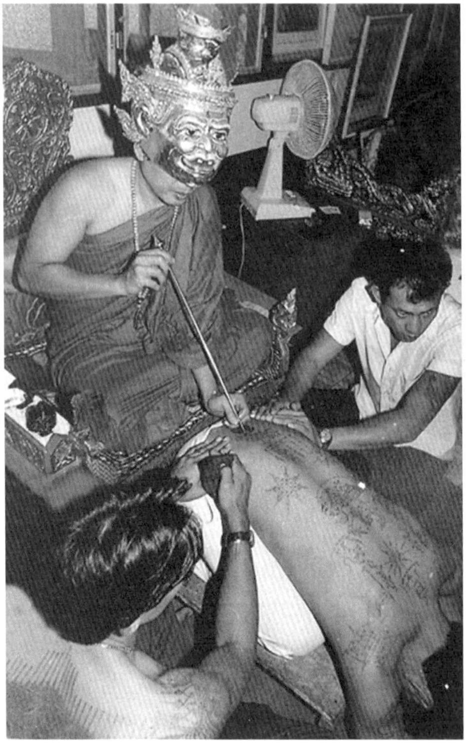

Figura 22. Hombre recibiendo un *sak yan* de un maestro budista del tatuaje, Tailandia, fecha desconocida.

Debido al turismo occidental, estos tatuajes se han convertido en moda, para crear cierta impresión, en los últimos años, y poco queda de las tradiciones anteriores a la reforma, excepto entre algunos monjes ancianos. Además, desde la década de los sesenta, como parte del movimiento reformista en Tailandia, el tatuaje está mal visto y prohibido para quienes trabajan en servicios gubernamentales o en las fuerzas armadas, a menos que los diseños no sean visibles.

El método tradicional utiliza un largo instrumento de bambú o metal que el maestro tatuador utiliza para «punzar» el diseño en la piel y dibujar la tinta, se dice que es mucho más doloroso que los métodos modernos. Con la antigua escritura camboyana khom se representan palabras en pāli, y en el norte de Tailandia se intercalan ocasionalmente caracteres lao o shan. Los ejemplos que se muestran a continuación son cortesía de varios monjes tailandeses documentados a finales de los años ochenta, que se mostraron encantados de compartir su interés por los yantras y los tatuajes sagrados. La figura 23 es de un monje que tuvo la suerte de conocer a uno de los últimos maestros tatuadores que practicaban en el noreste, el cual tenía experiencia propia en meditación y que «transmitiría» el tatuaje mientras se encontraba en el umbral del jhāna, teniendo en mente el significado de la forma que estaba dibujando. El estilo algo errático refleja su estado casi de trance mientras realizaba el proceso.

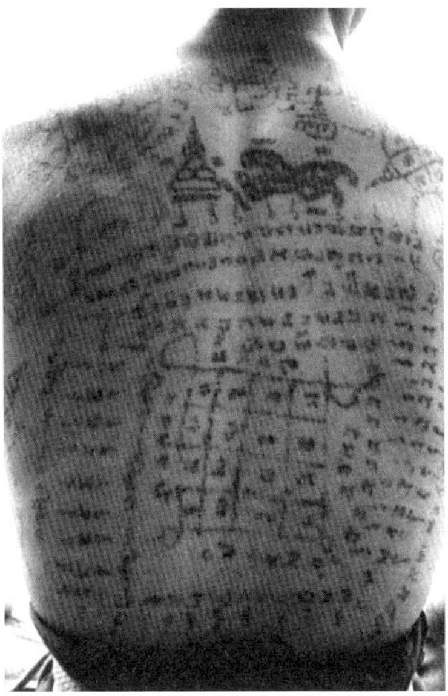

Figura 23. Ejemplo de *sak yan*.

El cuerpo de un monje, *ong*, se considera un vehículo o contenedor de la naturaleza de Buda, siendo la cabeza el lugar más sagrado. Solo unos pocos yantra son adecuados para ser tatuados en la cabeza, como el tatuaje de la coronilla de Mongkut que se muestra en la figura 24; visible sólo durante unos días al mes tras el afeitado ritual de la cabeza antes de la recitación del Pāṭimokkha.

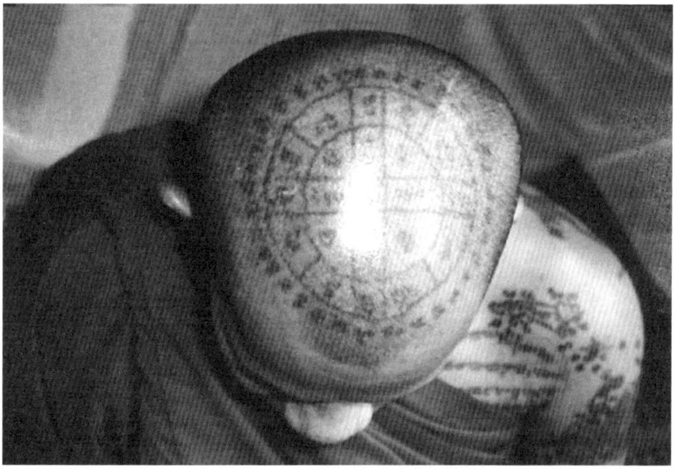

Figura 24. Tatuaje de la coronilla de Mongkut.

La figura 25 muestra, a la izquierda, un tatuaje del yan Ong Phra en la parte superior del brazo de un monje que había pasado más de treinta y cinco años con la túnica, tras abandonar una carrera anterior como conocido chamán; mientras que a la derecha hay ejemplos de tatuajes de «invulnerabilidad» en un monje más joven que había sido soldado de primera línea luchando contra los Jemeres Rojos, quien me comentó que esos tatuajes habían fallado a muchos de sus amigos durante la guerra.

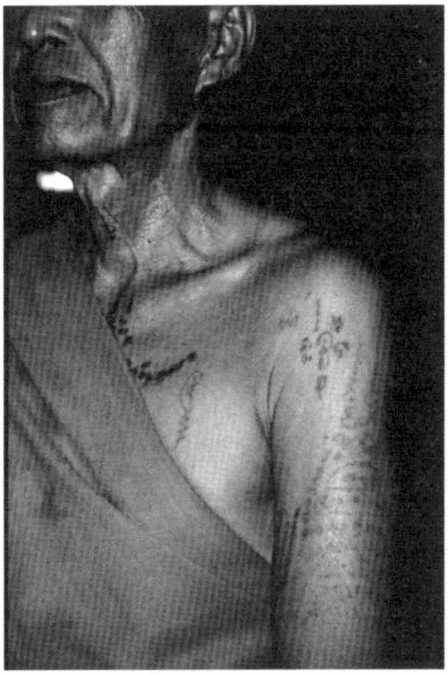

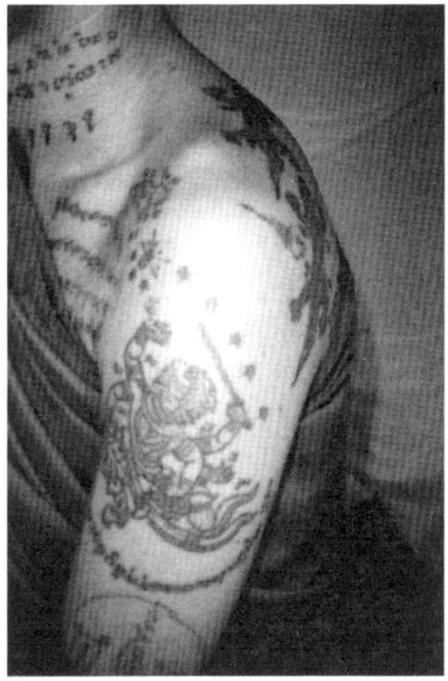

Figura 25. Más ejemplos de *sak yan*.

Amuletos

En los países budistas del Sudeste Asiático los amuletos son formas tradicionales de conmemorar a los monjes famosos por su habilidad en la meditación y su poder psíquico. También, a menudo, se entregan a los seguidores laicos a cambio de donaciones para reparaciones o ampliaciones, o para que se funde una nueva imagen de Buda, etc. Generalmente, los propios monjes fabrican un molde y con él se hace un número limitado de amuletos, que luego se bendicen, a veces, en elaborados rituales. En algunos casos, los amuletos llegan a ser muy preciados en años futuros en función de su procedencia. Algunos templos también son conocidos por los mercados de amuletos que se instalan en sus terrenos al atardecer o durante los días de fiesta, donde los entendidos pueden buscar pacientemente nuevos tesoros.

Figura 26. Amuletos de Tailandia y Laos.

La mayoría de los amuletos son de arcilla cocida, con adiciones de materiales «potentes» como las cenizas de un monje muerto, las cenizas de yantras dibujados en papel que fueron quemados, con pequeñas cantidades de polvo de oro, etc. A veces se deja una cavidad en el interior en la que se coloca una pequeña reliquia, que puede oírse si se agita el amuleto. Los ejemplos de la figura 26 son de mi propia colección; todos tienen más de cincuenta años y algunos mucho más. Estos amuletos proceden de las tradiciones del samatha y transmiten de distintas formas la experiencia fino-material en la meditación jhāna.

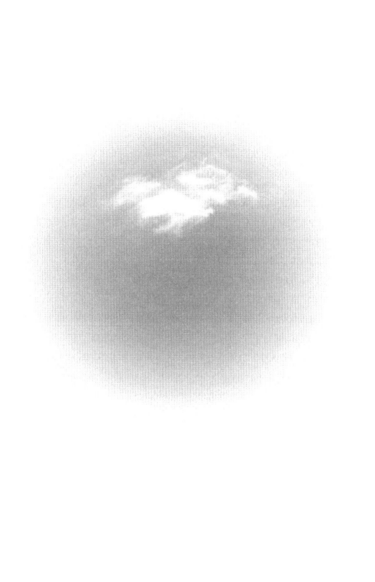

8

EL PRIMER ARŪPA JHĀNA: INFINIDAD DE ESPACIO

En los suttas budistas, los cuatro rūpa jhānas siempre van seguidos de descripciones de cuatro «liberaciones inmateriales que trascienden la forma»,[46] típicamente denominadas los *āyatanas* sin forma, que significan «esferas» o «reinos». Sin embargo, debido a que siempre se asocian con los rūpa jhānas de este modo, a menudo se hace referencia a ellos como los arūpa o jhānas sin forma en textos y comentarios posteriores. Además, debido a que se describen a partir del cuarto rūpa jhāna, con los mismos dos factores jhāna —ecuanimidad y unificación de la mente—, a menudo se consideran desarrollos del cuarto rūpa jhāna. En lo que sigue utilizo indistintamente los términos *arūpas*, *āyatanas* o *reinos sin forma* con *arūpa jhānas*.

Reinos de Forma, Fino-Materiales y Sin Forma

En los modelos de consciencia budistas, como el Abhidhamma, todas las formas de consciencia, aparte de los estados de superación del nibbāna, caen dentro del reino sensorial (kāma-loka), el

46 Los estados inmateriales se mencionan en varios suttas, por ejemplo el *Anupada Sutta* en Majjhima Nikāya 111 (PTS: M iii 25) traducido por Thanissaro Bhikkhu, 2007, y disponible en https://www.accesstoinsight.org/tipitaka/

reino fino-material (rūpa-loka) de los rūpa jhānas, o el reino sin forma (arūpa-loka) de los āyatanas, o arūpa jhānas.

Debería quedar claro en los capítulos anteriores que practicar la meditación jhāna para desligarse de la consciencia sensorial es un reto significativo. También requiere un desarrollo paralelo del *insight* sobre las características de la consciencia sensorial y un *insight* creciente de los propios jhānas. Sin embargo, pasarse a desarrollar los arūpa jhānas, aunque es un reto totalmente diferente, también es igualmente grande. Tanto los reinos kāma-loka como los rūpa-loka tienen algo en común, que es la forma, no importa lo fina o sutil que esta se vuelva en el cuarto rūpa jhāna, pero para desarrollarse más allá de eso hacia los estados sin forma se requiere salir por completo del reino de la forma.

Como se describe en el capítulo 6, los impedimentos son señales de que un practicante está empezando a resistirse a los hábitos de la consciencia sensorial en el desarrollo de los rūpa jhānas. Esos hábitos caracterizan el vivir dentro de un mundo de formas —rūpas— y son los procesos continuos que sustentan fundamentalmente la identidad de una persona.

Subjetivamente, los hábitos de vivir dentro del mundo sensorial cotidiano son profundos y difíciles de resistir —pensar, nombrar, comparar, gustar y no gustar, querer y no querer— hasta que los beneficios de desvincularse —como el aumento de la calma, la felicidad y la satisfacción— se vuelven preferibles a la atracción de los hábitos. A partir de ese momento, los meditadores desarrollan una mayor consciencia y confianza en el reino fino-material de los rūpa jhānas, incluidas sus características descritas en el capítulo 6, como una menor dependencia del lenguaje formal y una mayor consciencia del reino de los sentimientos y lo simbólico.

En términos de los khandhās, el primer rūpa jhāna implica trabajar con la atención, redirigiéndola lejos de los objetos sensoriales (es decir, los rūpas), y aprender a mantener esa atención aquietada. Más allá del primer rūpa jhāna, sin embargo, la atención se vuelve hacia la sensación, que se refina gradualmente hasta el punto en el cuarto rūpa jhāna en el que ya no hay apego a ninguna «recompensa» de sensación placentera, quedando solo una ecuanimidad finamente equilibrada y completamente imperturbable. Como veremos en este capítulo y en los siguientes, en los arūpa jhānas la atención se desplaza hacia el trabajo con la percepción y su comprensión, saññā.

Para desarrollar los rūpa jhānas se requiere, para empezar, un nivel básico de integridad del «yo» o persona que permita desengancharse de los procesos que sostienen esas estructuras. Es una de las responsabilidades de un maestro asegurarse de que esa base es suficiente antes de enseñar los rūpa jhānas. De forma similar, sin haber desarrollado a su vez una experiencia estable de los rūpa jhānas, desengancharse aún más hacia el reino sin forma puede ser inquietante y despertar miedo —en última instancia, el miedo a la pérdida del yo—.

Prácticas como estas podrían ser peligrosas o imposibles para cualquiera con problemas subyacentes de carácter o personalidad. Incluso para los individuos que no tienen esos problemas y que han experimentado moderadamente los rūpa jhānas, desarrollar los estados sin forma requiere abandonar la seguridad incluso de ese nivel de experiencia material tan duramente conseguido. Desprenderse por completo del mundo rūpa significa soltar todas las anclas que damos por sentadas viviendo en un mundo sensorial —un sentido fiable del tiempo y el espacio, una cierta previsibilidad de la experiencia de un momento a otro— y todos los factores que mantienen nuestra continuidad personal, nuestro sentido del «yo soy» y «yo hago», un rastro sutil de lo que permanece incluso en el cuarto rūpa jhāna debido al hilo que nos devuelve a través de todos los rūpa jhānas anteriores a la consciencia sensorial original.

En los templos de meditación especializados anteriores a la reforma se comprendían bien estas cautelas, pero además no se daba por sentado que un monje deseara necesariamente desarrollar los arūpas que siguen a los rūpa jhānas. De hecho, algunos monjes podrían haberse dado por satisfechos con alguna experiencia del primer y quizá del segundo rūpa jhāna y luego no haber ido más allá, desarrollando otros intereses aparte de la meditación. Otros, en cambio, podrían haber aspirado a practicar los cuatro rūpa jhānas, sin que muchos alcanzaran una maestría significativa; y de los que sí consiguieron desarrollar una buena comprensión de los cuatro rūpa jhānas, solo una parte podría haber ido más allá para desarrollar los arūpa jhānas.

Los mismos principios se aplican en la tradición laica —desde la que informa este libro—, y quizás, incluso, son más pertinentes tenerlos en cuenta en esta tradición, dadas las exigencias de atender a una vida normal laica que incluye familias, hijos, responsabilidades laborales, etcétera. Además, los profesores tienen la responsabilidad de conocer a sus meditadores lo suficientemente bien como para juzgar si es el momento adecuado, el personaje adecuado y las circunstancias adecuadas para introducir las prácticas sin forma.

El Reino de la Infinidad del Espacio

En pāli, el primer arūpa jhāna se denomina *Ākāsānañcāyatana*, donde *ākāsā* es «espacio», *ānañcā* es «ilimitado» o «infinito», y *āyatana* es «reino» o «esfera». Aunque la palabra pāli *ākāsā* se traduce normalmente como «espacio», no significa exactamente espacio vacío, o «nada». Tampoco «algo», ya que eso implicaría que se ha convertido en un objeto limitado o rūpa. Sin la idea de espacio, sin embargo, no podemos imaginar objetos. Además, *ākāsā* deriva de la raíz sánscrita *kas*, «brillo», pero en este caso no la luz como objeto, sino como potencial vivo. En algunas tradiciones místicas se piensa que ākāsā contiene un registro de todo lo que ha sucedido, pero también de todo lo que sucederá en el futuro.

Los rūpa jhānas se desarrollan secuencialmente trascendiendo o dominando uno o más de los factores jhāna, pero la situación con los arūpas es bastante diferente. El punto de partida es el cuarto rūpa jhāna, pero ya no hay ningún factor jhāna que trascender. Es decir, el cuarto rūpa jhāna es en sí mismo completo como el desarrollo más elevado del reino fino-material, rūpa-loka. La unificación de la mente y la ecuanimidad, como factores jhāna, permanecen iguales a través de todos los arūpa jhānas —solo cambia el objeto—. Esto lleva a la pregunta, ¿cómo conceptualiza un meditador un objeto que se caracteriza por «infinito», ¿ilimitado o ilimitado?

La palabra *conceptualizar* se utiliza generalmente para referirse a ideas abstractas. Expresar una idea de este tipo, ya sea a uno mismo o a otro, requiere inevitablemente una comparación, lo que aclara inmediatamente el problema en lo que respecta a las arūpas, ya que cualquier comparación requiere una frontera, o límite, para distinguir con qué se está comparando algo. Hasta cierto punto, esto toca una cuestión mencionada anteriormente en este libro: ¿cómo puede surgir algo completamente nuevo, nunca antes experimentado? Esta pregunta se aplica de diferentes maneras a la transición que se da desde la consciencia sensorial a los rūpa jhānas y, ahora, desde los rūpa a los arūpa jhānas. Finalmente, se aplica a la experiencia del Camino de la iluminación, como tal.

Los *āyatanas* sin forma son descritos por Buda en varias ocasiones en los Nikāyas. Las fórmulas pāli, a continuación, para el primer arūpa, y en los capítulos siguientes, para los arūpas posteriores, son las siguientes del *Sallekha Sutta* de la Majjhima Nikāya.[47] Al igual que con los rūpa jhānas, las traducciones proceden de la versión inglés de *El Camino de la Purificación: Visuddhimagga*.

47 El *Sallekha Sutta*, Majjhima Nikāya 8 (PTS M i 40).

En pāli,

idhekacco bhikkhu sabbaso rūpasaññānaṃ samatikkamā paṭighasaññānaṃ atthaṅgamā nānattasaññānaṃ amanasikārā 'ananto ākāso'ti ākāsānañcāyatanaṃ upasampajja vihāreyya (Majjhima Nikāya 8).

Con la superación completa de las percepciones de la materia, con la desaparición de las percepciones de la resistencia, con la no-atención a las percepciones de la variedad, [consciente del] «espacio ilimitado», [el meditador] entra y mora en la base que consiste en el espacio ilimitado (Vism. X, p. 323).

El punto de partida es el cuarto rūpa jhāna, y la intención de superar completamente todas las percepciones de las formas, o «materia» en la traducción del *Visuddhimagga*. Esto se relaciona con un meditador que, habiendo adquirido experiencia practicando el cuarto rūpa jhāna, se da cuenta de que, a pesar de su naturaleza supremamente sutil, sigue siendo un estado «retenido», y que la cualidad de «retenido» es un rastro residual del hilo que se remonta a través de los jhānas precedentes hasta llegar, en última instancia, al reino de la forma del mundo sensorial. En otras palabras, el meditador toma consciencia de una sutil limitación al cuarto rūpa jhāna en una dependencia residual del reino de la forma.

Este reconocimiento del cuarto rūpa jhāna como un estado retenido es un concepto difícil de captar sin la experiencia directa y, en última instancia, cualquier descripción textual es secundaria a la experiencia directa. Sin embargo, una vez experimentado puede verse que corresponde a la descripción ya mencionada del *Visuddhimagga* de estar «finamente equilibrado como en el filo de una navaja», junto a una ecuanimidad perfectamente imperturbable. Cuando un meditador capta esto, la alternativa de un estado que podría ser completamente ilimitado se vuelve posible de contemplar.

Para un meditador de facultades agudas, este entendimiento por sí solo puede abrir el camino hacia el primer arūpa jhāna, ya que el reconocimiento incluso de esta dependencia más sutil de la forma permite automáticamente concebir la idea de que más allá de esta se encuentra su homóloga —la libertad de la forma. En otras palabras, el meditador podría comprender directamente en ese momento la hermosa simetría de los reinos rūpa y arūpa. Dependiendo de nuevo de la agudeza de las facultades del meditador, esto podría conducir entonces al segundo y tercer factor de la fórmula pāli anterior, *samatikkamā paṭighasaññānaṃ*, un dejar ir las percepciones del impacto sensorial, y *atthaṅgamā nānat- tasaññānaṃ*, la no-atención a las percepciones de la diversidad.

El impulso real hacia la liberación de la dependencia de la forma depende de la madurez del meditador en la comprensión del sufrimiento como algo íntimamente relacionado con los empalagos o apegos a los rūpas, ya sea como objetos o como ideas. Esto, como he comentado varias veces, pone de relieve la interdependencia continua entre los jhānas y el *insight* y, finalmente, la sabiduría.

Aunque a veces se ha debatido sobre la posibilidad de alcanzar las experiencias sin forma sin un desarrollo previo de las rūpa jhānas, es difícil imaginar cómo podría ser esto posible si no es a través de una construcción cognitiva, sin una percepción tan directa de la simetría de los reinos rūpa y arūpa.

Desarrollo Más Detallado

Tanto si una persona tiene «facultades agudas» como si no, es importante comprender con más detalle lo que significan en la práctica los procesos anteriores, ya que comprender este primer paso hacia los reinos sin forma es clave para desarrollar los arūpas superiores, al igual que el primer rūpa jhāna es clave para desarrollar los rūpa jhānas superiores.

Es como si, para la persona de facultades agudas, ese reconocimiento del grado más sutil de la forma en el cuarto rūpa jhāna permitiera conceptualizar, concebir, lo «sin forma» como su equivalente. Esto es diferente del desarrollo de los rūpa jhānas, en donde una persona inmersa en la consciencia sensorial no podría conceptualizar lo que tal vez sería la experiencia del jhāna —de ahí el requisito de una cuidadosa y escalonada desvinculación de la consciencia sensorial para comprender gradualmente las características del jhāna y de la consciencia del jhāna como distinta de la consciencia sensorial—.

Dado que el cuarto rūpa jhāna y los arūpas posteriores comparten los factores jhāna de ecuanimidad y unificación de la mente, un grado de conceptualización apoyado en la ecuanimidad puede ser útil, y para la mayoría de los temperamentos quizá incluso esencial. De hecho, a diferencia de los objetos de meditación —como los kasinas o la respiración— utilizados para desarrollar los rūpa jhānas, el objeto para el primer arūpa jhāna es un concepto: la «infinidad del espacio». A continuación, se describen tres enfoques.

Dejando ir la Nimitta

En su guía explicativa del *Abhidhammattha Saṅgaha*, Bhikkhu Bodhi describe el modelo del Abhidhamma, para desarrollar el primer arūpa jhāna tras la meditación kasina (tal como un disco de tierra), de la siguiente manera:

> [Un] meditador que ha dominado el quinto jhāna fino-material [el cuarto rūpa jhāna en los Suttas] basado en un objeto kasina extiende el signo homólogo del kasina hasta que se vuelve inconmensurable en extensión. Entonces elimina el kasina atendiendo solamente al espacio que impregnaba, contemplándolo como «espacio infinito». Mediante la atención repetida prestada de este modo, surge finalmente

> en la absorción un citta que tiene como objeto el concepto de espacio infinito (ākāsapaññatti).[48]

Esto describe un tipo de conceptualización, pero difiere significativamente del pensamiento al que estamos acostumbrados en la consciencia sensorial. Ocurre justo en el umbral del cuarto rūpa jhāna, destacando la notable sutileza y maniobrabilidad de la mente en la cima del desarrollo de los jhānas de materia fina. Además, ilustra la capacidad de un practicante experimentado para descansar en un estado profundo de ecuanimidad y consciencia imperturbable, mientras aún puede moverse ligeramente desde esa posición para llevar a cabo esta forma de conceptualización. Este tipo de pensamiento implica principalmente visualización y fuerza de voluntad, liberando gradualmente las percepciones de diversidad, diferencia o límites a medida que la nimitta se expande, hasta que finalmente carece de límites.

Es difícil saber lo común que era este enfoque en tiempos anteriores a la reforma, pero parece poco común hoy en día. Según mi experiencia, muy pocos practicantes del kasina desarrollan el dominio de los jhānas superiores y de los arūpa jhānas, y en particular para los arūpa jhānas experimentan dificultades en dejar ir el apego a la nimitta del kasina. En consecuencia, muchos de esos practicantes se transfieren al ānāpānasati para desarrollar los arūpa jhānas.

Por el Camino de la Invocación

Ya he afirmado que los meditadores no pueden «pensarse a sí mismos» en los rūpa jhānas, y para los arūpa jhānas esto es aún más así. Un enfoque más directo es entonces utilizar la invocación. Tras practicar el cuarto rūpa jhāna y haber tomado cons-

48 De la guía de Bhikkhu Bodhi (2000) sobre las estrofas 22-24, sección I del Abhidhammattha Sangaha.

ciencia de él todavía como un estado «retenido», un meditador reconoce un deseo de experimentar el reino del espacio infinito, seguido de entonar en silencio las sílabas «ākāsa, ākāsa» —o, si se prefiere, «espacio, espacio»—.

Muchos practicantes también encuentran útil alargar la respiración para marcar una transición fuera del cuarto rūpa jhāna, donde la respiración suele ser tan extremadamente fina y delicada que apenas está presente, si es que lo está, y comenzar el primer «ākāsa» durante una primera inspiración larga. La inhalación larga y lenta ayuda a la sensación de creciente amplitud. La palabra *ākāsā* se trata como si contuviera la esencia del espacio infinito, o como símbolo del espacio infinito, de tal forma que si la invocación tiene éxito y cuando el sonido final de la «a» llega a su fin, entonces en el «vacío» creado aparece el espacio infinito. No es casualidad que la invocación relacionada *Okāsa!* se utilice en las prácticas Yogāvacara para expresar «que se manifieste». Si la invocación tiene éxito, la duración de la respiración se vuelve inmaterial, en ambos sentidos de la palabra.

De acuerdo con la fórmula pāli descrita anteriormente, el meditador que se acerca al primer arūpa jhāna resiste cualquier impulso de buscar algo en el espacio creado. Si aparece cualquier reconocimiento de fronteras, límites, formas u otras características, se repite la invocación silenciosa «ākāsā», y tras progresar de este modo varias veces puede desarrollarse una sensación creciente de espacio ilimitado.

El meditador utilizará la comprensión obtenida en los rūpa jhānas para evitar cualquier desviación del equilibrio y la quietud, especialmente alcanzando la ecuanimidad perfecta en el cuarto rūpa jhāna. Además, se resistirá a cualquier impulso de reconocer una nimitta, que en los rūpa jhānas es una parte fundamental de la experiencia del jhāna, respaldando la unificación de la mente. Como ya se ha señalado, dejar ir la dependencia de la nimitta suele ser más fácil viniendo de un trasfondo de progreso gradual en el ānāpānasati, que por medio de los kasinas.

Por el Dhamma-Vicaya y la Visualización

Una persona que practica utilizando la invocación se beneficiará normalmente de otro enfoque en diferentes ocasiones, utilizando un método que aproveche el uso sutil del dhamma-vicaya, la investigación, que es posible en el umbral del cuarto rūpa jhāna. Esto no es lo mismo que «pensarse a sí mismo» en el jhāna, ya que para entonces, tras el cuarto rūpa jhāna, el meditador está muy alejado del tosco pensamiento discursivo. Es la misma cualidad del dhamma-vicaya la que permite a un meditador, practicando el repaso inmediatamente después de salir de uno de los jhānas, llegar a comprender directamente los factores del jhāna y «dónde ha estado» sin el habitual pensamiento discursivo comparativo de la consciencia sensorial.

En esta etapa, sin embargo, la traducción «investigación» no capta exactamente la cualidad que es posible en el umbral del cuarto rūpa jhāna, y algo más cercano al *insight* y a la sabiduría intuitiva, o sati-sampajañña —atención unida a una clara comprensión o conocimiento— podría ser más apropiado. Esta capacidad es también un ejemplo de la estrecha interrelación de los jhānas y la sabiduría en los procesos paralelos del samatha y vipassanā como el kammaṭṭhāna gemelo.

Así, con variaciones, los meditadores que practican al aire libre pueden salir del cuarto rūpa jhāna y contemplar el cielo, idealmente un cielo relativamente despejado, notando con ecuanimidad los espacios vacíos, las nubes ocasionales y las fronteras o límites, como el horizonte. Luego, cerrando los ojos, crean una experiencia paralela de cielo ilimitado sin rasgos, ni fronteras, en cierto sentido como una nimitta ilimitada de la experiencia externa.

Tras una práctica repetida de este modo, desprendiéndose cada vez de cualquier mínimo rasgo, límite o incluso color (aunque curiosamente una cualidad de la luz puede permanecer durante un tiempo), llegará un punto en el que no quede nada que distinga una parte de otra, ningún «algo», todo ello manteniendo la ecuanimidad. Esto conduce finalmente a una experiencia en la que los meditadores se dan cuenta de que para que el espacio sea realmente ilimitado, sin fronteras y sin nada que reconocer, ellos mismos tienen que convertirse en la experiencia del espacio infinito. En ese momento desaparece todo lo que distingue a la forma, incluida cualquier sensación de cuerpo, o de luz, aunque con más familiaridad podría descubrirse que permanece la percepción sutil.

Desafiar la Subjetividad

Cuando el espacio infinito se convierte en toda la experiencia, sin nada que distinga al meditador de él, la subjetividad parece desaparecer por completo. Si reapareciera una sensación de subjetividad, la experiencia se pierde y se crea un par sujeto-objeto con los límites implícitos que ello implica, y el meditador estaría de nuevo en el reino de la forma. Al igual que con las primeras experiencias de los rūpa jhānas, un meditador puede no ser capaz al principio de sostener la experiencia durante mucho tiempo, pero con la práctica repetida se vuelve algo conocido, a través de la experiencia directa, y puede sostenerse durante más tiempo.

En este primer arūpa, la experiencia es de inmensa e ilimitada espaciosidad, con una correspondiente libertad de cualquier complejidad, incluyendo el estorbo de mantener un sentido de subjetividad. La experiencia es enteramente del polo objeto, en contraste con toda la experiencia previa de un par sujeto-objeto, de base lingüística en la consciencia sensorial, e incluso del par sujeto-objeto fino-material más sutil implícito en el estado «retenido» del cuarto rūpa jhāna.

9

EL SEGUNDO ARŪPA JHĀNA: INFINIDAD DE CONSCIENCIA

La experiencia inicial del primer arūpa puede ser un momento tan trascendental para un meditador como la del primer rūpa jhāna. Experimentar el espacio infinito, sin absolutamente nada que distinguir como objeto y con una ausencia total de subjetividad, es descubrir una nueva libertad, incluso, de la dependencia más sutil de la forma que permanece en el cuarto rūpa jhāna. Esta cualidad de libertad es una experiencia distintiva en los arūpa jhānas que los distingue de los del reino fino-materiales.

Al mismo tiempo, dado que el meditador está plenamente lúcido durante la experiencia —es decir, plenamente consciente—, se sabe intuitivamente que interpretar simplemente la experiencia como una desaparición de la subjetividad es demasiado ordinario o simplista, algo arraigado a los hábitos de etiquetado y percepción dentro de la consciencia sensorial. Este entendimiento lo expresa maravillosamente el lama Anagarika Govinda en su obra *Foundations of Tibetan Mysticism*:

> En el momento en que un ser es consciente de su consciencia, toma consciencia del espacio. En el momento en que es consciente de la infinidad del espacio, se da cuenta de la infinidad de la consciencia.[49]

49 Govinda (1969, p. 116).

Dada su amplia experiencia de las prácticas tibetanas y budistas Theravāda, el comentario de Govinda tiende un puente entre las concepciones Theravāda y Mahāyāna de los jhānas sin forma, aunque en esta cita los jhānas no se nombran explícitamente. Describe una comprensión «en el momento», es decir, una comprensión directa e intuitiva al margen del lenguaje convencional sujeto-objeto.

El Reino de la Infinidad de la Consciencia

La afirmación de Govinda pone de relieve una notable dualidad entre el espacio infinito y la consciencia infinita, que es intuida directamente por el meditador como una forma de comprensión directa. Es una comprensión que solo puede realizarse desarrollando y experimentando uno mismo el primer y el segundo arūpa jhāna, que en cierto sentido son dos perspectivas de una realidad común.

De hecho, el segundo arūpa jhāna no depende de establecer una conceptualización de la consciencia infinita como objeto, como se requería para establecer el espacio infinito en el primer arūpa jhāna. En este segundo arūpa jhāna su objeto no es un concepto en absoluto, sino más bien la comprensión implícita que ya está ahí en la experiencia de la infinidad del espacio, de la presencia de la consciencia infinita como homóloga del espacio ilimitado, aunque no se atienda a esa consciencia.

Un meditador con facultades agudas puede captar esto muy rápidamente, incluso inmediatamente, en cuyo caso no requiere más que un acto mental directo de «advertir» a la consciencia de percibir el espacio infinito para entrar inmediatamente en la posición de sujeto de la consciencia infinita, que en pāli se denomina el *viññāṇancāyatana*. Aquí, viññāṇa es «consciencia», *ānañcā* es «ilimitado» o «infinito», y *āyatana* es, una vez más, «reino» o «esfera». La fórmula en pāli, a continuación, ilustra esta progresión directa desde el primer arūpa jhāna anterior:

En pāli,

idhekacco bhikkhu sabbaso ākāsānañcāyatanaṃ samatikkamā
'anantaṃ viññāṇan'ti viññāṇañcāyatanaṃ upasampajja vihareyya
(Majjhima Nikāya 8).

Al superar completamente la base consistente en el espacio ilimitado,
[y está consciente de] la «consciencia ilimitada», [el meditador]
entra y mora en la base consistente en la consciencia ilimitada
(Vism. X, p. 327).

Para un meditador de facultades poco agudas, puede seguirse un procedimiento de invocación similar al descrito en el primer arūpa jhāna como paso preliminar para ayudar en el proceso. El procedimiento podría ser algo como lo siguiente, aunque los meditadores deben realizar cada uno sus propias exploraciones para captar la idea. Después de traer a la mente el deseo de experimentar el reino de la consciencia infinita tras el primer arūpa jhāna, el meditador, habiendo adquirido alguna experiencia del reino del espacio infinito, se retrae lo suficiente como para entonar las palabras «viññāṇa, viññāṇa» o, si se prefiere, «consciencia infinita, consciencia infinita». Si la invocación tiene éxito y mientras el sonido final se desvanece, en ese «vacío» la consciencia infinita se convierte en la experiencia que todo lo abarca. Aquí el meditador está aplicando una vez más el principio de *Okāsa! ¡Que se manifieste!*

Si se aplica el procedimiento del dhamma-vicaya como preliminar, tiene que ser muy simple y mínimo, más que en el desarrollo del primer arūpa jhāna, ya que el segundo arūpa jhāna está aún más alejado de la conceptualización lingüística. Una simple «pregunta» al emerger al umbral del espacio infinito, sobre dónde o qué es la consciencia en ese momento, similar a un *kōan* zen, puede ser suficiente para alterar la comprensión.

La Base Sujeto-Objeto de la Consciencia

Practicando los dos primeros arūpa jhānas, gradualmente, se hace evidente que los estados arūpa son una forma sumamente creativa de desligarse del apego a la base sujeto-objeto de la consciencia, al menos durante un tiempo.

El primer y el segundo arūpa jhānas están inextricablemente interconectados, en cierto sentido como dos aspectos de la misma realidad, tal y como expresa Govinda con bastante belleza. Para desarrollar el primer arūpa jhāna, y hacer que el objeto —espacio— sea infinito, el meditador tiene que hacerse uno con él, de modo que el espacio deje de ser un objeto separado limitado —lo que en lenguaje psicoanalítico podría describirse como identificarse completamente con el polo objeto—. Pero como la consciencia requiere tanto un objeto del que ser consciente como un sujeto que experimente ese objeto, entonces en el primer arūpa jhāna el polo sujeto debe estar presente, pero enteramente inconsciente, o enteramente inconsciente de sí mismo, o ambas cosas.

Sin embargo, sería un error describir el polo sujeto como «inconsciente», ya que la consciencia requiere tanto una posición de sujeto como de objeto, y no se puede hablar de una sin la otra. Lo mismo ocurre con la experiencia de la infinidad de la consciencia.

En la consciencia sensorial ambos polos surgen automáticamente para cualquier momento de consciencia, e intentar imaginar una experiencia con un solo polo sería meramente una construcción intelectual, cognitiva. El procedimiento en los arūpa jhānas de hacer infinito el objeto de meditación, y luego advertir la consciencia de ello, es entonces una técnica notable para separar *de manera experiencial* los polos sujeto y objeto para debilitar el apego a la dualidad sujeto-objeto.

Por tanto, desarrollar los arūpas lleva al meditador hasta las raíces mismas de la percepción y los procesos que sustentan lo que experimentamos como consciencia, y cada vez resulta más claro que los arūpas que siguen a los rūpa jhānas son medios para desarrollar la percepción de lo que constituye exactamente nuestra experiencia consciente y nuestra identidad.

10

EL TERCER ARŪPA JHĀNA: LA NADA

Los dos primeros arūpa jhānas pueden considerarse un par interdependiente, en el sentido de que el meditador que practica estos jhānas se mueve entre los polos complementarios del proceso de percepción. Al alcanzar el polo de la consciencia infinita, el meditador se encuentra con el otro polo: el espacio infinito. Este espacio infinito parece estar presente y ausente al mismo tiempo. La razón de esta dualidad es que el segundo arūpa jhāna, que es la base de la experiencia del espacio infinito, no tiene una realidad última, sino solo una realidad equivalente. Al comprender la interdependencia y la falta de realidad última de ambos polos, el meditador puede concebir un movimiento hacia una posición central. Esta posición central no se identifica con ninguno de los polos, pero ambos polos están presentes en ella como potenciales. Esta experiencia es el tercer arūpa jhāna, conocido como el reino de la nada, *Ākiñcan-nāyatana*. En este reino, «*ākiñca*» significa «nada» y «āyatana» significa «reino» o «esfera».

En este sentido, el objeto del tercer arūpa jhāna es un concepto, como lo era para el primer arūpa jhāna, aunque ahora es un concepto muy sutil. El concepto es «ni sujeto ni objeto» —nada, no-algo, la nada, el vacío—.

El reino de la Nada

Habiéndose desarrollado y familiarizado con los dos primeros arūpas, el meditador puede determinar (como acto mental, adhiṭṭhāna) adoptar una posición intermedia al no sujetar a ninguno de los dos —resistiendo cualquier movimiento mental hacia la subjetividad, por un lado, o hacia el discernimiento de cualquier objeto, por otro— y mantener luego esa posición con ecuanimidad y unificación de la mente. Estos mismos dos factores jhāna continúan apoyando un desarrollo paralelo del *insight* a partir del cuarto rūpa jhāna, haciéndose cada vez más sutil a medida que se desarrollan los arūpas.

Para un meditador con facultades agudas, esto equivale a una comprensión directa de la igualdad que tienen las dos posiciones revelada por los anteriores arūpa jhānas, primero y segundo, seguida de un movimiento mental para adoptar una posición intermedia que no se identifica con ninguna de las dos. Esto se expresa mediante la fórmula pāli siguiente, en la que la frase *'natthi kiñcī'ti* —«no hay nada»—establece el estado de la nada de manera muy parecida a la invocación.

En pāli,

idhekacco bhikkhu sabbaso viññāṇañcāyatanaṃ samatikkamma 'natthi kiñcī'ti ākiñcaññāyatanaṃ upasampajja vihareyya (Majjhima Nikāya 8).

Al superar completamente la base consistente en la consciencia ilimitada, [consciente de que] «no hay nada», [el meditador] entra y mora en la base consistente en la nada (Vism. X, p. 329).

Si esto no se desarrolla de manera directa, un acto manifiesto de invocación entonando «ākiñca, ākiñca», o «nada, nada» como para los arūpas anteriores puede ayudar. La palabra *ākiñca* es especialmente adecuada para la invocación al estilo del Yogāvacara ya que *kiñca* significa «algo» y *a-kiñca* significa «no-algo». Este es otro ejemplo de la propiedad mágica de la letra *a* en la lengua pāli para eliminar lo que venga a continuación, como se describió en el capítulo 7.

Si un meditador ha progresado hasta aquí, no debería ser necesaria una práctica suplementaria de conceptualización utilizando una forma refinada del dhamma-vicaya; la invocación es más directa y preferible, si es que es necesaria.

La Neurociencia de los Arūpa Jhānas: Resultados Preliminares

Todos los ejemplos de neurociencia descritos hasta ahora han sido para los rūpa jhānas, y ya se comentó anteriormente que ser grabado mientras se medita es un reto considerable para la concentración y ecuanimidad de un meditador, sobre todo, cuando se desarrollan los jhānas superiores y los arūpas.

El efecto del observador, conocido en el ámbito de la física cuántica, reconoce que incluso el acto más sutil de medición afecta profundamente a lo que se observa o mide. Por ejemplo, un *quantum* de luz aislado tiene el potencial de comportarse como una partícula o como una onda, existiendo ambos estados en potencia como «estados superpuestos» hasta que, en el momento de ser observado, el sistema se dispara hacia uno u otro estado —onda o partícula—. Un acto de medición implica un observador, y para el meditador no solo existe la figura del técnico-observador externo del electroencefalograma (EEG), sino también la de un «comentador» interno, del cual hay que desentenderse en la meditación.

Los intentos de registrar un EEG durante algún arūpa jhāna han sido casi totalmente infructuosos, y en un intento de moderar al menos el efecto observador se probaron algunos experimentos en los que el mediador se encargaba del registro. Esto al menos eliminó a un tercero de la situación, pero la tentación de convertirse en un observador interno aún permanece. Hasta ahora, solamente un registro podría considerarse como posible ejemplo de los efectos en el cerebro al practicar los arūpa jhānas. En este registro, el técnico completó todas las pruebas preparatorias, incluida la colocación del gorro en la cabeza y la comprobación de que el *software* y el *hardware* funcionaban correctamente, antes de dejar al meditador listo para que simplemente pulsara un botón que iniciara la prueba. El meditador se dispondría a entrar en meditación durante un tiempo predeterminado, en este caso para intentar desarrollar el tercer arūpa jhāna.

El registro se describe con más detalle en el capítulo 12 de la Segunda Parte, pero la característica inmediata y más sorprendente en comparación con cualquiera de los registros de los rūpa jhānas fue que los ritmos de fuertes ondas lentas, en los sitios frontales, eran casi imágenes espejo de los de los sitios posteriores. Esto sugería una relación *antifásica* casi perfecta entre los sitios frontales y posteriores, en la que la energización de uno equilibra y anula eficazmente la desenergización del otro.

Recordemos nuestra hipótesis anterior en la que la consciencia sensorial tiene una naturaleza sujeto-objeto, lo que significa que hay una relación entre dos partes del cerebro. Por un lado, los sitios posteriores, los cuales se asocian con la posición del sujeto, es decir, con el «yo/ojo» que observa, y por otro lado, los sitios frontales, los cuales se asocian con el procesamiento cognitivo y las características del «objeto» que se observa. En el tercer arūpa jhāna, el meditador trata de no identificarse ni con el sujeto ni con el objeto. En cambio, busca mantener una posición de ecuanimidad «en el medio». La observación de una relación antifásica entre los sitios posteriores y frontales podría ser un reflejo de los intentos del meditador por alcanzar esta ecuanimidad. La *antifase* significa que las dos partes del cerebro están activas de forma alterna, lo que podría indicar que el meditador está cambiando su atención entre el sujeto y el objeto sin identificarse con ninguno de ellos.

A estas alturas del desarrollo de los arūpa jhānas, los meditadores podrían reconocer típicamente un proceso bastante diferente en comparación con los rūpa jhānas. Dado que los factores jhāna upekkhā —ecuanimidad— y ekaggatā citta —unificación de la mente— siguen siendo los mismos, la cualidad de «jhāna» no cambia; permanece esencialmente como era en el cuarto rūpa jhāna, aunque la cualidad de la upekkhā se vuelve cada vez más sutil y refinada, con una cualidad de libertad cada vez más poderosa. Al mismo tiempo, las cualidades de receptividad y capacidad de trabajo de la mente se desarrollan con una comprensión acompañante de que el jhāna y el *insight* están trabajando juntos sin regresión al pensamiento o al burdo discernimiento.

Esto también está relacionado con darse cuenta de que lo que sí cambia en los arūpa jhānas es la comprensión y la naturaleza de la percepción, lo que conlleva una comprensión paralela de la naturaleza ilusoria del sujeto-objeto, del rūpa-arūpa, de la forma y la vacuidad, y de todas las dualidades, lo que nos lleva a considerar el cuarto arūpa jhāna.

11

EL CUARTO ARŪPA JHĀNA: NI PERCEPCIÓN NI NO-PERCEPCIÓN

Llegados a este punto, uno podría preguntarse, ¿qué podría ser más sutil, qué más hay que soltar? Esto se parece a la pregunta «¿Quién percibe?» —puesto que la esencia de la percepción es que tiene que haber un sujeto que perciba—. Incluso en el fino equilibrio del tercer arūpa jhāna, cualquier movimiento desde ese equilibrio puede dar lugar a un momento de consciencia, un momento de percepción que cree un sujeto-objeto del tipo con el que estamos familiarizados. Sin embargo, la experiencia de progresar a través de estadios de percepción cada vez más sutiles habrá debilitado enormemente los viejos hábitos y suposiciones sobre el yo, el otro, la percepción y la consciencia.

Esto comienza en el primer arūpa jhāna, la infinidad del espacio. Desprenderse de las más mínimas percepciones de diferencia en cómo concebimos el espacio, desprenderse de todos los límites o restricciones, de todas las cualidades normalmente expresadas en el lenguaje de «esto» o «aquello», es una experiencia profunda. Al ser ilimitada e ilimitada sin que quede nada de las viejas suposiciones de diferencia, todo cambia para el meditador que alcanza esta etapa.

Aplicar después este mismo proceso a la consciencia, profundamente relacionada con la manera en que nos experimentamos a nosotros mismos —soltar todas las características distintivas de una identidad personal, incluido nuestro nombre de nacimiento— es una experiencia igualmente profunda que desafía las raíces de la subjetividad y el sentido del yo.

Un resultado notable de esto es darse cuenta de la «similitud» fundamental de todas las cualidades y experiencias, la similitud fundamental de todas las dualidades —sujeto/objeto, forma/ vacuidad, e incluso meditación/no meditación—, así como las dualidades *a-* —rūpa/arūpa, niccā/aniccā, attā/anattā, kiñca/ākiñca—, y así sucesivamente. Esta comprensión surge de la experiencia de que la diferencia es una construcción ilusoria. El lenguaje convencional, que nos obliga a elegir entre *esto* o *aquello*, también contribuye a esta ilusión. El meditador aprende que incluso en los niveles más refinados de percepción, como los que se alcanzan en los arūpa jhānas, la percepción en sí misma es limitante y restrictiva.

Entonces, ¿hacia dónde ir a partir de aquí? El dilema se resume muy bien en este fragmento de *Salla Sutta* de la Khuddaka Nikāya:

> «Yena hi maññanti tato taṁ hoti aññatha» (Pues, como quiera que lo conciban, resulta ser de otro modo).

El Reino de ni Percepción ni No-percepción

Para mantener la posición «media» del tercer arūpa jhāna, los meditadores tienen que refrenar el impulso de percibir un objeto, por sutil que sea, o de percibir su propia subjetividad, incluso en el nivel más básico de consciencia sobre «algo», que podría ser cualquier cosa, dada la creciente comprensión de la similitud. En otras palabras, el poder de la diferencia se ha desvanecido en la medida en que la propia actividad de percepción se revela con mayor claridad, con el consiguiente debilitamiento del apego a esa forma tosca de percepción.

Para mantener la posición intermedia, necesariamente, la percepción se vuelve extremadamente refinada, para convertirse simplemente en percepción de la posición intermedia en sí misma en lugar de las percepciones anteriores más toscas del sujeto o del objeto. En esta etapa, esta percepción fina se convierte íntimamente en parte de la cualidad de la upekkhā, que a su vez se ha vuelto correspondientemente más sutil, hasta el punto, de hecho, de que carece de sentido hablar de ellas por separado en esta etapa.

Los lectores pueden notar aquí un parecido con la etapa de culminación del tercer rūpa jhāna, en la que la distinción entre las dos cualidades sukha y upekkhā también se vuelve cada vez menos significativa y se disuelve para revelar la perfección de la upekkhā en el cuarto rūpa jhāna.

En el caso del tercer arūpa jhāna, entonces, puede surgir una realización directa o comprensión intuitiva de que incluso este nivel más sutil de percepción es una restricción, lo que permite al meditador intuir una dirección para retroceder incluso de la percepción sutil, con su «enemigo cercano» de la percepción burda, para establecer un punto liminal de «ni percepción ni no-percepción», o *Nevasaññānasaññā*, en el cuarto arūpa jhāna, que se describe en los Suttas como sigue:

En pāli,

idhekacco bhikkhu sabbaso ākiñcaññāyatanaṃ samatikkamma nevasaññānasaññāyatanaṃ upasampajja vihāreyya (Majjhima Nikāya 8).

Al superar completamente la base que consiste en la nada, [el meditador] entra y mora en la base que no consiste ni en la percepción ni en la no-percepción (Vism. X, p. 330).

En este punto no tengo ninguna inclinación a sugerir una invocación separada en la línea de «Nevasaññānasaññā», «neva-n'a», o «ni-esto-ni-aquello» para invocar el cuarto arūpa. Mi sensación es que las distinciones de facultades agudas o menos agudas ya no se aplican en esta etapa, y que el cuarto arūpa jhāna surgirá del tercero más bien como el cuarto rūpa jhāna fue descrito como surgiendo del tercer rūpa jhāna, en el momento adecuado y dadas las circunstancias adecuadas.

En esta descripción de la percepción, del tipo ni-esto-ni-aquello, se conserva necesariamente algún vestigio o estado liminal de la consciencia, quizá él mismo con una naturaleza de ni-esto-ni-aquello. Esto puede tener cierta semejanza con el estado liminal de sentimiento de ni-esto-ni-aquello del cuarto rūpa jhāna, pero es sustituido ahora por la percepción liminal de ni-esto-ni-aquello completamente ilimitada del cuarto arūpa jhāna.

Sin impulso para percibir o no-percibir, no es posible tener ni la más sutil reflexión sobre el estado mientras se experimenta, a diferencia de las arūpas anteriores, y es muy difícil concebir qué tipo de percepción queda que pueda ser de tipo ni-esto-ni-aquello en esta descripción. De nuevo me llama la atención la semejanza con la idea de la física cuántica de los estados superpuestos, un reino de ni-esto-ni-aquello que solamente puede existir mientras no sea perturbado por un acto de medición u observación, o en este caso por un impulso de percepción. De hecho, podría decirse que dejar ir, incluso, el impulso más sutil de percibir algo es lo que permite que emerja la cualidad de ni-esto-ni-aquello del cuarto arūpa. Como antiguo físico interesado en la teoría cuántica, no puedo evitar ser consciente de que este mismo dilema de mantener un estado de ni-esto-ni-aquello es un problema central en el diseño de un ordenador cuántico.

En el reino de los arūpas, esto conduce a las preguntas de dónde vendría el impulso de percibir y quién percibe. La naturaleza del yo que sustenta la percepción pasa a primer plano en esta cuestión, y varios meditadores han reconocido una similitud con el concepto de anattā, no-yo, que muchos han utilizado como tema de meditación al repasar las tres marcas de la existencia —aniccā, impermanencia; dukkha, sufrimiento; y anattā, no-yo—, practicado típicamente tras salir de cualquiera de los jhānas. De nuevo, esto pone de relieve el desarrollo paralelo cada vez más estrecho de los jhānas y la sabiduría.

Integración e Incrustación de los Jhānas

La mayoría de los meditadores que practican más allá de los rūpa jhānas hacia los arūpas encuentran útil alternar o moverse entre los dos reinos una vez que tienen una comprensión razonable de al menos los dos primeros arūpa jhānas. Esto es similar a experimentar diferentes rutas a través de las etapas del ānāpānasati y los rūpa jhānas, como se describe en el capítulo 6, con la dimensión añadida del cambio entre los reinos fino-material y sin forma, así como en las etapas de los diferentes jhānas.

En su mayor parte se trata de una cuestión de exploración personal, y al igual que con las etapas del ānāpānasati y los rūpa jhānas existen varias rutas posibles, algunas de las cuales se muestran en la figura 27, donde los rūpa jhānas se designan RJI, RJ2, RJ3 y RJ4, y los arūpas AJ1, AJ2, AJ3 y AJ4.

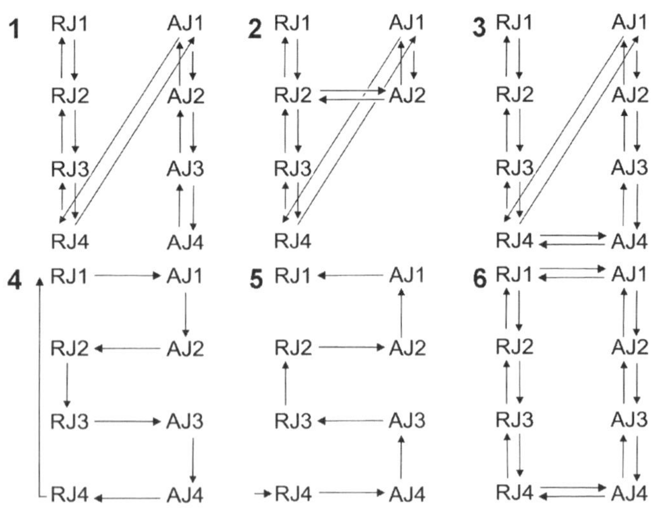

Figura 27. Explorando rutas a través de y entre los rūpa y arūpa jhānas.

La ruta 1 es entonces la ruta progresiva inicial a través de los rūpa jhānas hasta el RJ4, luego hacia los AJ1, AJ2, AJ3 y al AJ4 antes de retroceder en el orden inverso hacia los AJ4, AJ3, AJ2, AJ1, RJ4, RJ3, RJ2, RJ1, y desde allí de vuelta a la consciencia sensorial por la ruta que prefiera el mediador.

La ruta 2 parte del RJ1, y desde ahí puede progresar al RJ2, RJ3, RJ4, al AJ1 al AJ2, luego de vuelta al RJ2, y después al RJ1; o del RJ1 al RJ2 al AJ2 al AJ1, de vuelta al AJ2 al RJ2 y al RJ1. La ruta 3 es similar con transiciones directas entre el RJ4 y el AJ4, y aunque no se dibuja aquí, otra sería con transiciones entre el RJ3 y el AJ3.

Las rutas 4 y 5 se centran aún más en el movimiento entre los modos rūpa y arūpa, mientras que la ruta 6 muestra modos circulares que pueden practicarse en orden hacia delante o hacia atrás, y desde diferentes puntos de partida. Aunque los meditadores no se sientan inclinados a explorar tan plenamente como aquí, la mayoría comenta que pasar de, digamos, la segunda arūpa jhāna a la segunda rūpa jhāna, y viceversa, quizás en varias ocasiones, les permite profundizar en la comprensión de cada reino en comparación con el otro, ayudando a los meditadores a comprender su naturaleza complementaria y su interdependencia. Esto también es relevante para los comentarios anteriores sobre las semejanzas en la transición del tercer al cuarto rūpa jhāna, y del tercer al cuarto arūpa jhāna.

Familiarizarse de este modo con las experiencias sentidas de los diferentes jhānas dentro de su propio reino, así como con las diferentes experiencias sentidas en reinos alternos, es un medio de incrustar estas experiencias en el cuerpo, lo que constituye una característica intrigante de las prácticas Yogāvacara que reconocen la importancia crucial del cuerpo para establecer la unificación del cuerpo-mente —es decir, el yoga—.

Algunos textos del boran kammaṭṭhāna describen otros métodos de incrustación, como visualizar diferentes sílabas, elementos o los cinco pītis, y colocarlos en puntos específicos del cuerpo.[50] En la tradición del Samatha Trust, sin embargo, se han evitado generalmente tales instrucciones directivas para asegurar que las ideas preconcebidas no desvirtúen lo que se desarrolla de forma directa y natural a partir de la práctica. No obstante, a continuación, se describe un método que ha evolucionado y que se ha considerado útil.

La Práctica de la Vela de Cera

Tanto el *Manual del Yogāvacara* como *El Camino de Lanka* incluyen referencias enigmáticas a una «práctica de la vela de cera», pero sin explicaciones detalladas. En la tradición que sustenta este libro, esta práctica se desarrolló de forma intrigantemente natural a partir de la experiencia de algunos meditadores en sus exploraciones de los jhānas desde principios de los noventa.

Figura 28. La práctica de la cerilla.

50 Véase, por ejemplo, Crosby (2021), o las diversas obras de Bizot en el marco de l'École française d'Extrême-Orient, incluida *El Camino de Lanka* (1992).

La figura 28 muestra la disposición básica de una delgada vela de cera de abeja montada sobre piezas de bambú cruzadas, atadas con *sai sin* (en tailandés, «hilo de sīla») y apoyadas sobre un cuenco de monje. El *sai sin* consiste en nueve hebras de algodón crudo y puede resultar familiar a los lectores que hayan participado en *pūja*, o ceremonias de bendición, donde a menudo se ata alrededor de la muñeca como protección y símbolo del mantenimiento de los preceptos del sīla.

En el Yogāvacara, el cuenco del monje simboliza el vientre de la madre; la vela y los trozos de bambú cruzados simbolizan el cuerpo y los miembros del practicante, atados y protegidos por sīla; y la llama representa la consciencia.

Cuatro cargas descansan sobre barras insertadas en la vela a intervalos de tal forma que cuando la vela se consume y alcanza una barra, la carga cae en el cuenco emitiendo un característico sonido agudo.

La práctica de la vela de cera, tal y como ha surgido en esta tradición, puede utilizarse de varias maneras. Una primera y general es como prueba de la concentración de un meditador. Normalmente, si practica solo, el meditador tiene que tomar una resolución antes de empezar sobre cuánto tiempo va a practicar, o confiar en algún tipo de recordatorio, o simplemente esperar a que surja de forma natural. En la práctica guiada, el líder del grupo finaliza la práctica haciendo sonar normalmente una campana. En la práctica con velas de cera nadie controla la duración entre los sonidos de las cargas al caer. No tiene sentido dejar que se desarrolle ninguna anticipación, sobre todo, teniendo en cuenta que las velas de cera de abeja hechas a mano pueden ser notorias por su ritmo de combustión impredecible. Así que la prueba para el meditador es dejar completamente de «esperar» o aguardar nada, lo que, una vez reconocido, puede permitir que se desarrolle una concentración muy profunda libre del sentido del tiempo, que se da de manera más o menos automática en la consciencia sensorial de la vida cotidiana.

Un segundo uso de esta práctica es «incrustar» los jhānas. La intención se establece al principio, que después de encender la vela el meditador desarrollará las etapas de aproximación al jhāna. Cuando caiga la primera carga, se adentrará inmediatamente en el primer rūpa jhāna; cuando caiga la segunda, entrará en el segundo jhāna; y así sucesivamente para el tercer y cuarto rūpa jhāna. Si los rūpa jhānas se establecen en una práctica preparatoria, puede utilizarse el mismo procedimiento para los arūpa jhānas. Hay más matices en esta práctica, que dependen de si el «conductor» las quiere articular o no.

Otros usos de esta antigua práctica, o ritual, se desarrollan en respuesta a las etapas de desarrollo de los diferentes grupos, y más allá de los jhānas se vuelven relevantes para el desarrollo del Camino y la sabiduría.

SEGUNDA PARTE

NEUROCIENCIA MODERNA, CONSCIENCIA Y UN CAMINO ANTIGUO

12

NEUROCIENCIA DE LOS JHĀNAS

En este capítulo se ofrecen descripciones más completas de los registros de electroencefalogramas (EEG) a los que se hace referencia brevemente en cada uno de los capítulos sobre los jhānas individuales. El material complementario también está disponible en color en www.shambhala.com/jhana-eeg, y los lectores que deseen profundizar aún más en este material (en inglés) pueden descargar mi trabajo de 2019, «The Human Default Consciousness and Its Disruption: Insights from an EEG Study of Buddhist Jhāna Meditation», de la web de la revista *Frontiers in Human Neuroscience*.

El Primer Rūpa Jhāna

Los retos de ser registrado durante la meditación se centran en una tentación casi irresistible hacia volverse excesivamente consciente de sí mismo, lo que se opone directamente a la necesidad de desprenderse de tales preocupaciones para desvincularse de la consciencia sensorial. La situación típica de llevar un gorro en la cabeza con sus cables, como se muestra en la figura 29, puede dar una idea de la situación real de grabación.

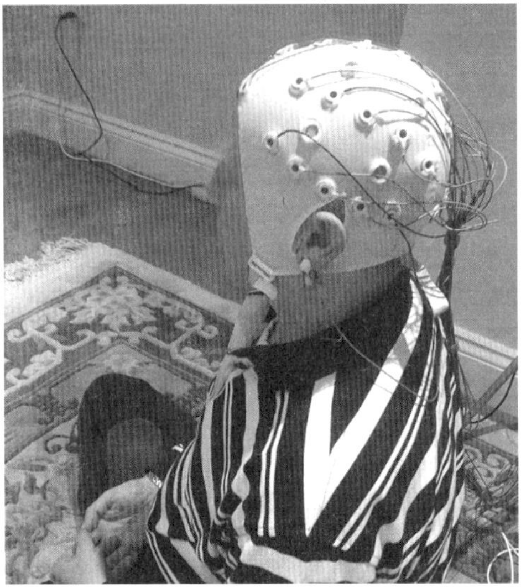

Figura 29. Gorro de 31-electrodos para EEG.

La mayoría de los sujetos registrados manejaron muy bien estos retos, lo que queda atestiguado por los temas consistentes en la actividad EEG, relacionada con las características conocidas de los jhānas que se observaron durante su meditación. Los gorros utilizados en el estudio estaban conectados a amplificadores de calidad médica y a programas informáticos de análisis, bien cableados, como en la figura 29, o en algunos casos utilizando un amplificador inalámbrico. Las posiciones de los electrodos en la cabeza se muestran en la figura 30 y siguen un protocolo acordado internacionalmente para permitir que los experimentos se repitan con coherencia. Para obtener información más detallada sobre el equipo y la metodología, se remite a los lectores al artículo de *Frontiers*.

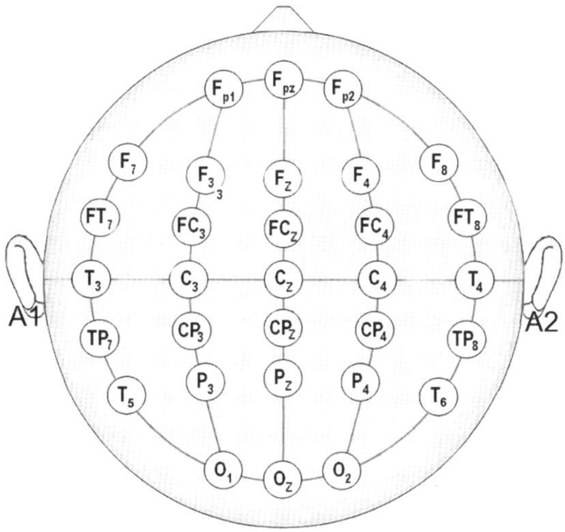

Figura 30. Posiciones de los electrodos. F, frontal; T, temporal; C, central; P, parietal; O, occipital.

En capítulos anteriores, esbocé cómo la característica definitoria del primer rūpa jhāna es el desarrollo de una comprensión profunda de la atención. Este desarrollo marca el comienzo del proceso de desligarse de los hábitos de la consciencia sensorial —en particular, del pensamiento discursivo, de nombrar, de comentar mentalmente, y de me gusta/no me gusta—. En la opinión budista del jhāna esto implica dos aspectos de la atención, descritos por los dos primeros factores del jhāna, vitakka y vicāra —poner la atención en el objeto de meditación y mantener esa atención—. En esta sección examinamos las dos prácticas de meditación Bu Ddho y ānāpānasati como ejemplos de la manera en que la actividad cerebral se ve profundamente alterada cuando se redirige la atención hacia el interior, primero a la respiración y luego al objeto cada vez más basado en la mente, la nimitta, mencionada anteriormente.

Bu Ddho

Este primer ejemplo de la práctica Bu Ddho no se recogió en el estudio revisado por expertos, que se centró por completo en ānāpānasati, la principal modalidad enseñada por el Samatha Trust. Sin embargo, algunos meditadores han explorado el método Bu Ddho, y proporciona una comparación fascinante con el ānāpānasati. La figura 31 muestra un segmento de treinta y cinco segundos de un registro de EEG tras la indicación de comenzar la práctica de Bu Ddho. La columna de la izquierda enumera las etiquetas de los electrodos que corresponden a las posiciones mostradas en la figura 30, con los sitios frontales en la parte superior y los sitios posteriores en la parte inferior.

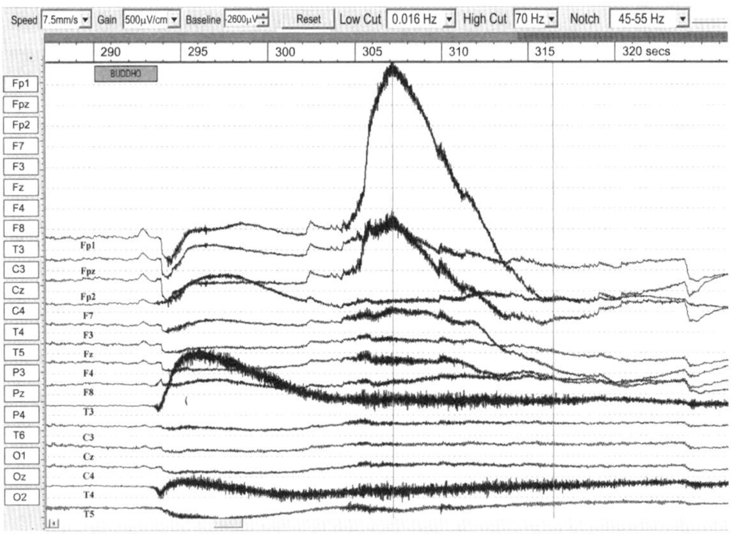

Figura 31. Segmento de EEG durante la práctica Bu Ddho.

La barra horizontal de la parte superior muestra el tiempo en segundos, y para este registro, la escala de intensidad se fijó en 500 microvoltios por centímetro (µV/cm) para mostrar toda la extensión de la intensa actividad que sigue. Para poner esto en perspectiva, la actividad EEG normal en estado de reposo es mucho más débil, normalmente de 20-50 µV pico a pico. El registro completo también se desplaza hacia abajo para mostrar toda la extensión del pico de muy alta intensidad que se desarrolla en el electrodo frontal FP1.

En los dos o tres segundos siguientes a la señal de inicio, la actividad eléctrica frontal se suprime en unos 300-400 µV, mientras que la actividad en los sitios temporales T3 y T4 aumenta fuertemente. En T4, por ejemplo, en unos 1000 µV, una intensidad muy alta para los estándares normales de un EEG. Difícilmente puede ser una coincidencia que esto ocurra en el momento en que el meditador entona en silencio la sílaba BU, y que los sitios del lóbulo temporal T3 y T4 sean precisamente la ubicación de la corteza auditiva del cerebro, lo que demuestra un vínculo directo con esas redes cerebrales que se activan durante la entonación del BU.

Unos diez segundos más tarde, durante los cuales el meditador está ahora haciendo sonar la sílaba DDHO, se desarrolla una excitación masiva en los sitios frontales, alcanzando más de 2000 µV en FP1, de nuevo casi inaudito en la investigación del EEG, y mucho menos como resultado de la intención voluntaria de una persona. En la teoría budista del jhāna, sin embargo, esto encaja bien con el propósito del Bu Ddho de despertar altos niveles de pīti, energización, que luego se tranquiliza, finalmente, en el jhāna.

Todo el procedimiento del Bu Ddho es un buen ejemplo de la relación interactiva entre los tres primeros factores jhāna —vitakka, vicāra y pīti— así como los cinco primeros bojjhaṅgas. BU establece el *mindfulness*, o sati (el primer bojjhaṅga), y vitakka (poner atención, el primer factor jhāna) como un momento en el tiempo. La entonación lenta de DDHO añade vicāra (atención sostenida, el segundo factor jhāna) del mismo modo que se desvanece el eco de la campana, en el símil de la campana. En términos de los bojjhaṅgas, la atención sostenida está relacionada con la saliencia, que requiere un grado del dhamma-vicaya —o investigación—, el segundo bojjhaṅga; y todo el esfuerzo de la práctica del Bu Ddho requiere fuerza de voluntad —o vigor—, el tercer bojjhaṅga. La alta energización pīti (el tercer factor de jhāna y el cuarto bojjhaṅga) se calma durante la fase *ddho* en una quietud y paz cada vez más profundas en la aproximación a la absorción del jhāna, reflejando la actividad del quinto bojjhaṅga, passaddhi, tranquilización.

Del estudio EEG del Ānāpānasati

En el grupo total de veintinueve meditadores, de distintos niveles de experiencia, se identificaron tres temas distintos, a medida que los meditadores desarrollaban el primer jhāna y luego los jhānas superiores. Como ya se ha señalado, el tema más común fue la aparición de husos, un hallazgo sorprendente dada su aparición más habitual en el sueño ligero, la anestesia o las situaciones de atención conflictiva. La frecuencia de su aparición sugería una relación con las primeras etapas del desarrollo del jhāna y la desconexión de la consciencia sensorial.

Los husos son interrupciones del ritmo alfa del cerebro (alrededor de 8-12 Hz), que normalmente es mayoritariamente aleatorio y se localiza cerca de la parte posterior de la cabeza como signo de un estado de reposo relajado, sobre todo cuando los ojos están cerrados. Cuando una persona abre los ojos para volver a comprometerse con el mundo visual, el ritmo alfa se suprime y se desarrollan ritmos más rápidos relacionados con el pensamiento y los procesos cognitivos. Las figuras 32 y 33 muestran dos ejemplos de husos durante la meditación, en los que ambas figuras siguen el mismo formato en cuanto a la posición de los electrodos, y demás, que en la figura 30.

«Husos» puede ser un término poco familiar para muchos lectores, pero son simplemente ráfagas de actividad simétricas, o casi simétricas, muy breves en el EEG. La figura 32 muestra un ejemplo en el que los husos son muy prolíficos, con una amplia distribución por grandes zonas de la cabeza de este sujeto, mientras que la figura 33 muestra cómo se producen principalmente hacia la parte posterior de la cabeza del sujeto. El extracto ampliado de la parte inferior de la figura 33 muestra su característica forma simétrica de «paquete de ondas» cuando están bien desarrollados, en comparación con el ritmo alfa de no-meditación, normalmente más irregular, también mostrado aquí. En todo el grupo de meditadores que mostraron husos, siempre se observó una significativa actividad de husos en cierto grado en la parte posterior de la cabeza.

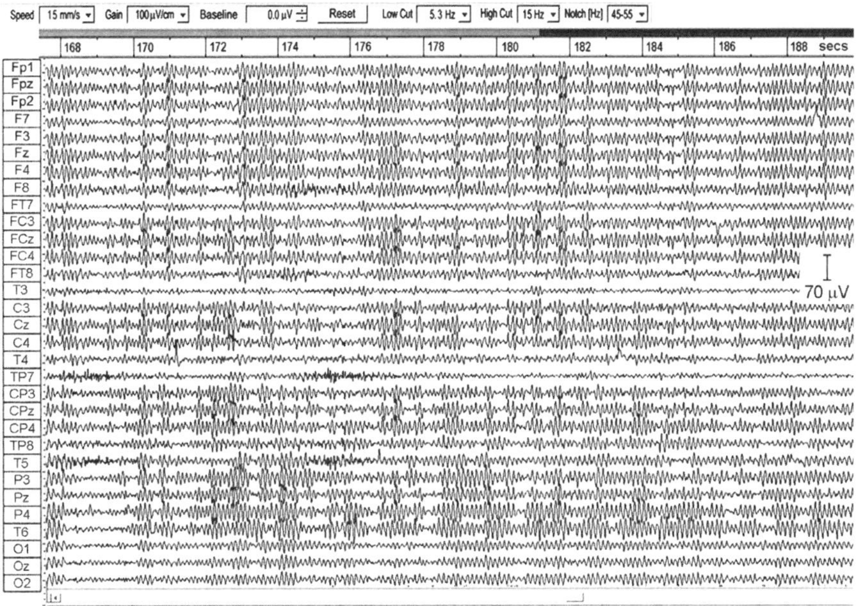

Figura 32. Un ejemplo de husos de meditación que se producen como una amplia distribución a través de la cabeza; sujeto 1, 2015.

Los husos de la meditación difieren significativamente de los del sueño en fase temprana; la forma del paquete de ondas es similar, pero en la meditación son de mayor duración (aproximadamente siete veces más largos) y son mucho más prolíficos (unas diez veces más prolíficos) que los del sueño. También difieren de las ondas que se producen en la fase inicial de la anestesia, que se limitan sobre todo a la parte frontal de la cabeza. Sin embargo, la diferencia más llamativa aparece cuando se examinan las fuentes corticales subyacentes que impulsan la actividad del huso.

Este procedimiento, conocido como análisis Loreta o e-Loreta,[51] se describe con más detalle en el artículo de *Frontiers* y encuentra una intrigante distribución de fuentes subyacentes que caen en regiones de interés (ROI)[52] que se muestran en la tabla 3. Las etiquetas B6, B10, etc. se refieren a las localizaciones convencionales de las áreas de Brodmann de la neurociencia, que son un sistema de categorización y localización para permitir que los hallazgos puedan compararse entre estudios a nivel internacional. Se incluyen aquí simplemente en aras de la exhaustividad por si algún lector desea profundizar en el significado más amplio de estas diferentes regiones.

Por razones que se harán evidentes en un momento, la actividad en la parte más frontal de la cabeza, en la zona de la frente (tabla 3, columna 1, áreas de Brodmann B10, B11 y B47) está separada de la actividad en áreas frontales más altas (columna 2, B6, B4, B3 y B5) hacia la parte superior de la cabeza, mientras que la columna 3 muestra la actividad alrededor o justo posterior a la parte superior de la cabeza (B7, B40 y B19). La columna 4 muestra la actividad en regiones más centrales, límbicas o centrales del cerebro, mientras que la columna 5 abarca las áreas del lóbulo temporal a los lados de la cabeza. En la columna 6 se muestra la actividad en las áreas occipitales de la parte posterior de la cabeza. (Encontrará más detalles en el artículo de *Frontiers*).

51 El análisis Loreta —o su última versión, e-Loreta (Pascual-Marqui, 2002; 2007)— es un algoritmo matemático bastante bonito que traduce la actividad superficial de EEG de *n* electrodos en el mismo número *n* de fuentes corticales subyacentes, en orden decreciente de importancia, las cuales son responsables de la actividad eléctrica superficial del pericráneo. Según el análisis de los husos u ondas infralentas descrito en el artículo publicado (Dennison, 2019), esto equivale a treinta y una posibles fuentes corticales, de importancia variable.

52 Siglas en inglés de *Region of Interest*. *[N. del T.]*

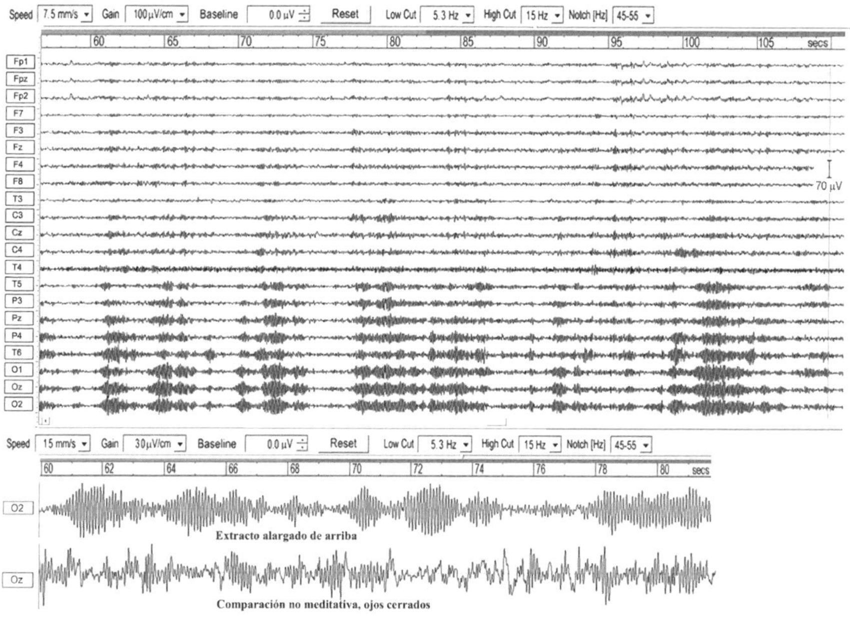

Figura 33. *Arriba*: husos localizados en la parte posterior de la cabeza durante meditación; sujeto 13, 2016. *Abajo*: sección ampliada en comparación con el estado de no meditación.

Dado que los husos aparecieron en cierta medida en las zonas posteriores (occipitales) de todos los sujetos, no es sorprendente que la tabla 3 muestre una actividad occipital que asciende al 23,2 % de la actividad total en comparación con solo el 8,8 % en el lado opuesto de la cabeza en las áreas más frontales. La actividad restante, sin embargo, se divide en dos muy interesantes ROI conocidos en neurociencia como las corrientes dorsal y ventral de atención/percepción,[53] en este caso cada una de ellas portadora de más del 30 % de la actividad eléctrica cerebral total. En conjunto,

53 Las corrientes de atención/percepción de la neurociencia han sido muy investigadas en este campo, originalmente para comprender las vías de procesamiento visual, pero en los últimos años para entender los procesos de atención y percepción de forma más general. Véanse, por ejemplo, Petersen y Posner (2012) y Milner (2017).

estas redes suman el 68 % de la actividad cerebral localizada en áreas bien conocidas por su alta implicación en la atención.

Tabla 3. Husos de Meditación, Fuentes Corticales

Análisis de Fuentes Corticales para Husos de Meditación Regiones de Interés (ROI) Normalizadas al 100 % de la Actividad Cortical Total					
Fronto-frontal 8.8 %	Frontal superior 8.3 %	Parietal 23.5 %	Límbico 10.6 %	Temporal 25.6 %	Occipital 23.2 %
(inc. B10/ B11/ B47)	(inc. B6/B4/B3/B5)	(inc. B7/B40/B19)	(inc. B30/ B31 y áreas límbicas)	(inc. B20/ B21/ B22/B37/B40/ B42)	(inc. B17/ B18/ B19)
	VÍA DORSAL 31.8 %		VÍA VENTRAL 36.2 %		

Esto demuestra que a medida que la atención en la meditación se aleja del compromiso con el mundo sensorial exterior, estas dos redes atencionales de la neurociencia se interrumpen, lo que se indica por la aparición de husos. Además, dado que estas dos redes de atención son la columna vertebral de la consciencia sensorial cotidiana, existe una interesante correspondencia con las teorías budistas del jhāna como requerimiento de la desvinculación de la consciencia sensorial. Aún más intrigante es encontrar correspondencias entre las dos corrientes atencionales de la neurociencia moderna y los dos aspectos de la atención —vitakka y vicāra— que se conocen en las prácticas meditativas budistas desde hace más de 2500 años. Esto queda más claro al consultar la figura 34, que muestra las dos corrientes atencionales de la neurociencia y sus características principales.

La corriente dorsal enlaza las áreas occipitales posteriores con las frontales a través de las regiones parietales superiores (dorsales, como la aleta de un tiburón) del cerebro, y se sabe que es rápida y a corto plazo, más bien como la memoria RAM de un ordenador. Esta corriente representa la atención básica momento a momento, que se corresponde bien con la función del factor jhāna vitakka, situando la atención y estableciendo tanto un momento de *mindfulness* (sati, el primer bojjhaṅga) como una posición en la secuencia temporal de los procesos de atención cortical.

La corriente ventral también vincula las áreas occipitales con las frontales, pero a través de áreas centrales (límbicas) y laterales (temporales) del cerebro relacionadas con la memoria a largo plazo, los sentimientos y las emociones, que añaden significado y prominencia a la atención, vinculando la información tanto en el tiempo como en el espacio. La escala temporal es más larga que para la corriente dorsal y se corresponde bien con las funciones del segundo factor jhāna, vicāra —atención sostenida—, así como con el segundo bojjhaṅga, dhamma-vicaya —investigación—.

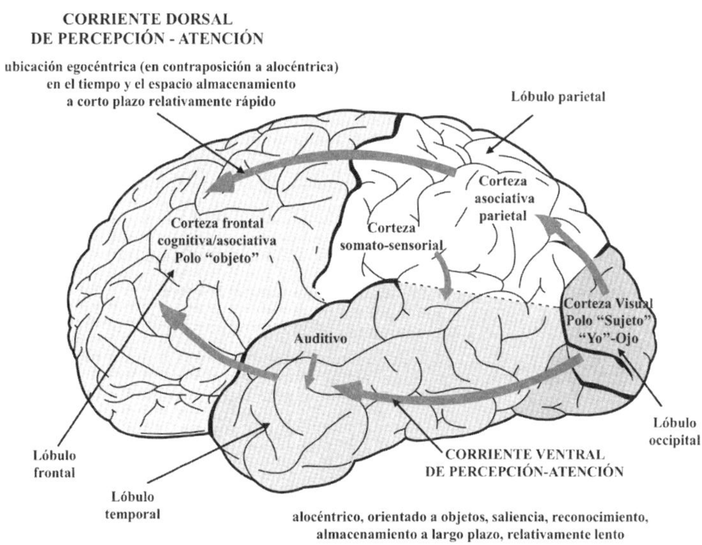

Figura 34. Las corrientes dorsal y ventral de atención-percepción de la neurociencia.

En ambos casos la información fluye entre la parte posterior y anterior de la cabeza, ya sea a través de áreas parietales superiores para la corriente dorsal o a través de áreas centrales (límbicos) y laterales (temporales) para la corriente ventral. Esta es la razón por la que las áreas frontales se separaron a la manera de la tabla 3.

La prevalencia de la actividad fusiforme sugiere que la alteración de las redes de atención del cerebro es el principal efecto durante las primeras etapas de la desconexión de la consciencia sensorial. Esto, a su vez, sugiere que la atención constituye probablemente una etapa temprana, y posiblemente la característica subyacente más básica, en el desarrollo de la consciencia, que se considerará en mayor profundidad en el capítulo 13.

Volviendo a las figuras 32 y 33, también resulta intrigante preguntarse por qué para algunos meditadores una distribución muy amplia de los husos sugiere la interrupción de áreas muy extensas de actividad cerebral, mientras que otros muestran husos predominantemente en la parte posterior de la cabeza, que, como veremos más adelante, es probable que sea el locus del sujeto «yo/ojo», del sujeto de los procesos sujeto-objeto de la consciencia sensorial. Una posible explicación podría ser que algunos meditadores se sientan inconscientemente atraídos a centrar su desconexión de la consciencia sensorial en las redes del sujeto «yo/ojo» del córtex visual occipital, mientras que otros podrían intentar instintivamente suprimir toda la actividad de la consciencia sensorial a través de redes ampliamente distribuidas. Esto podría corresponder a la sensación que tuve al dirigir este estudio de que los individuos utilizan sus cerebros de formas sutilmente diferentes para apuntar hacia el mismo resultado.

El Segundo Rūpa Jhāna

A medida que un meditador se vuelve más hábil en el primer rūpa jhāna, la atención se estabiliza lo suficiente en el objeto de meditación como para que el vitakka y el vicāra funcionen efectivamente de forma automática, o pasen a formar parte de los fundamentos para abrir el camino hacia el segundo rūpa jhāna. En esta etapa, los sentimientos y el afecto cobran protagonismo a medida que el meditador sigue prestando atención a la respiración y a la nimitta, al igual que a los factores del tercer y cuarto jhāna, el pīti y el sukha. Este es particularmente el caso del pīti, que se convierte en el factor jhāna primario para el segundo rūpa jhāna.

En capítulos anteriores, se consideraba que el pīti estaba estrechamente relacionado con la energización en el cuerpo y el segundo tema más prevalente en los EEG de los meditadores, a saber, la actividad rítmica fuerte y muy lenta, que se interpretaba como una prueba probable de dicha energización.

Las figuras 35 y 36 muestran dos ejemplos de estas ondas lentas, que a primera vista tienen una similitud superficial con las ondas lentas en las fases profundas del sueño, la anestesia o el coma. Sin embargo, las ondas lentas en la meditación eran mucho más lentas, por lo que se denominan ondas infralentas (*InfraSlow Waves*, ISW), además de alcanzar en algunos casos altos niveles de intensidad sin precedentes en la investigación neurocientífica existente. Estas dos características también son muy diferentes de la actividad EEG mucho más benigna que suele observarse en los numerosos estudios publicados sobre otras formas de meditación, a menudo poco diferentes de la actividad cotidiana de la consciencia sensorial, aparte de un nivel moderadamente aumentado de actividad alfa como signo de una relajación más profunda.

El registro de la figura 35 muestra intensas ISW en las áreas frontal, occipital y centro-temporal, con una alternancia rítmica constante entre la excitación y la inhibición, de forma que se conserva la energía global. La escala de intensidad de la figura 35 es de 300 µV/cm, y puede verse que las ISW alcanzan niveles de intensidad de alrededor de 1000 µV p-p (pico a pico) en ocasiones. La figura 36 es otro ejemplo de ISW muy intensas, pero también ilustra cómo, para algunos meditadores, el inicio de las ISW puede ser bastante rápido tras la indicación, y luego la intención, de desarrollar los jhānas (en este caso, desarrollar el segundo rūpa jhāna y superiores). Aproximadamente a los treinta y cinco segundos tras la indicación de comenzar, se desarrolla una inhibición masiva de la actividad alrededor de las zonas centrales, que se ilustra en el mapa de intensidad insertado en la parte superior izquierda, que muestra un anillo de supresión alrededor de las zonas centrales en el punto cuarenta y dos (esto puede verse más claramente en los gráficos de color en el artículo de *Frontiers* y también en www.shambhala.com/jhana-eeg). La secuencia de ISW que sigue, como veremos, alcanza en ocasiones intensidades notables que superan los 2000 μV p-p.[54]

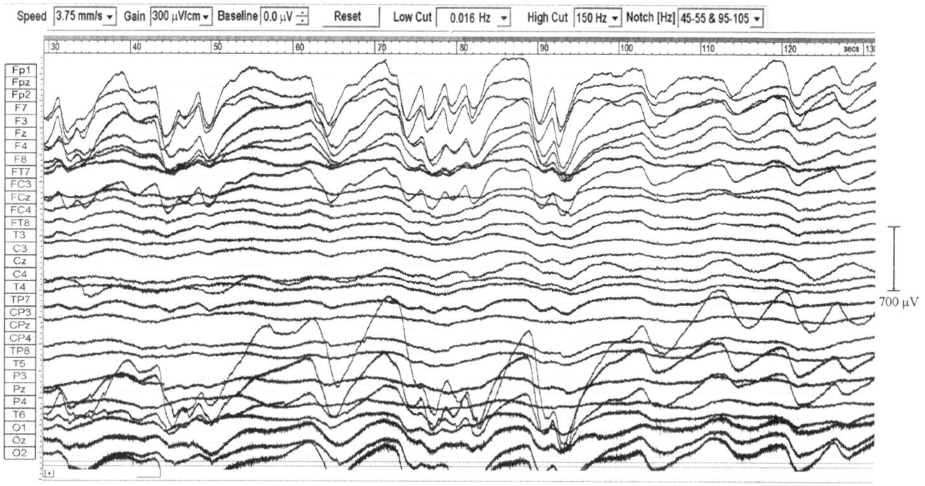

Figura 35. Un ejemplo de ondas infralentas durante la meditación; sujeto 5, 2014.

54 Tales intensidades no tienen precedentes en los estudios de neurociencia y de EEG, hasta el punto de que un informe preliminar sobre este estudio en 2017 fue rechazado de plano por una conocida revista académica cuyos revisores no daban crédito a estos niveles de intensidad. Es mérito del grupo de revistas *Frontiers* que sus revisores más experimentados avalaran el trabajo mucho más largo de 2019 tras una cuidadosa revisión por pares del análisis detallado.

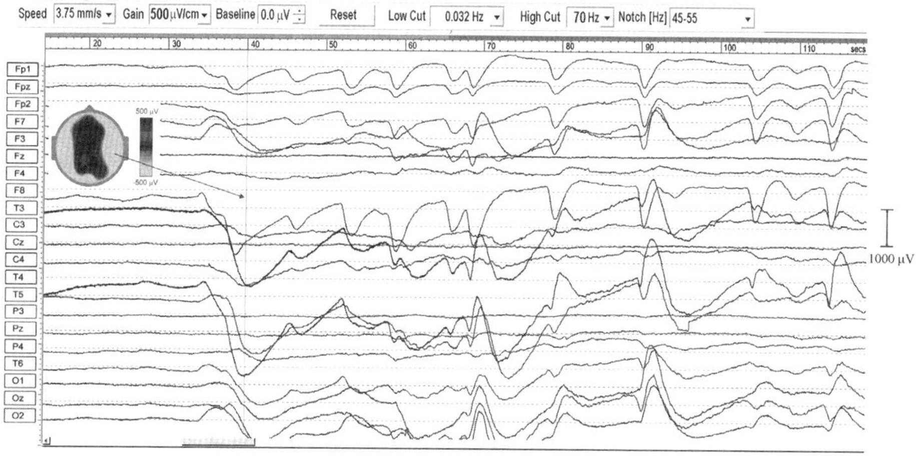

Figura 36. Un ejemplo de aparición rápida de ondas infralentas durante la meditación; sujeto 17, 2016.

En general, destacan tres características de estos y otros ejemplos:

- En primer lugar, las ISW muestran patrones lentos y alternantes de fuerte inhibición y supresión de grandes áreas del córtex, donde la actividad más rápida, más típica de la consciencia sensorial, se suprime o, en efecto, desaparece.
- En segundo lugar, en los sujetos más experimentados en esta modalidad, se desarrolla un punto caliente localizado de excitación eléctrica cerca del vértice. Esta mayor energización cerca de la coronilla es un tema que se desarrolla para los meditadores experimentados que trabajan para desarrollar el segundo rūpa jhāna y superiores, y se convertirá en un tema importante en la descripción de los jhānas superiores.
- En tercer lugar, la figura 36 es un ejemplo de respuesta notable de la actividad cerebral a un meditador que centra su atención en la nimitta, similar a la respuesta igualmente rápida que se observa en la meditación Bu Ddho cuando un meditador centra su atención en entonar la sílaba BU. El aumento de la capacidad de respuesta es una observación intrigante para un número significativo de meditadores, y puede reflejar la descripción que se hace en los textos antiguos sobre los jhānas

> de que desarrollan no solo la estabilidad y la calma profunda, sino también la capacidad de trabajo y la maleabilidad de la mente —lo que, según estos resultados, se extiende también al cerebro—.

Como en el caso de los husos, el análisis se centró entonces en examinar las regiones corticales subyacentes responsables de estas ondas infralentas, y la figura 37 muestra los resultados de un análisis e-Loreta de siete grabaciones independientes que suman más de 2500 segundos de datos y muestran las ondas infralentas más fuertes y más claramente definidas. Las regiones de interés (ROI) se muestran como gráficos promedios en 3D, y las etiquetas de los sitios de Brodmann se incluyen a modo de referencia, como en la anterior tabla 3.

Los resultados de este subgrupo de meditadores experimentados muestran tres regiones de interés (ROI). Los gráficos de la izquierda muestran una actividad frontal que se extiende hacia arriba, hacia el vértice, y que representa el 24.1 % de la actividad cerebral total. Las tres parcelas centrales muestran una fuerte intensidad alrededor del vértice, o coronilla de la cabeza, una zona que incluye la división fronto-parietal y que, en conjunto, contribuye en un 44.4 % a la actividad total. La tercera ROI de la derecha muestra una actividad temporal y occipital que asciende al 11.7 % y al 19.8 %, respectivamente.

La actividad alrededor del vértice/coronilla de la cabeza para este subgrupo de meditadores experimentados representa casi la mitad de la actividad EEG total en el cerebro. En el artículo de *Frontiers*, esta intensidad focalizada cerca del vértice se interpretó como un eje vertical en desarrollo de la consciencia jhāna, que comienza con el segundo rūpa jhāna y llega a dominar la actividad cerebral global en los jhānas superiores, excluyendo las redes anteriores de consciencia sensorial. Investigaremos esto más a fondo en las dos secciones siguientes que tratan de los jhānas superiores.

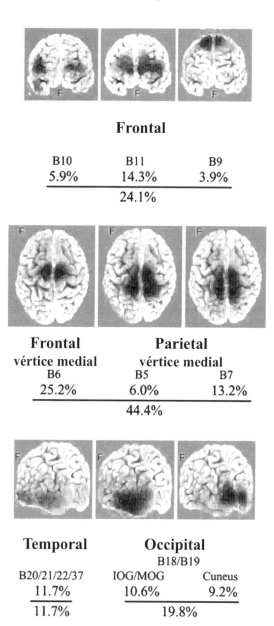

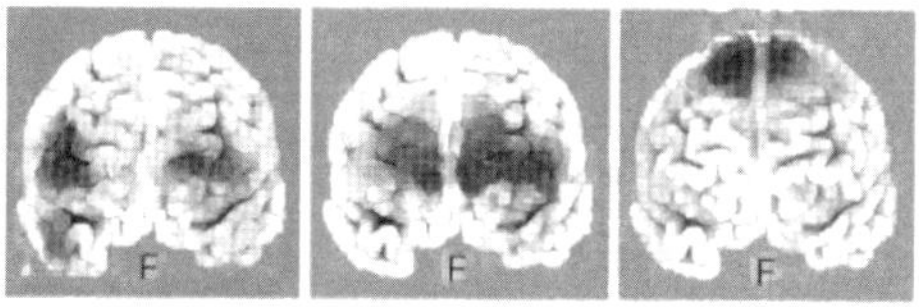

Frontal

B10	B11	B9
5.9%	14.3%	3.9%
	24.1%	

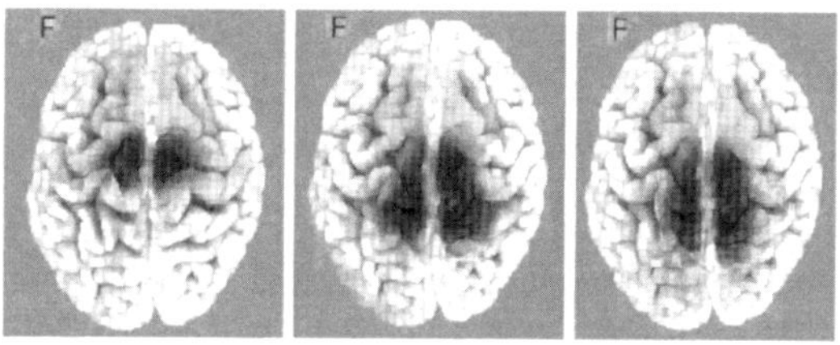

Frontal **vértice medial** — **Parietal** **vértice medial**

B6	B5	B7
25.2%	6.0%	13.2%
	44.4%	

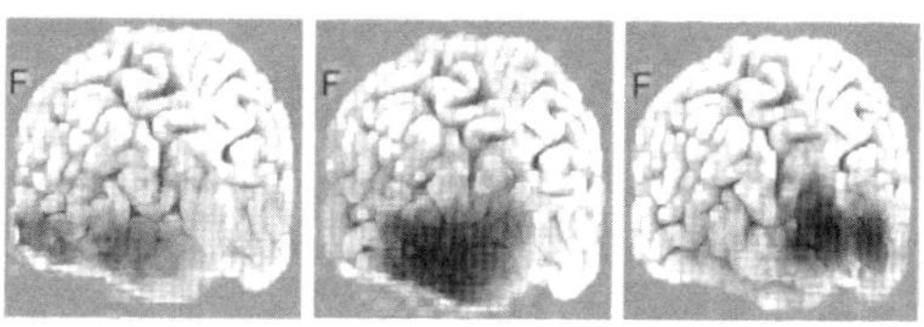

Temporal — **Occipital**

B18/B19

B20/21/22/37	IOG/MOG	Cuneus
11.7%	10.6%	9.2%
11.7%	19.8%	

Figura 37. Fuentes corticales responsables de los ISW. Gráficos promedio 3D de siete grabaciones independientes (>2500 segs. de datos).

En el artículo de *Frontiers*, se planteó la hipótesis de que las regiones de interés posterior y frontal de la figura 37 representaban respectivamente los polos sujeto y objeto de la consciencia sensorial normal: el córtex visual posterior funciona como la posición del sujeto «yo/ojo», mientras que el córtex frontal especializado en funciones ejecutivas/cognitivas representa la posición del objeto.[55]

La Agitación Intencional del Pīti y su Tranquilización, Passaddhi

Aunque el pīti fuerte se desarrolla de forma bastante natural para algunos practicantes, a algunos meditadores les resulta útil explorar esta área de energización de forma más activa, y las tradiciones orales Yogāvacara enseñan métodos para hacerlo. Como ya se ha señalado, la técnica del Bu Ddho es eficaz para suscitar una energía fuerte, y puede practicarse sin utilizar las sílabas si se realiza con la intención de suscitar y «recoger» energía durante las sucesivas inspiraciones para fortalecer e iluminar la nimitta. Las versiones más enfocadas concentran la energía en la zona del estómago/diafragma antes de conducirla hacia arriba, hacia la coronilla. Dado que se trata de prácticas fuertemente físicas y basadas en el cuerpo, la orientación de un maestro es esencial para evitar malentendidos, y las demostraciones en un contexto de grupo pueden ser útiles para aliviar cualquier ansiedad inicial.

A continuación exploramos los registros EEG de meditadores que practican estas técnicas especializadas de energización. La figura 38 es un ejemplo temprano, realizado como parte de

55 No es casualidad que en la conciencia sensorial cotidiana sea el córtex visual el que desempeñe quizá la mayor parte del papel de la posición del sujeto, en comparación con los otros modos sensoriales, ya sea viendo y controlando realmente «el mundo» o visualizando posibilidades o ideas.

un estudio piloto en 2010-2011. El equipo de entonces era propenso a artefactos de movimiento, lo que dificultaba separar la actividad cortical de los efectos del movimiento de los cables de los electrodos durante los pīti fuertes, pero el registro fue, sin embargo, tan intrigante e inesperado que me llevó a desarrollar el estudio durante los años siguientes con equipos más sofisticados. Incluso en aquella época, y dadas las limitaciones del equipo, las fuertes ráfagas de energización que se muestran en la figura 38 recordaban a los ataques de epilepsia, a pesar de que los meditadores que realizaban esta práctica estaban serenos y plenamente conscientes.

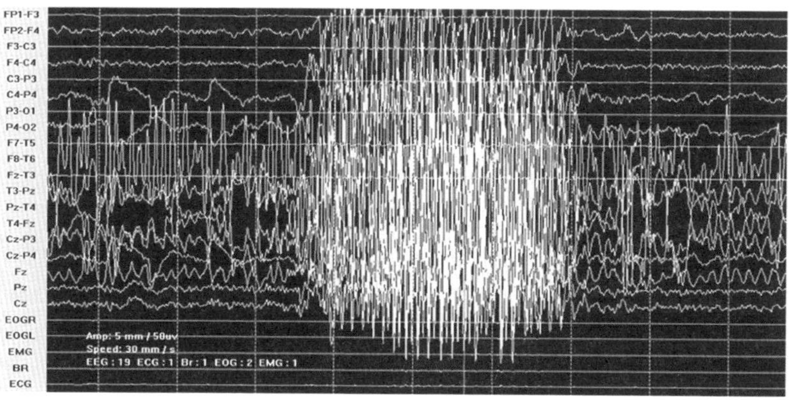

Figura 38. Actividad EEG durante la agitación intencional del pīti fuerte. 19 electrodos, 2010, 0,5-30 Hz.

La figura 39 es un ejemplo más reciente en el que se utilizan gorros y amplificadores de registro de calidad médica altamente estables, equipos mucho menos propensos a mostrar artefactos de movimiento. El sujeto de este ejemplo tiene experiencia en la práctica y fue capaz de equilibrar la intensidad de tal forma que los efectos corticales en el cerebro pueden discernirse fácilmente sin confusiones indebidas con los artefactos de movimiento. Estrictamente hablando, la descripción que sigue está fuera del cometido principal de este libro que explora los jhānas, pero por otro lado, prácticas como estas tienen una larga historia en las tradiciones esotéricas, incluido el Yogāvacara, como medios para dominar el pīti y desarrollar los jhānas superiores. Tales prácticas, tal como se describen aquí, ilustran el poder latente bastante notable que puede liberar, mediante actos de voluntad, alguien hábil en la meditación jhāna.

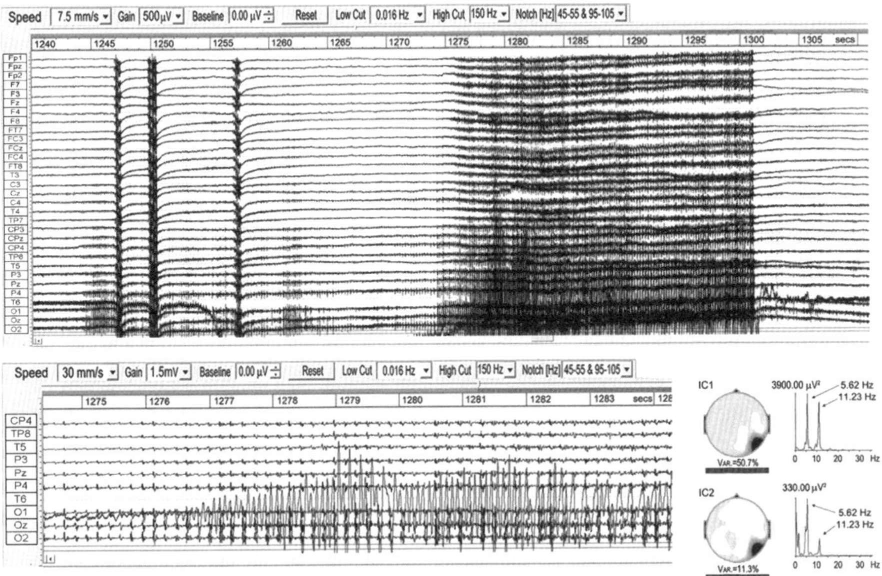

Figura 39. Un ejemplo de actividad epileptiforme durante el pīti; sujeto 15, 2018. El episodio principal de ~25 segundos se produce a partir de los segundos 1275-1300; *debajo*, la actividad occipital ampliada, con gráficos de las principales fuentes corticales subyacentes.

En este ejemplo, el primer signo de energización creciente es el desarrollo de ondas-pico occipitales,[56] abajo a la izquierda, como signo inicial de inestabilidad, seguido inmediatamente por un estallido ictal global de aproximadamente medio segundo. *Ictal*

56 Las ondas-pico son bien conocidas en los estudios sobre epilepsia, pero las que se producen en la meditación son significativamente diferentes, como se describe en el estudio publicado (Dennison, 2019). Véase también la discusión posterior en el capítulo 13 «Consciencia».

es un término utilizado en la investigación de la epilepsia para denotar una breve ráfaga de actividad EEG asociada a un movimiento físico, como una sacudida o un espasmo. Las ráfagas ictales suelen preceder a la crisis clónica principal de sacudidas o espasmos mayoritariamente inconscientes.

El estallido ictal inicial de la figura 39 va seguido de otro estallido tres segundos después, de otro alrededor de siete segundos después y, por último, del cuerpo principal de lo que se asemeja a una convulsión epileptiforme quince segundos después.

El término «epileptiforme» es una elección deliberada para dejar claro que ejemplos como este no son ejemplos de ataques epilépticos desencadenados por la meditación; hay algunas características como las ondas-pico, que también se observan en la epilepsia. Sin embargo, en ejemplos como este, durante la meditación el sujeto está sereno, plenamente consciente y sin experimentar ningún malestar. Alguien experimentado en la técnica es capaz de desarrollar el estado a voluntad y salir sin ninguna molestia.

Durante la fase principal en este ejemplo, el meditador muestra sacudidas clónicas leves o vibración corporal, principalmente a lo largo de un eje corporal vertical (en lugar de lado a lado). Si intencionalmente se buscan desarrollar más, pueden llevar al cuerpo a dar saltos (normalmente solamente una pequeña distancia) desde una posición con las piernas cruzadas, similar a las descripciones de poderosos pīti en algunos textos de Yogāvacara. La sección ampliada en la parte inferior de la figura 39 muestra ondas-pico occipitales en los sitios posteriores de más atrás, O1, O2 y Oz, aparentemente sincronizadas con un ritmo casi sinusoidal en el sitio temporal derecho T6. Este último ritmo alcanza niveles de intensidad extremadamente altos, cercanos a los 3000 µV, pico a pico. Los gráficos de la cabeza y los espectros de frecuencia de la derecha se calcularon para los dos componentes independientes más fuertes de un análisis de fuente e-Loreta para el evento principal que duró 1275-1300 segundos y muestran que la fuente subyacente se localiza en la circunvolución temporal media, área de Brodmann B37. Las ondas-pico tienen una frecuencia de 5,62 Hz, y la actividad del lóbulo temporal, más rítmica y casi sinusoidal, tiene una frecuencia en el armónico, 11,23 Hz.

Registros como este se exploraron para comprender mejor los mecanismos de la agitación de altos niveles de energización —pīti en la terminología budista jhāna—, pero este ejemplo en particular y la intrigante actividad armónica del lóbulo temporal tienen una clara relevancia para los estudios sobre la epilepsia, dentro de la cual el lóbulo temporal es a menudo el lugar de la inestabilidad epiléptica. Sin embargo, insisto en que no se trata de un ejemplo de convulsión, propiamente dicha, desencadenada por la meditación, sino el hecho de que dicha actividad pueda despertarse deliberadamente mediante actos de voluntad, y luego calmarse de nuevo hasta la tranquilidad a voluntad; lo que plantea la interesante cuestión de si se puede aprender algo de tales prácticas que pueda beneficiar a los enfermos de epilepsia.

La explicación más probable de esta capacidad desarrollada para despertar y manejar el pīti de este modo podría residir en el desarrollo y control altamente precisos de la atención en las primeras etapas del desarrollo del jhāna, así como en las características centrales de la meditación samatha en general: la calma, la paz y la capacidad de mantener una posición de equilibrio y ecuanimidad, finalmente upekkhā.

También podría decirse que el dominio de los procesos pīti es paralelo a las etapas de dominio jhāna descritas en capítulos anteriores. La primera etapa para el pīti sería el dominio de su excitación, luego el manejo de su duración, seguido de la capacidad de tranquilizar la energía y volver al funcionamiento normal sin problemas ni secuelas. Gradualmente, la naturaleza del pīti se vuelve clara, y en lugar de cualquier falso orgullo por ser capaz de despertar un pīti fuerte a voluntad, los meditadores se dan cuenta de que la habilidad mucho más valiosa es manejar los sutiles procesos de su tranquilización —passaddhi— hacia un samādhi mente-cuerpo (o cerebro-cuerpo) más profundo.

El Tercer Rūpa Jhāna

La evidencia de los EEG para el tercer y cuarto jhānas muestra una considerable semejanza, reflejando, posiblemente, la manera en que ambos se describen en los Suttas. Esto es, incluyendo la cualidad de estar «completamente consciente» o «completamente lúcido», con la única diferencia en el rol del sukha —dicha— y upekkhā —ecuanimidad—. Sin embargo, con respecto a las pruebas de los EEG, puede haber una distinción en la intensidad y la escala temporal de la actividad de ondas muy lentas, descrita en esta sección y en la siguiente. Los ejemplos de las figuras 40 y 41 proceden de un meditador registrado en 2016 y vuelto a registrar en 2017 tras un intervalo de un año para ilustrar cómo se desarrollan el segundo jhāna y superiores, a medida que los sujetos adquieren más experiencia. El segmento de 2016 (fig. 40) muestra fuertes ondas infralentas (ISW), principalmente, en los sitios occipitales. Los mapas del recuadro central muestran las distribuciones de intensidad a través de la cabeza para la única ISW grande en el extremo derecho, resaltada en gris en la barra de tiempo superior a los 212-216 segundos.

Los mapas del recuadro muestran también un anillo de inhibición-excitación de ISW que rodea las zonas centrales. La elevada intensidad de alrededor de 500 µV, pico a pico, y la lentísima ritmicidad de este anillo —alrededor de diez segundos— eclipsan por completo cualquier ritmo más rápido restante del procesamiento sensorial cotidiano normal. También pueden observarse breves periodos de aumento de actividad gamma de alta frecuencia (por ejemplo, a los 206-212 segundos), así como ráfagas de ondas-pico que duran de dos a seis segundos en los sitios occipitales posteriores. Esta actividad gamma tan rápida no se comprende bien en neurociencia, pero algunos han sugerido que representa procesos inconscientes de alto orden que podrían tener un sutil papel sincronizador en todo el cerebro. Las ondas-pico se han mencionado en otros lugares, y lo más probable es que representen breves periodos momentáneos de inestabilidad del pīti no tranquilizado.

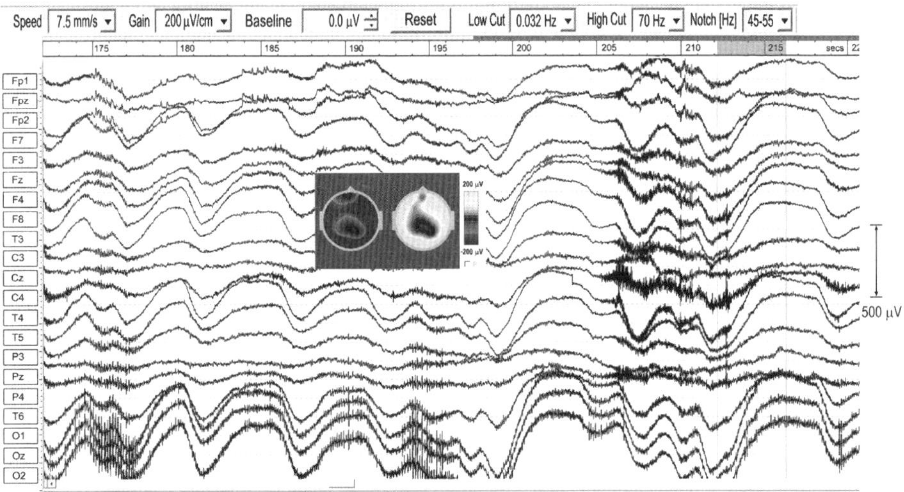

Figura 40. Registro EEG del sujeto 24, 2016.

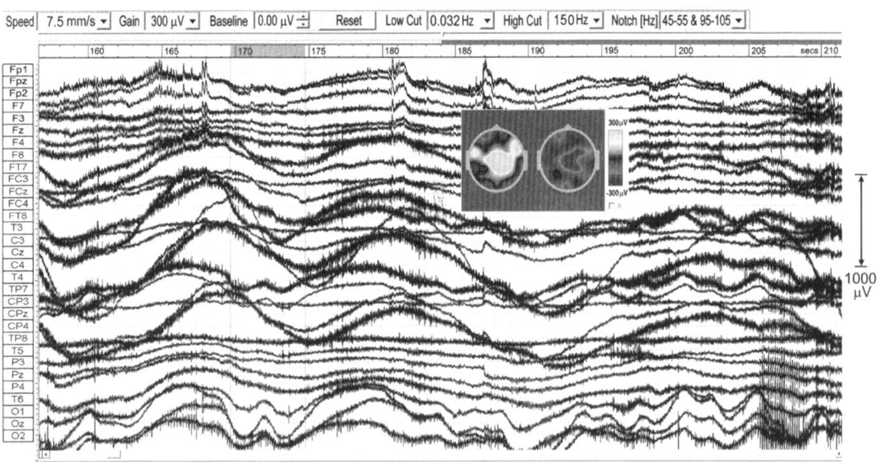

Figura 41. Registro EEG del sujeto 24, 2017.

La figura 41 muestra un extracto de 55 segundos, para el mismo sujeto registrado un año después, en 2017. En este, los mapas del pericráneo en el recuadro muestran ahora una actividad de ISW mucho más fuerte y altamente focalizada en los sitios alrededor del vértice en comparación con la de 2016. La actividad en el resto de la cabeza se reduce mucho en comparación con la de la coronilla. Las ISW occipitales siguen presentes, así como una actividad gamma rápida significativa, y ráfagas de ondas-pico en áreas occipitales como en la de 2016.

Este sujeto formaba parte del grupo de meditadores que mostraban fuertes y rítmicas ISW, cuyos EEG formaron los datos colectivos para los gráficos de intensidad 3D mostrados en la figura 37. La media del grupo mostraba un 44.4 % de dominancia de ISW alrededor del vértice, con la actividad restante compuesta por un 24.1 % en sitios frontales y un 31.5 % en sitios occipitales y del lóbulo temporal. En el artículo de *Frontiers*, esto se interpretó como un eje vertical en desarrollo de la consciencia jhāna, con la actividad frontal y occipital relacionada con la de la consciencia sensorial residual. Como grupo, estos sujetos se encontraban en varias etapas en el desarrollo del segundo rūpa jhāna caracterizado por una actividad ISW de alta intensidad (pīti), con momentos que rozaban los jhānas superiores.

Si asumimos que el dominio completo del vértice podría corresponder a la descripción del tercer rūpa jhāna como «completamente consciente», entonces el registro del sujeto 24 en 2017 (figura 41) sugeriría que este meditador está en el umbral del tercer rūpa jhāna, o tocándolo por momentos. Esto, en línea con la discusión sobre la inestabilidad en el capítulo anterior, la actividad esporádica de ondas-pico en la parte inferior derecha, probablemente, refleja las últimas etapas antes de que el pīti se tranquilice en una absorción profunda consistente.

Por otra parte, las figuras 42 y 43 proceden de registros del sujeto 5 en 2014 y, tres años después, en 2017. La figura 42 se mostró anteriormente como figura 35, pero se reproduce aquí con algunos añadidos para compararla con el registro de tres años más tarde en 2017. En esta versión, los mapas pericraneales del recuadro de la figura 42 corresponden a la ISW a los 65-72 segundos y muestran que la región de interés del vértice ya es evidente en 2014, con signos de un anillo incompleto a su alrededor, pero el foco no es tan dominante en comparación con el del sujeto 24 en 2017 (figura 41).

Sin embargo, tres años más tarde (figura 43) y con mayor experiencia en el desarrollo de los jhānas, la fuente del vértice del sujeto 5 es ahora casi completamente dominante. La figura 43 también muestra el ritmo respiratorio muy regular de este meditador durante la meditación, y en el artículo publicado se comentaba que existe una correlación significativa entre los ritmos de la respiración y las ISW, a diferencia de las ondas lentas en el sueño profundo, que están más relacionadas con el ritmo cardiaco.

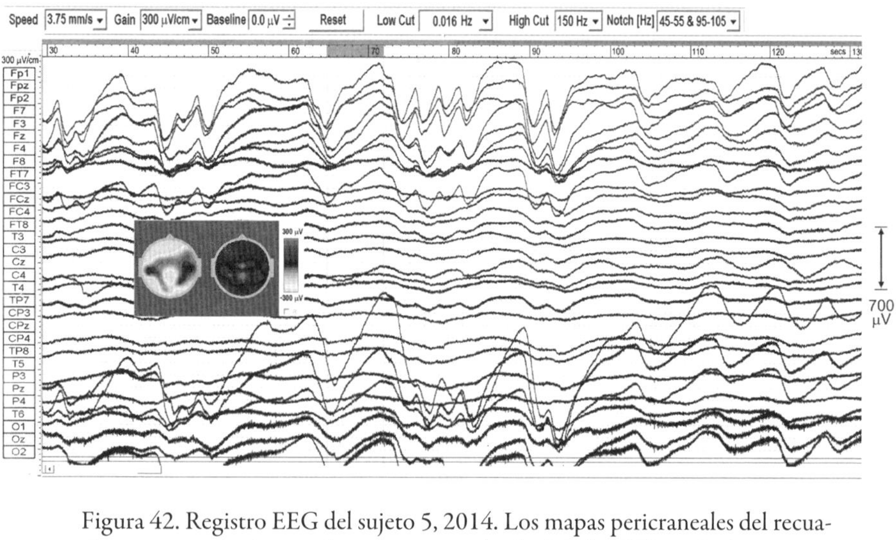

Figura 42. Registro EEG del sujeto 5, 2014. Los mapas pericraneales del recuadro se corresponden con los puntos inicial y final de la ISW, resaltada en gris a los 65-72 segs.

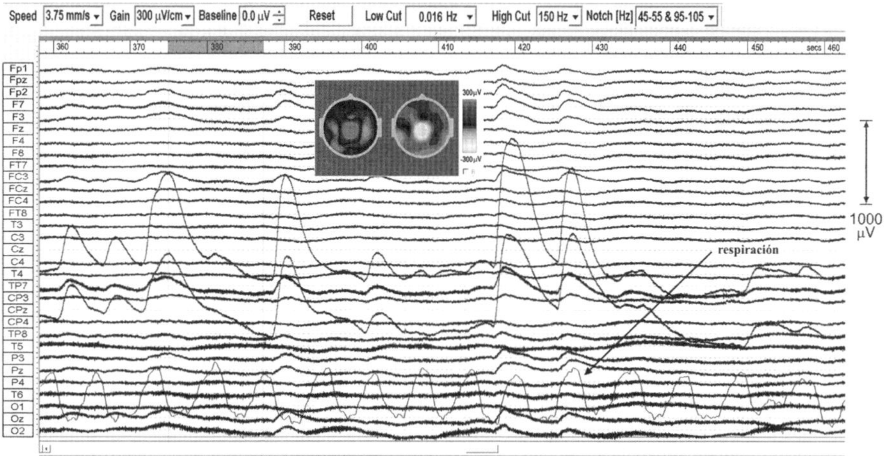

Figura 43. Registro EEG del sujeto 5, 2017.

Ahora, de nuevo utilizando un análisis e-Loreta, también se investigó la actividad cortical subyacente que impulsa el foco del vértice de las ISW, como se muestra en los gráficos 3D de la corteza, en la figura 44. La actividad más distribuida típica de la consciencia sensorial cotidiana parece haber desaparecido en estos gráficos, que representan la primera evidencia visual publicada de los correlatos neurales de un eje vertical de la consciencia jhāna.

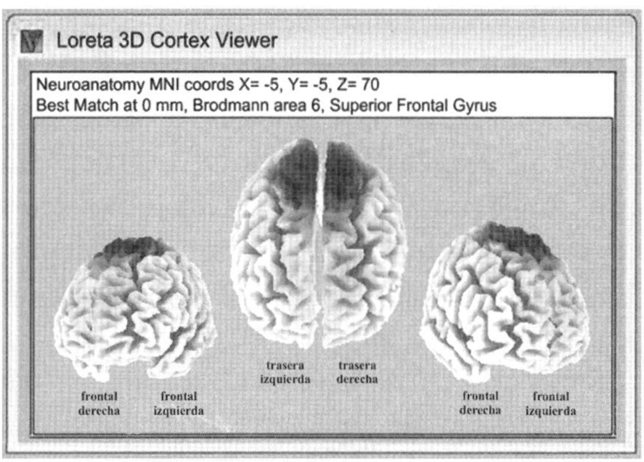

Figura 44. Gráficos 3D de la corteza del vértice ROI, sujeto 5, 2017 (muestra de 600 segs.; 0.016-0.150 Hz).

Para observar más de cerca hasta qué punto se ha convertido en dominante la zona de la coronilla en este ejemplo, se amplió el análisis e-Loreta para los registros de 2014 y 2017 del sujeto 5, con el fin de identificar todas las posibles fuentes corticales subyacentes, desde la más fuerte a la más débil. Este análisis se llevó a cabo en todo el ancho de banda de frecuencias 0.016-0.150 Hz para no excluir nada de la actividad cerebral total, lo que dio como resultado el resumen que se muestra en la tabla 4. Las abreviaturas SFG, MFG, IFG, PCL, PCG, Cun y MOG corresponden a los giros frontales superior, medial e inferior; el lóbulo paracentral y el giro postcentral; y el *cuneus* y circunvolución occipital media del cerebro, respectivamente. Los detalles individuales de estas localizaciones no tienen por qué preocuparnos aquí; lo significativo es el patrón general. La media de esta actividad total corresponde a los porcentajes mostrados en la tabla 4 para las regiones frontal, occipital/posterior y cercana al vértice del cerebro.

Las cifras de la tabla 4 muestran que la dominancia del vértice en el «espacio-fuente» (a diferencia del EEG superficial del pericráneo, conocido como «espacio electrodo») es aún más fuerte de lo que sugeriría la actividad superficial por sí sola. Ya muy dominante en 2014, cuando representaba el 92.8 % de la actividad total, este porcentaje había aumentado hasta un extraordinario 99.7 % en 2017, quedando solamente contribuciones muy débiles del 0.2 % y el 0.1 % en las áreas frontal y occipital, respectivamente.

Además, como se señaló en el capítulo 4, se descubrió que la estructura de frecuencias de la fuente del vértice estaba compuesta en su inmensa mayoría por actividad muy lenta (ISW), con algunas evidencias no solo de un ritmo muy lento, con una periodicidad media de unos ocho segundos, sino de un componente aún más lento con un ritmo de unos veinte a cincuenta segundos, que es extremadamente lento según los estándares de la neurociencia, además de observarse muy raramente. En todo el grupo de meditadores, estos dos ritmos corresponden a una gama de frecuencias de 0,02-0,13 Hz. Estos ritmos tan lentos sugieren una implicación de los procesos metabólicos corporales —que siguen escalas de tiempo mucho más lentas que los procesos neuronales más rápidos (típicamente 1-50 Hz y superiores durante la consciencia sensorial)— durante las etapas más profundas del samādhi en los jhānas superiores.

Tabla 4. Contribuciones de Todas las Posibles Fuentes Corticales Independientes de la Varianza Total de las Señales.

2014 % Contribución a la varianza total de las señales EEG	Lugar de la Fuente	2017 % Contribución a la varianza total de las señales EEG
5.7 %	**Frontal** Bii, B47 SFG, MFG, IFG	0.2 %
92.8 %	**Vértice Fronto-parietal** B4, B5, B6, B7 MFG, SFG, PCL, PCG	99.7 %
1.5 %	**Occipital** B18, B19 Cun, MOG	0.1 %

La única otra actividad que pudo detectarse, aparte de las ISW, fue un trasfondo mucho más débil de actividad mucho más rápida en la banda gamma de neurociencia, que se extendía más allá de 100 Hz, pero muy débil, menos de una parte en 15 000 en comparación con la actividad ISW del vértice dominante. La actividad gamma no se comprende bien en neurociencia, y no se pretende hacerlo aquí, puesto que, en cualquier caso, se muestra muy débilmente. El punto crucial, sin embargo, es que la actividad típica de nuestra consciencia sensorial predeterminada, que cae en las bandas intermedias delta, theta, alfa y beta de la neurociencia que van de 1-30 Hz aproximadamente, había desaparecido de forma efectiva.[57]

Tabla 5. Evolución de la Fuente del Vértice ISW.

Lugares de la Fuente	Media de 7 sujetos 2014-17 (>2500 segs.) % total de EEG	Sujeto 24 2017 % total de EEG (~80 segs.)	Sujeto 5 2014 % total de EEG (~500 segs.)	Sujeto 5 2017 % total de EEG (~500 segs.)
Frontal B11, B47, B9 SFG, MFG, IFG	24.1 %	1.1 %	5.7 %	0.2 %
Vértice Fronto-parietal B4, B5, B6, B7 MFG, PCL, PCG	44.4 %	78.4 %	92.8 %	99.7 %
Occipital B18, B19, Cun	19.8 %	15.3 %	1.5 %	0.1 %
Temporal B20/21/22/37	11.7 %	2.7%	-	-

*Los datos de la columna 2 proceden de la figura 37; los datos de la columna 3 para el sujeto 24 se basan en datos similares a los de la figura 41; las columnas 4 y 5 para el sujeto 5 proceden de la tabla 4.

57 Al principio de la historia del EEG se observó que la actividad eléctrica se dividía en «bandas» de frecuencias, en lugar de estar repartida en todas las frecuencias, lo que dio lugar a las siguientes convenciones: banda delta δ ~1-4 Hz; banda theta θ ~4.5-7.5 Hz; banda alfa α ~8-12 Hz; banda beta β ~15-30 Hz; y banda gamma λ ~35-150 Hz o superior.

Esto plantea cuestiones sobre la naturaleza de la consciencia jhāna, así como implicaciones para la comprensión de los patrones de frecuencia tanto de la consciencia sensorial como de la consciencia jhāna, que se tratarán en el capítulo siguiente.

El Cuarto Rūpa Jhāna

La tabla 5 resume la información disponible del estudio basado en EEG sobre cómo se desarrolla la fuente del vértice a partir del segundo rūpa jhāna. Las cifras de la columna 2 están tomadas de la fig. 37 y son porcentajes medios de más de 2500 segundos de grabaciones de siete meditadores que mostraban ISW particularmente fuertes. Para el conjunto de este grupo, la actividad media del vértice representa el 44.4 % de la intensidad total de las señales del EEG.

Las columnas 4 y 5 muestran las cifras correspondientes al sujeto 5, registradas en 2014 y 2017, reproducidas a partir de la tabla 4, donde la actividad de los vértices aumentó de 12.8 % a un extraordinario 99.7 %. La columna 3 se basa en un análisis similar para el sujeto 24 en 2017, a partir de un extracto ligeramente más largo que el mostrado en la figura 40. La actividad de los vértices asciende aquí al 78.4 %, intermedio entre el 44.4 % del grupo de los siete en su conjunto y los porcentajes mucho más elevados para el sujeto 5 de las columnas 4 y 5.

Estas cifras son coherentes con el hecho de que los sujetos que componen los datos de la columna 2 representan un rango de experiencias del jhāna, y en general estaban desarrollando su comprensión del pīti, lo que quedó demostrado en la actividad de ISW de alta energía. La actividad media del vértice (44.4 %) sugiere que, por término medio, esos meditadores estaban desarrollando el segundo rūpa jhāna, y quizá rozando el tercer jhāna en ocasiones, lo que se confirma por el hecho de que los sujetos 5 y 24 (columnas 3-5) son miembros de este grupo.

El sujeto 5 de 2014 (columna 4) muestra una actividad del vértice muy potente del 92.8 %, la cual predomina tanto en el EEG que la actividad distribuida de frecuencias más altas, típica de la consciencia sensorial normal, ha desaparecido casi por completo. La retroalimentación subjetiva tras el registro sugiere que este sujeto había estado desarrollando el tercer rūpa jhāna, y quizá a veces el cuarto, dado que la actividad se mantuvo durante más de veinte minutos con segmentos de ritmicidad casi perfecta. Tres años más tarde, en 2017, el registro de este mismo sujeto (columna 5) fue aún más constante, de nuevo durante más de veinte minutos, con una extraordinaria actividad del vértice del 99.7 %, que bien podría corresponder a la frase «completamente consciente» en el tercer o cuarto rūpa jhāna.

Este mismo sujeto fue uno de los pocos mencionados anteriormente que mostraron evidencias de un ritmo aún más lento de veinte a cincuenta segundos (en 2017) en comparación con el ritmo medio de la ISW de aproximadamente ocho segundos, lo que plantea la intrigante cuestión de si la transición de la tercera a la cuarta rūpa jhāna podría estar asociada con un cambio a la actividad significativamente más lenta. De ser así, esto sería coherente con una de las características de las estructuras jerárquicas descritas en el capítulo 13, donde se predice que cada nivel superior de una jerarquía (en este caso el cuarto jhāna) tiene una escala espacial mayor y una escala temporal más lenta que el nivel inferior (en este caso el tercer jhāna). Esto podría ser algo a explorar en futuros registros.

Para los meditadores que desarrollaron una fuerte actividad de ISW, la descripción más consensuada para su experiencia subjetiva fue «presencia encarnada», en lugar de cualquier consciencia de «esto» o «aquello» típica de la consciencia sensorial cotidiana. Y en el caso de los que desarrollaron una fuerte actividad del vértice, y muy centrada, algunos meditadores también sugirieron la frase «nada queda por fuera» como alternativa a «completamente consciente».

El sujeto 24, columna 3, fue capaz de mantener una focalización del vértice de hasta el 78.4 %, durante duraciones medias de 60-100 segundos, lo que sugiere un desarrollo parcial, pero no completo, del tercer rūpa jhāna. Entre los periodos de una bien desarrollada actividad del vértice, breves ráfagas de actividad de ondas-pico (abajo a la derecha, figura 41) sugieren dificultad para mantener el foco con momentos de regresión al segundo rūpa jhāna e inestabilidad del pīti.

Un Eje Cerebro-Cuerpo de la Consciencia Jhāna

La zona de la coronilla y del vértice abarca lugares neurológicos que incluyen el área motora suplementaria (AMS), fuertemente conectada hacia abajo con regiones centrales del cerebro, incluido el tálamo, y proyectándose más hacia la parte superior del tronco cerebral y la médula espinal. También está muy conectada con el córtex asociativo parietal medial, que tiene densos vínculos con el cíngulo, el tálamo y el tronco encefálico. Investigaciones neurocientíficas recientes también han identificado el estrechamente relacionado córtex cingulado anterior como un área que relaciona la presencia con la acción, lo que resuena con las descripciones de los meditadores de la «presencia encarnada» durante las etapas más profundas del jhāna.[58]

Este eje vertical también sugiere la implicación del sistema activador reticular ascendente (SARA) de la neurociencia, mencionado anteriormente en el capítulo 5, con su conocida implicación en los procesos de excitación y consciencia. También se sabe que las interrupciones en el SARA y en la conectividad cingulada pueden causar inconsciencia, sin embargo, los medi-

58 Durante la preparación del estudio EEG publicado, fue interesante descubrir que los desarrollos paralelos en los modelos neurocientíficos de inferencia activa (Seth y Friston, 2016) también se estaban interesando por la idea de «presencia».

tadores que desarrollan esta conectividad del eje vertical durante el jhāna permanecen plenamente conscientes a lo largo de sus prácticas.[59]

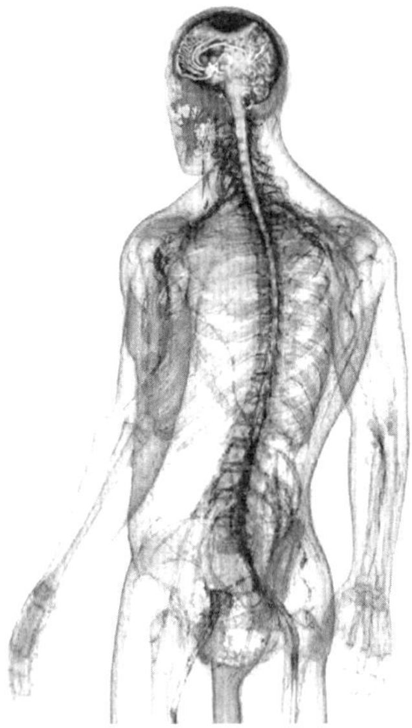

Figura 45. Eje cerebro-cuerpo, ilustración conceptual.

El desarrollo de un eje vertical cerebro-cuerpo, en lugar del eje frontal-occipital de nuestra consciencia sensorial cotidiana como se hipotetiza en el estudio publicado, junto con la observación de ondas infralentas subyacentes aún más lentas con frecuencias en torno a 0.02-0.05 Hz, sugiere que a medida que se desarrolla la consciencia jhāna, los sistemas neuronales rápidos del cerebro interactúan a través de las zonas intermedias del tallo cerebral con los sistemas nerviosos viscerales mucho más lentos del cuerpo, incluidas las complejas y arborescentes redes del nervio vago. La figura 45 es una ilustración conceptual de la situación basada en imágenes médicas de estructuras corporales

59 Para más información sobre el sistema activador reticular ascendente (SARA), véase Maldonato (2014), y para el cíngulo posterior, véase Herbet *et al.* (2014).

internas. Esta podría ser también la razón por la que muchos meditadores de esta tradición han descrito una consciencia cada vez mayor de la importancia del cuerpo y de su papel en la meditación (en contraste con las descripciones de algunas tradiciones posteriores a la reforma de que el cuerpo desaparece efectivamente en el jhāna).

Las conexiones vagales del organismo regulan el equilibrio del sistema nervioso autónomo entre la actividad simpática y parasimpática. La primera es la base de las reacciones de lucha-huida alimentadas por la adrenalina, mientras que la segunda se vuelve dominante en los estados de relajación profunda. Es posible comprobar este equilibrio para ver si se ve afectado durante la meditación midiendo la variabilidad de la frecuencia cardiaca (VFC), que es sensible al equilibrio simpático-parasimpático.[60] En pocas palabras, cuando el sistema de adrenalina prepara al cuerpo para la acción, la tensión resultante hace que la frecuencia cardiaca se vuelva más fija, con una reducción de la variabilidad entre latidos.

La figura 46 muestra los resultados preliminares de una prueba de este tipo en dos sujetos del estudio original a los que se volvió a grabar en 2019 junto con sus electrocardiogramas (ECG).

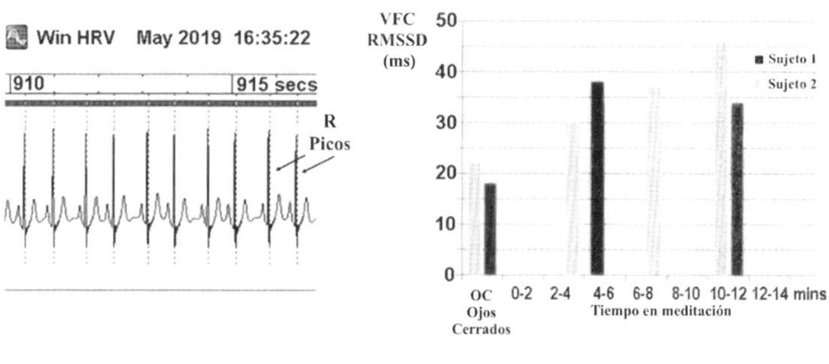

Figura 46. *Izquierda*: segmento de ECG que muestra picos R del latido cardiaco; *derecha*: cambios en la VFC desde antes hasta durante la meditación.

60 Véase Laborde *et al.* (2017), para más información sobre la medición de la variabilidad de la frecuencia cardiaca.

A la izquierda se muestra una sección corta del ECG de un sujeto, que muestra lo que se denominan los picos R en el ritmo cardiaco, donde la variación del intervalo (R-R) entre los picos es la medida de la variabilidad de la frecuencia cardiaca. Los gráficos de barras de la derecha muestran los cambios en la variabilidad de la frecuencia cardiaca (VFC) de estos dos meditadores, inmediatamente antes de la meditación en comparación con durante la meditación. La medida real adoptada para la VFC es el cuadrado medio de la raíz de las diferencias de tiempo entre picos sucesivos de R (RMSSD), que puede observarse que aumenta en un 75-100 % a medida que se desarrolla la meditación, lo que sugiere fuertemente que la experiencia de «presencia encarnada» de la que se informa en el jhāna es, de hecho, una experiencia de paz profunda tanto en el cuerpo como en la mente.

Los Arūpa Jhānas

Se cree que el reto de someterse a una prueba EEG y el «efecto del observador» señalado en los capítulos 5 y 10 han limitado la capacidad de algunos meditadores cuando se les graba para acceder a los jhānas superiores tan plenamente como podrían hacerlo en sus prácticas individuales cuando no se les está registrando. Esto ocurría especialmente con los arūpa jhānas, razón por la cual todos los ejemplos de neurociencia descritos en capítulos anteriores y en el estudio publicado han sido solo para los rūpa jhānas.

Sin embargo, existe un registro de meditación arūpa jhāna en el que se utilizó un protocolo en donde todo fue preparado por el investigador de tal forma que el meditador, sin ningún «observador» presente, pudo simplemente pulsar un botón para iniciar la prueba. A partir de ese momento, el meditador determinó entrar en meditación durante una duración predeterminada e intentar desarrollar, en este caso, el tercer arūpa jhāna, dejando de lado en la medida de lo posible cualquier preocupación por ser registrado. Este registro se describe aquí por primera vez.

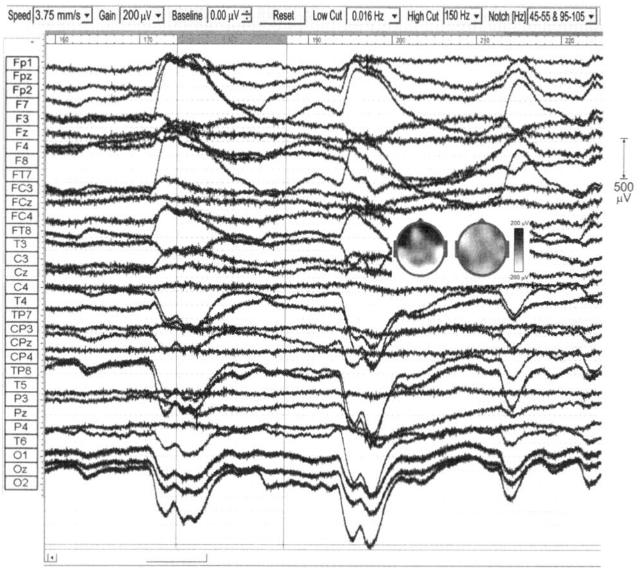

Figura 47. Registro EEG de un meditador que intenta desarrollar los arūpa jhānas.

La figura 47 muestra un segmento de un minuto del registro, dominado por fuertes ondas infralentas que alcanzan intensidades, pico a pico, de más de 500 µV, comparables a las intensidades mostradas durante los rūpa jhānas descritos anteriormente. Los mapas de intensidad pericraneales del recuadro corresponden a los puntos inicial y final del segmento resaltado en gris en torno a los 174-187 segundos, en la barra de tiempo superior. Observando estos trazados de EEG en comparación con ejemplos anteriores registrados durante los rūpa jhānas (figuras 36, 37, 41, 42, 43 y 44), una diferencia muy llamativa es que los fuertes ritmos de ondas lentas en las áreas frontales superiores de la figura 47 son casi imágenes especulares de los ritmos de las áreas posteriores —es decir, parecen estar en antifase—.

El mapa pericraneal de la izquierda, que corresponde al punto de intensidad máxima de la primera onda lenta fuerte lo ilustra claramente. Las áreas frontales están muy energizadas (negro) mientras que las áreas posteriores están, igualmente, fuertemente desenergizadas (blanco), en antifase casi exacta, anulándose mutuamente de forma efectiva, cabría suponer. A continuación, esta fase de energización-desenergización se desvanece hacia la fase del mapa pericraneal de la derecha, que muestra una distribución casi neutra en toda la cabeza. Este patrón se repite aproximadamente cada veinte segundos durante unos quince minutos.

Aunque se trata de un único registro de un solo meditador, sin que existan aún otros para comparar, es tan sorprendente y fue en su momento tan inesperado que se incluye aquí para considerar lo que podría significar.

Para los rūpa jhānas, en capítulos anteriores se describió cómo se desarrollan fuertes ondas infralentas en la coronilla de la cabeza más allá del primer rūpa jhāna, definiendo un eje vertical de la consciencia jhāna. Mientras que, al mismo tiempo, las redes más ampliamente distribuidas, típicas de la consciencia sensorial, se simplifican en regiones residuales de actividad en áreas principalmente posteriores y frontales, con un componente más débil del lóbulo temporal (figura 37). Allí, se planteó la hipótesis de que las áreas posteriores, que incluyen la corteza visual primaria del cerebro, representan el polo sujeto «yo/ojo» de la consciencia, mientras que las áreas frontales portan las características discriminativas del polo objeto.

La figura 47 muestra una relación antifásica entre las áreas frontal y posterior del cerebro del meditador. Esto significa que cuando una área está activa, la otra está inactiva. Esta relación antifásica podría estar relacionada con la intención del meditador de no identificarse ni con la posición de sujeto ni con la de objeto. Cuando el meditador logra mantener una posición intermedia entre las dos posiciones, la actividad cerebral se reduce en todo el cerebro. Esta reducción de la actividad cerebral dura un tiempo, pero luego la secuencia antifásica se reanuda. Esto indica que el meditador aún no ha dominado completamente el proceso de no identificarse con el sujeto ni con el objeto.

Observando más detenidamente los trazados de EEG sin procesar de la figura 47, también es interesante que las áreas posteriores alternan entre estar muy desenergizadas a relativamente neutras, mientras que las áreas frontales alternan entre estar muy energizadas a relativamente neutras. En otras palabras, no vemos un equilibrio antifásico en el que las áreas frontales estén desenergizadas y las áreas posteriores altamente energizadas. Esto sugiere que el objetivo principal del meditador es no reaccionar ante ningún impulso de identificarse con ninguna de las dos posiciones, lo que corresponde a una desenergización de cualquier actividad (posterior) del modo sujeto, y que la energización correspondiente de las áreas frontales es necesaria para conservar el equilibrio energético general en las redes cerebrales.

En esta etapa del desarrollo de los arūpa jhānas, el meditador experimenta un proceso bastante diferente al de los rūpa jhānas. Aunque los factores jhāna de ecuanimidad y unificación de la mente se mantienen, la cualidad jhāna no cambia de forma esencial respecto al cuarto rūpa jhāna. Sin embargo, la cualidad de ecuanimidad (upekkhā) se vuelve cada vez más sutil y refinada, mientras que la sensación de libertad se intensifica. Esta libertad es una característica distintiva de los arūpa jhānas en comparación con los rūpa jhānas. Al mismo tiempo, se desarrollan las cualidades de receptividad y capacidad de trabajo de la mente. El meditador comprende que el jhāna y el *insight* trabajan en conjunto, sin retroceder al pensamiento o al burdo discernimiento.

Esta última realización de las actividades paralelas del samatha y el vipassanā se asocia también con una comprensión y una realización más profundas de la naturaleza de la percepción: que los arūpa jhānas llevan al meditador hasta el umbral mismo de la percepción, lo que conlleva una comprensión paralela de la naturaleza ilusoria del sujeto y el objeto, de rūpa y arūpa, de la forma y la vacuidad y, de hecho, de todas las dualidades.

Es necesario un comentario final sobre la ausencia en la figura 47 de un intenso foco en el vértice/coronilla de la cabeza en este ejemplo de un meditador que desarrolla el tercer arūpa jhāna. Por el contrario, parece que la actividad se concentra en aquellas zonas del cerebro relacionadas con las posiciones sujeto-objeto de la consciencia sensorial que normalmente sustentan nuestra sensación de «yo soy». Es como si tras la ecuanimidad perfectamente equilibrada del cuarto rūpa jhāna, se permitiera que la intensidad del rūpa jhāna se suavizara, para ser sustituida por procesos de evolucionar el *insight* hacia la naturaleza de la identidad y la percepción. Esto puede estar relacionado con un enigmático comentario hecho por Nai Boonman al introducir los arūpas: que los meditadores se encontrarían a veces con la necesidad de utilizar sus cerebros tanto como sus mentes en esta fase de su práctica.

13

CONSCIENCIA

Refiriéndose a la división samatha del budismo, el escritor y practicante de la meditación Alan Wallace comentó en 1999 que «la mente y la consciencia en sí son los temas principales de la investigación introspectiva dentro de la tradición budista [samatha]».[61] Basándose en las descripciones de este libro, la meditación jhāna en concreto podría considerarse una ciencia de la mente, centrada en sofisticadas prácticas de meditación para explorar los mecanismos de la cognición y la consciencia.[62] Aunque en última instancia está motivada por el deseo de comprender y encontrar el fin del sufrimiento, una vez que una persona se compromete con una práctica de base meditativa, es natural que se vuelva cada vez más consciente de la sutileza de los procesos de percepción, sentimiento y consciencia. Los arūpa jhānas, en particular, llegan hasta los fundamentos mismos de la consciencia, y la naturaleza de las interacciones sujeto-objeto y la percepción.

Los estudios de EEG en meditadores que practican jhāna han demostrado que para alcanzar este estado es necesario desvincu-

61 Wallace (1999, p. 176).

62 Muchos estudiosos han debatido si el budismo debe considerarse una religión, una filosofía o una ciencia, y puede ser una u otra o todas ellas para diferentes personas en diferentes momentos.

larse de la consciencia sensorial. La actividad cerebral durante la aproximación al jhāna indica el desarrollo de un nuevo modo de interacción en la red cortical a lo largo de un eje vertical que caracteriza la consciencia jhāna. Este concepto era completamente nuevo para la neurociencia. En este capítulo, se contrastan y comparan estos dos modos de consciencia: sensorial y jhāna. También se discuten algunas de las ideas que surgen de un estudio interdisciplinar de la consciencia que une las antiguas comprensiones budistas con la neurociencia moderna.

En las siguientes secciones se describe la consciencia sensorial primero desde una perspectiva budista y luego a partir de los recientes avances de la neurociencia moderna. A continuación se amplía para resumir las percepciones adicionales derivadas de la observación de su alteración durante la meditación jhāna, incluyendo cómo la estructura de frecuencia en bandas de la consciencia sensorial refleja cómo se desarrollan el pensamiento y la consciencia. También consideraré cómo estos dos modos de consciencia —la consciencia sensorial y la consciencia jhāna— forman parte de jerarquías mucho más amplias que enlazan todas las escalas de la vida.

La sección final describe la experiencia subjetiva de la consciencia jhāna, con algunos comentarios sobre la naturaleza ilusoria de nuestra sensación del «yo».

La Consciencia Sensorial: Un Modelo Budista

Aunque no suele describirse como tal, el modelo budista del origen dependiente describe los vínculos condicionales que conforman el compromiso de una persona con el mundo sensorial, que es esencialmente una descripción de la consciencia sensorial. Probablemente la descripción más temprana y sucinta de la causalidad dependiente sea la afirmación del anciano Assaji poco después de la iluminación de Buda, cuando Upatissa (el futuro discípulo principal de Buda, Sariputta) le preguntó: «¿Qué enseña tu maestro?».

> Ye dhammā hetuppa bhavā, tesaṃ hetuṃ tathāgato āha. Tesañ ca yo nirodho, evaṃ vādi mahā samaṇo.
>
> El Tathāgata ha declarado la causa y también la cesación de todos los fenómenos que surgen de una causa. Esta es la doctrina sostenida por el Gran Samaṇa.[63]

Que tiene su paralelo en el *Bahudhātuka Sutta* con esta afirmación:

> Cuando esto existe, aquello llega a ser; con el surgimiento de esto, aquello surge. Cuando esto no existe, aquello no llega a ser; con la cesación de esto, aquello cesa.[64]

Se trata de un enunciado de causalidad: que dependiendo de causas y condiciones, esto o aquello llega a ser, que veremos más adelante equivale efectivamente a los modelos modernos de neurociencia inferencia activa y el principio de energía libre. Aunque estas primeras afirmaciones son más bien abstractas, no mucho después de que se hicieran, Buda dio una descripción más completa del conocido modelo de doce etapas del origen dependiente, que describe más claramente las condiciones de la vida humana en un mundo sensorial.[65] Estas se enlistan a continuación y también en la figura 48.

---

63 *Dhammapada*, verso 392 (trad. Daw Mya Tin, 1986).

64 Este extracto procede del Majjhima Nikāya 115, trad. Bodhi y Ñāṇamoli (1995, p. 927). En pāli, se lee: *imasmiṃ sati idaṃ hoti, imassuppādā idaṃ uppajjati, imasmiṃ asati idaṃ ha hoti, imassa nirodhā idaṃ nirujjhati.*

65 Saṃyutta Nikāya 12.2.

envejecimiento y muerte (JARĀMARAṆA)
ignorancia (AVIJJĀ)
formaciones o fabricaciones mentales (SAṄKHĀRĀ)
consciencia (VIÑÑĀṆA)
mentalidad y materialidad (NĀMARŪPA)
seis bases sensoriales (SAḶĀYATANA)
contacto (PHASSA)
sensación (VEDANĀ)
ansias (TAṆHĀ)
apego (UPĀDĀNA)
devenir (BHAVA)
nacimiento (JĀTI)

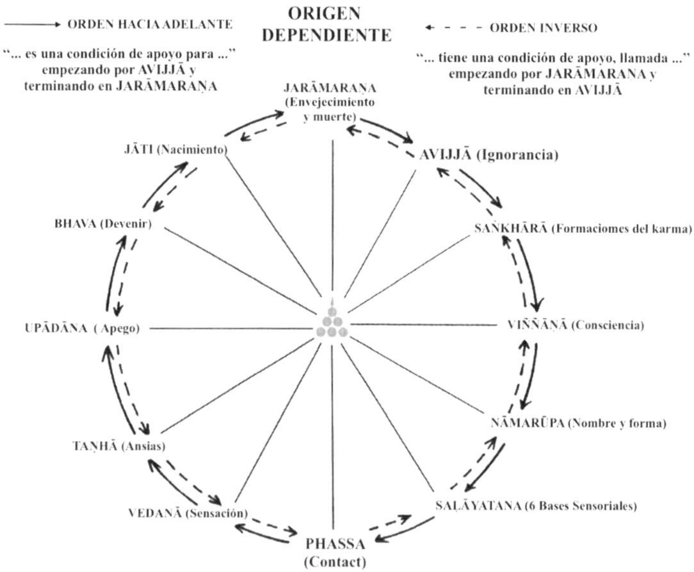

Figura 48. Origen dependiente budista.

El punto de partida puede estar en cualquier parte, ya sea en el orden hacia delante, en el que cada eslabón es una condición de apoyo para el que le sigue, o en el orden inverso, en el que cada eslabón tiene una condición de apoyo en el eslabón anterior que da lugar a su existencia. Habitualmente, el punto de partida se toma como AVIJJĀ —ignorancia o desconocimiento— y el punto final como JARĀMARAṆA —envejecimiento y muerte—. Las dos etapas de nacimiento, *jāti*, y envejecimiento y muerte, *jarāmaraṇa*, son los puntos inicial y final de una sola vida humana, que debido al factor *avijjā* —ignorancia— se repite sin fin. La ignorancia, aquí, no se refiere a ningún tipo de inadecuación cognitiva o falta de aprendizaje, sino a una inquietud primaria o la necesidad y el impulso de saber «algo» para «Ser». Este impulso primario activa la consciencia de las experiencias pasadas —formaciones kamma (sánscrito, *karma*)— en relación con las condiciones presentes y las posibilidades o implicaciones para el futuro, en un impulso por orientarse en el flujo de la consciencia dentro del mundo. En términos neurocientíficos, está conectado con la noción de *profundidad temporal* como un apuntalamiento profundo de la consciencia cotidiana que da continuidad a nuestro sentido del «yo» en el mundo. Esto se desarrollará con más detalle en la siguiente sección.

El impulso primario de avijjā conduce a la consciencia —viññāṇa—, con su dualidad implícita sujeto-objeto —nāma-rūpa—, y a la interacción, o contacto —phassa—, con el mundo sensorial exterior o el mundo interior de las ideas a través de las seis bases sensoriales —saḷāyatana—: visión, audición, tacto, gusto, olfato y mente. Lo que a su vez conduce a las sensaciones —vedanā—, las ansias —taṇhā— y el apego —upādāna—, seguidos por las acciones o el «devenir» (bhava), ya sea mental, físico o ambos.

El «devenir» es similar en cierto modo a las saṅkhārā, o *formaciones*, uno de los cinco khandhās o agregados de un ser sensible descritos anteriormente. Ambos están implicados en la continuación del ciclo repetitivo de nacimiento, envejecimiento y muerte.

La Consciencia Sensorial desde la Perspectiva de la Neurociencia

Durante los primeros años del estudio EEG de la meditación jhāna, a partir de 2010-11, me enteré de que se estaban produciendo desarrollos de gran alcance y relacionados estos en otros lugares dentro de la neurociencia. Estas iniciativas se centraban en la teoría de la «energía libre» de Karl Friston, pero evolucionaron rápidamente hacia modelos detallados de «inferencia activa» con implicaciones para comprender cómo todos los sistemas biológicos, en particular los sistemas autoorganizados como los seres humanos, se adaptan a vivir en un mundo sensorial.[66] Dicho de forma sencilla, la idea es que todo organismo o sistema biológico solamente existe en relación con su entorno. Tiene que haber un *interior* y un *exterior* y alguna forma de autoorganización; de lo contrario, un sistema no puede seguir existiendo de forma independiente, ya sea a la microescala de una sola célula o a la escala mayor de un ser humano.

Para un ser humano, la figura 49 ilustra los principios de la inferencia activa en neurociencia. Los «*inputs*» (a la izquierda) se reciben del mundo exterior a través de nuestros sentidos, en particular la vista, el oído y el tacto, junto con información sobre el estado inmediato de nuestro cuerpo mediante la sensación, incluida la información interoceptiva a través del tronco encefálico sobre el equilibrio del sistema nervioso en el cuerpo y el estado de sus órganos internos.

Este flujo de información en constante cambio se procesa (a la derecha), en gran medida, de forma inconsciente y muy rápidamente en relación con experiencias anteriores, en su mayoría guardadas en la memoria, lo que conduce a posibles elecciones

66 En 2010, Karl Friston publicó su teoría de la energía libre para explicar cómo los sistemas autoorganizados utilizan la energía disponible de la forma más eficaz posible para evitar la descomposición en el caos y resistir los procesos de entropía (Guevara *et al.* 2016).

de acción. Para que un sistema autoorganizado sea viable, para que sobreviva y resista a los procesos de entropía que de otro modo conducirían a la disolución o al caos, significa que cualquier elección de acción necesita evaluar todos los resultados posibles para hacer el uso más eficiente de la energía disponible. La teoría de la neurociencia describe esto como un requisito para minimizar la energía libre y, al mismo tiempo, minimizar el error de predicción («sorpresa» o choques inesperados para el organismo) y, en última instancia, mantener la entropía dentro de unos límites.

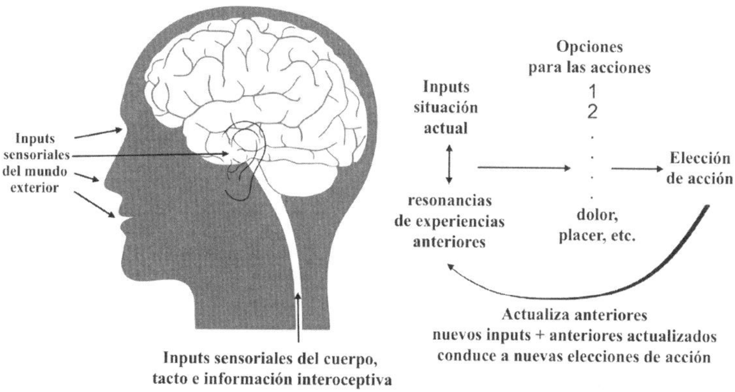

Figura 49. Inferencia activa en neurociencia.

Los lectores se darán cuenta de que esto empieza a sonar muy parecido al origen dependiente. Cualquier acción que se elija pasa inmediatamente a formar parte de las «anteriores», de modo que los inputs sensoriales se actualizan constantemente en un proceso de retroalimentación autodirigido y continuo. En su artículo de 2018 «*Am I Self-Conscious*?» («¿Soy consciente de mí mismo?»), el destacado neurocientífico Karl Friston señala que para que la inferencia activa tenga éxito a la hora de minimizar los errores de predicción, el proceso de inferencia debe tener *profundidad temporal* para vincular los recuerdos de experiencias pasadas con la información sensorial actual del mundo, con el fin de predecir resultados futuros, lo que «necesariamente confiere a la inferencia (activa) un aspecto intencionado y autocentrado que tiene el sello distintivo de la consciencia (y necesariamente implica autoconsciencia porque yo soy el autor de mis acciones)».[67]

En otras palabras, teorías como la inferencia activa son mucho más que modelos matemáticos —están empezando a considerar la emergencia de la propia consciencia—[68]. La acción-elección en la inferencia activa requiere un *agente* o *sujeto* que gestione las elecciones. Además, la subjetividad se ha vinculado a procesos de excitación bien conocidos en neurociencia que definen la vigilia. Esta teoría también sugiere que es nuestra capacidad de *sentir* y experimentar afecto lo que define la consciencia —que los sentimientos y el afecto son *precisamente* los qualia de la consciencia—. Por lo tanto, se sugiere que la forma más básica de consciencia es la *consciencia afectiva*, que puede, o no, desarrollarse más hasta convertirse en consciencia autorreflexiva. Si la consciencia afectiva se desarrolla más allá de su estado inicial, el proceso se concibe de la siguiente manera. Primero, tras la respuesta afectiva inicial a un estímulo, prestamos atención a una idea o información que llega a nuestros sentidos. Luego de esto, pasamos a un tipo de procesamiento cognitivo posterior, donde reflexionamos sobre la idea o información, analizándola y dándole significado, para después contrastar la idea o información con experiencias pasadas almacenadas en nuestra memoria. Esto nos permite discriminar y reconocer, es decir, identificamos las características específicas de la idea o información y, a partir de ello, se forma un constructo básico sujeto-objeto, creamos una

67 Friston (2018, 8).

68 Tras la teoría de Friston de 2010, se produjeron rápidamente desarrollos creativos, en particular en relación con los modelos de inferencia predictiva y activa (por ejemplo, Seth y Friston, 2016) y las implicaciones para la conciencia (por ejemplo, Solms y Friston, 2018; Solms 2019).

representación mental de nosotros mismos como sujetos que experimentan la idea o información. A través de este proceso, la *consciencia afectiva* evoluciona hasta convertirse en consciencia perceptiva. Esta transformación es crucial, ya que la percepción requiere un sujeto que interprete y organice la información sensorial. Otras representaciones reflexivas facilitadas por el lenguaje podrían conducir entonces a la *consciencia cognitiva*, que podríamos denominar igualmente consciencia autorreflexiva si el sujeto toma consciencia de ser el sujeto de sus propios pensamientos.

También en este caso existen fascinantes paralelismos con el modelo budista del origen dependiente, que presenta una cadena similar de eslabones que construyen nuestra experiencia consciente de la vida: las entradas procedentes de un mundo sensorial crean sentimientos basados en experiencias pasadas, que a su vez provocan atracción o aversión hacia diferentes opciones de acción y, en última instancia, dan lugar a un proceso repetitivo y cíclico. Ambos modelos también describen interacciones que son condicionales y, en ese sentido, tanto el agente en el modelo de la neurociencia como lo que suponemos que es la persona individual, o locus de subjetividad, en el origen dependiente pueden considerarse en gran medida ilusorios, reactivos a las circunstancias, inseparables del entorno e impermanentes —más *procesos* que *cosas*—.

Esto puede compararse con la comprensión budista del jhāna, en la que la desconexión necesaria de la consciencia sensorial comienza con la resistencia a estos mismos procesos cognitivos del pensamiento, incluido su impacto en las sensaciones, mientras se redirige la atención hacia el interior, primero a la respiración y después, cada vez más, al *sentido* qualia de la propia consciencia, o a la nimitta en la terminología jhāna.

ALTERACIÓN DE LA CONSCIENCIA SENSORIAL POR LA MEDITACIÓN JHĀNA

Hasta hace muy poco, la investigación neurocientífica se centraba en gran medida en tratar de identificar áreas de actividad en el cerebro que pudieran tener de algún modo la capacidad de generar consciencia, las llamadas «correlatos neuronales de la consciencia» (NCC)[69]. El estudio de EEG de la meditación jhāna, por otra parte, proporcionó una ventana completamente diferente a estas redes mediante la observación de su perturbación a medida que se desarrolla la meditación jhāna. De hecho, fue la profunda naturaleza de esas alteraciones lo que me llevó a acuñar la frase «consciencia sensorial humana predeterminada» para destacar que la investigación neurocientífica sobre la NCC probablemente solo se estaba ocupando de un posible modo de organización de las redes cerebrales.

Históricamente, las redes de consciencia sensorial se describen mediante bandas de frecuencia de un EEG, que hasta hace relativamente poco no se conocían bien. A grandes rasgos, son la banda delta (1-4 Hz) que se observa en el sueño, la banda theta (4.5-7.5 Hz) intermedia entre el sueño y la vigilia, la banda alfa (8-12 Hz) como ritmo «ocioso» predeterminado y signo de relajación, y la banda beta (15-30 Hz) relacionada con el pensamiento y el procesamiento cognitivo. Estas son las redes que se alteran cuando los meditadores practican para desarrollar los jhānas.

La tabla 6 resume los principales temas de perturbación (columna 1) descritos en los capítulos anteriores, con su significado en términos de los factores jhāna en la columna 2, y las implicaciones desde la perspectiva de la neurociencia en la columna 3.

69 Siglas en inglés de *Neural Correlates of Consciousness*. *[N. del T.]*

Tabla 6. Alteración de la Consciencia Sensorial durante el Desarrollo del Jhāna.

Características de la Alteración en EEG	Significado desde la Perspectiva de la Meditación	Implicaciones desde una Perspectiva Neurocientífica
Husos	Signos de alteración de las redes de atención predeterminadas de la consciencia sensorial; relacionados con la actividad de vitakka y vicāra	Destaca el papel del ritmo alfa α como «firma» de la consciencia sensorial
Ondas Infralentas (ISW)	Signos de mayor energización, pīti	Destaca un aumento de la energía disponible a medida que las redes sensoriales se simplifican hacia la consciencia jhāna
Ondas-pico	Signos de pīti no tranquilizado	Una estructura armónica en las ondas-pico de la meditación sugiere un repertorio de estructuras de frecuencia más allá de las bandas predeterminadas de la consciencia sensorial

Como se describe en los capítulos 2 y 12, los husos de meditación se identificaron como signos de alteración de las redes de atención sensorial. Los husos también ponen de relieve la importancia del ritmo alfa por ser, en muchos sentidos, la *firma* de nuestra consciencia sensorial predeterminada. La frecuencia media del ritmo alfa, 10 Hz, corresponde a un periodo de tiempo de 100 milisegundos, que es el típico tiempo de reacción humana más rápido, es decir, el tiempo más corto entre el primer contacto con una entrada sensorial y su inscripción *afectiva*, o sentido, en el cuerpo. Sugiero que este «momento alfa» de 100 milisegundos podría ser el «pensamiento consciente más básico» en el sentido de consciencia afectiva mencionado en la sección anterior —o, alternativamente, corresponderse con las dos primeras etapas de forma (rūpa) y sentimiento (vedanā) en los khandhās budistas, en los que la atención se dirige al contacto con un rūpa, como objeto, seguido de una consecuente vedanā, sentimiento, reacción— o igualmente, a las etapas de contacto y sentimiento en el origen dependiente budista.

Así como el momento alfa de 100 ms. puede estar relacionado con la forma más básica de pensamiento, he planteado, además, la hipótesis de que las otras bandas de frecuencia de la consciencia sensorial están relacionadas con diferentes etapas del desarrollo del pensamiento y la consciencia. Estas bandas de frecuencia son un ejemplo de lo que se denomina actividad escalonada en sistemas complejos. Estos sistemas potencialmente caóticos en presencia de un «atractor» se ven cautivados a operar en bandas que pueden ser armónicas o caracterizadas por patrones escalonados similares. En este caso, se sugirió que el «atractor» era el factor de escala temporal del ritmo alfa. Cuando se observó que las ondas-pico de la meditación (a diferencia de las ondas-pico de la epilepsia) mostraban una estructura de frecuencias armónicas, diferente para los distintos meditadores, se comprendió que la estructura de las bandas delta, theta, alfa y beta de la consciencia sensorial podría ser tan solo una posibilidad entre muchas otras.[70]

70 Dennison (2021b) y el preprint (https://doi.org/10.31219/osf.io/djsk6) amplían algunas de estas ideas.

Estructuras Jerárquicas más allá de la Consciencia sensorial y la Consciencia Jhāna

Los años 2014-2019, durante el estudio de EEG, coincidieron con importantes avances en neurociencia de la inferencia activa, lo que reveló semejanzas casi asombrosas con el origen dependiente budista que he descrito aquí anteriormente. Hacia 2016-2017, la inferencia activa condujo a otra fascinante área de investigación relacionada con las estructuras jerárquicas, descritas por el intrigante concepto de las mantas de Markov. El trasfondo de esto es, de nuevo, el principio de que para poder existir, todos los sistemas biológicos o vivos necesitan distinguirse de su entorno mediante un límite, sin el cual un ente prototipo no podría sobrevivir y acabaría disipándose o muriendo según las leyes de la entropía y la termodinámica. Dicho límite se denomina manta de Markov, un término evocador atribuido a Judea Pearl, un informático y filósofo, en 1988. En los últimos años se ha producido una avalancha de artículos que tratan, entre otros aspectos, de las «mantas de Markov de la vida».[71]

La teoría predice que todos los sistemas interactúan entre sí a través de jerarquías, desde la microescala de los organismos más simples, como una sola célula o un virus, hasta, por ejemplo, el desarrollo de un óvulo fecundado en el útero, la interacción de un bebé con su madre, un individuo en sociedad, las sociedades con los países que las engloban y, en el nivel más alto, las relaciones entre las sociedades de todo el mundo y el planeta Tierra. Algunos de estos sistemas se enumeran en la tabla 7, desde la microescala en la parte inferior ascendiendo a escalas cada vez mayores en la jerarquía. Se puede ver inmediatamente que el jhāna es un caso especial en comparación con todos los demás

71 Para más información sobre las mantas de Markov, véase Kirchhoff *et al.* (2018) y Friston *et al.* (2020)

en el sentido de que no existe un estado «exterior» más allá del cuerpo.

Sin embargo, a partir de nuestras exploraciones de los rūpa jhānas podemos reconocer en ellos también una estructura jerárquica, en las formas progresivas en que se trascienden los factores jhāna a medida que se desarrollan desde el primer rūpa jhāna al cuarto. Esto no puede decirse, sin embargo, de los arūpa jhānas, ya que solo comparten los dos factores jhāna de ecuanimidad —upekkhā— y unificación de la mente —ekaggatā citta—, como desarrollos del cuarto rūpa jhāna.

Tabla 7. Algunas jerarquías de la manta de Markov.

<table>
<tr><th>Sistema de Mantas de Markov</th><th>Estado Interior</th><th>Estados Exteriores</th><th>Forma de Consciencia</th></tr>
<tr><td>Sociedades-Planeta Tierra</td><td>Sociedades</td><td>Planeta Tierra</td><td>Consciencia «Gaia»</td></tr>
<tr><td>Jhāna</td><td>Mente/cerebro</td><td>Cuerpo</td><td>Consciencia jhāna</td></tr>
<tr><td>Individuo-Sociedad</td><td>Individual</td><td>Sociedad</td><td rowspan="3">Consciencia sensorial de temprana a plenamente desarrollada</td></tr>
<tr><td>Bebé-Madre/Padre</td><td>Bebé</td><td>Madre/Padre</td></tr>
<tr><td>Feto-Madre</td><td>Feto</td><td>El vientre de la madre</td></tr>
<tr><td>Esperma-Óvulo</td><td>Esperma</td><td>Óvulo</td><td>Reactivo, adaptativo</td></tr>
<tr><td>Virus-Huésped</td><td>Virus</td><td>Célula huésped</td><td>Reactivo, adaptativo</td></tr>
</table>

La teoría de la manta de Markov está bien establecida y predice rasgos específicos y característicos de los niveles y de su interrelación, rasgos que son muy relevantes para nuestra comprensión de los rūpa jhānas. El primero es el rasgo de que todos los niveles están interconectados y que carece de sentido considerar cualquier nivel de forma aislada. Esto apoya nuestra discusión anterior en este libro de que los jhānas hasta cierto punto se desarrollan interactivamente, y que tan pronto como un meditador comienza a hacer progresos en el desarrollo de cualquiera de los rūpa jhānas también está desarrollando hasta cierto punto los otros.

En segundo lugar, y relacionado con esta interconexión, está el rasgo de que cada nivel sucesivamente superior en una jerarquía desarrolla una escala mayor y una dinámica más lenta. Esto puede relacionarse con la evidencia de dos ritmos en la actividad de ondas infralentas (ISW) en los EEG, en las etapas de trabajo con el tercer y cuarto rūpa jhānas. Es decir, en primer lugar, los casos de ritmos mostrados por la mayoría de los meditadores que desarrollaron los jhānas superiores, con un periodo de tiempo de unos ocho segundos. En segundo lugar, los casos de ritmos mucho más lentos, de unos veinte a cincuenta segundos, mostrados solo por muy pocos meditadores. Dos de este último grupo fueron los que desarrollaron un dominio excepcionalmente alto en la zona de la coronilla, y es tentador considerar que el segundo ritmo muy lento podría indicar que estaban experimentando el cuarto nivel superior de jhāna en la jerarquía de los rūpa jhānas. Esto puede ser solamente una sugerencia provisional, dada la gran dificultad de registrar y analizar ritmos tan extremadamente lentos, que requieren registros largos y consistentes.

El tercer rasgo de las jerarquías predicho en la teoría de las mantas de Markov es que los niveles diferentes y adyacentes de una jerarquía tienden a la «autosimilitud». Un buen ejemplo se ve en la tabla 7, con el modelo madre-bebé de Markov, en el que, en una relación interactiva sana entre ellos (es decir, entre los niveles «exterior» e «interior» de su sistema de manta de Markov), el bebé puede aprender y repetir muchas cacterísticas de la madre. También, a partir de la tabla 7, podríamos considerar cómo en el sistema individuos-sociedad de Markov, el nivel más alto de la jerarquía, un país o una región podría desarrollar una lengua o dialecto que los individuos del nivel subordinado «inferior» imitan y repiten. En estos dos ejemplos es importante señalar que la teoría solo predice la *similitud* —no que los niveles tiendan a ser *idénticos*, ya que eso impediría el desarrollo de la individualidad o de algo nuevo—. En el caso de la jerarquía de los jhānas, la tendencia a la autosimilitud podría corresponder a la profundización progresiva del *mindfulness* y la concentración desde el primer rūpa jhāna hasta la upekkhā plenamente desarrollada del cuarto rūpa jhāna.

A una escala aún mayor que las de las jerarquías de la tabla 7, también podríamos preguntarnos cómo encajan en todo esto los reinos de la cosmología budista, regidos como están en las descripciones del Abhidhamma por duraciones de renacimiento en unidades de *mahākappas* (eones) que siguen una escala armónica ascendente según los tres niveles de dominio de los diferentes jhānas: ⅓, ½ y 1 mahākappas para el primer rūpa jhāna; 2, 4 y 8 mahākappas para el segundo; 16, 32 y 64 para el tercero; y 1000, 2000, 4000, 8000 y 16 000 para las personas que alcanzan la fe, la energía, el *mindfulness*, la concentración y la sabiduría, respectivamente, para el cuarto rūpa jhāna.[72]

Es como si en las antiguas tradiciones del budismo existiera desde hace milenios un reconocimiento intuitivo de la interconexión de todos estos fenómenos y jerarquías de la existencia.

72 Parece que existe algún tipo de comprensión intuitiva de los armónicos y las jerarquías en la cosmología budista, aunque diste mucho de estar bien entendida; véase Suvanno (2001), por ejemplo.

Consciencia Jhāna

A medida que el jhāna se desarrolla más allá de las etapas iniciales del primer rūpa jhāna, las ondas infralentas (ISW) se desarrollan para acabar sustituyendo a los ritmos de la consciencia sensorial, como signo de desligarse de dicha consciencia. Se deduce entonces, de la discusión anterior sobre el origen dependiente y la inferencia activa como modelos de la consciencia sensorial, que un meditador, mientras está absorto en la consciencia jhāna, está al menos temporalmente libre del ciclo de las doce etapas del origen dependiente mundano —es decir, sensorial— (véase el capítulo 14 para una discusión sobre el origen dependiente trascendente). Podemos especular que tal liberación temporal de los procesos principalmente inconscientes del origen dependiente bien podría ser el principal beneficio de la práctica regular de la meditación jhāna, que conduce a un debilitamiento progresivo del ansia y el apego y lleva a los practicantes firmemente hacia las etapas de iluminación del Camino Budista.

La Experiencia Subjetiva de la Consciencia Jhāna

Que los meditadores experimenten la consciencia jhāna como una «presencia» casi atemporal, es coherente con la escala espacial, mucho mayor, y el factor temporal, mucho más lento, correspondientes a las ISW. Lo anterior, difiere de la consciencia cotidiana de «esto» o «aquello», dominada por el procesamiento cognitivo, el gustar y el no gustar. La experiencia del jhāna está libre de las restricciones del lenguaje y abarca también más a toda la persona —cerebro, cuerpo y mente—, de ahí lo de «presencia encarnada», y también el término *yoga* como en *Yogāvacara*.[73]

73 La palabra «mente» se utiliza aquí, aunque no esté claramente definida, como un término menos limitado que la experiencia impermanente y en gran

El sentido subjetivo de la corporeidad también se corresponde con el hecho de que, a diferencia de los modelos neurocientíficos de inferencia activa, no existen «*inputs*» de un mundo «exterior» más allá del cuerpo. Esta es una diferencia crucial. Es la información sensorial del mundo exterior la que sustenta los procesos mentales y cerebrales internos de la consciencia sensorial, mientras que los procesos del jhāna están aparentemente contenidos por completo en el cuerpo y el cerebro. El eje vertical de la consciencia jhāna descrito en capítulos anteriores sugiere que es el propio cuerpo el que sustenta los procesos mentales «internos» de la consciencia jhāna.

Para la situación de jhāna, entonces, lo más probable es que el equivalente a la información sensorial del mundo exterior sea la información *interoceptiva* sobre el estado de los sistemas nervioso y visceral del cuerpo de una persona. Esto también explica el factor temporal diferente del jhāna, debido a que los procesos corporales biológicos y viscerales del meditador son 100-300 veces más lentos que los rápidos procesos neuronales implicados en el procesamiento sensorial.

Además, tanto como se pueda mantener el sistema cerebro-cuerpo de la consciencia jhāna, junto con su ecuanimidad subjetiva casi atemporal, entonces el practicante no estará solamente de manera temporal libre de las restricciones del origen dependiente budista, sino que, en el lenguaje neurocientífico de la energía libre y la inferencia activa, no habrá error de predicción; todo lo que es redundante, distractor o innecesariamente complejo se habrá disuelto. La energía libre esperada quedará absolutamente minimizada hasta que la experiencia del jhāna llegue a un final natural —en algunos casos tras unos minutos o, en el caso de meditadores experimentados, potencialmente, tras varias horas—.

---

medida ilusoria del «yo» (véase más adelante) en la consciencia sensorial predeterminada, y es más cercana a la idea de un sentido central del yo.

La experiencia de una tranquilidad profunda, y casi atemporal, imperturbable, plantea una pregunta intrigante sobre la naturaleza sujeto-objeto de la consciencia jhāna. Por definición, la consciencia requiere un objeto del que ser consciente, así que ¿de qué tipo de consciencia se trata? En la tradición oral jhāna se han expresado dos puntos de vista, el primero es que cada momento de consciencia se convierte en el objeto del siguiente, creando la ilusión de una consciencia perfectamente continua e imperturbable. La idea es que este proceso ocurre muy rápidamente, casi al instante. Es tan rápido que nos hace preguntarnos cuál es el papel de esas ondas cerebrales mucho más rápidas de las que hemos hablado a lo largo de este libro (la débil actividad gamma de fondo del EEG). Esto incluye las breves ráfagas de actividad gamma que se observaron cuando se indicaba a los meditadores que pasaran a la siguiente fase de su meditación. Esto puede implicar un parpadeo muy rápido entre momentos de absorción jhāna, cada uno seguido de una reflexión inmediata (no discursiva) sobre el estado inmediatamente anterior (correspondiente a la etapa de «repaso» descrita bajo el epígrafe «Preparación y Maestría» en el capítulo 3), para luego restablecer la absorción.

Un segundo punto de vista, el cual yo apoyo, es que la experiencia de la «presencia encarnada» podría corresponder a que el propio cuerpo es el objeto que sostiene la consciencia jhāna como parte de una profunda integración metabólica, lo que podría relacionarse con el intrigante término «cuerpo-testigo» que se encuentra en el *Vimuttimagga* y el *Visuddhimagga*. El término se refiere a un meditador que ha desarrollado mucho la concentración y tiene experiencia de los cuatro rūpa jhānas y los cuatro arūpas. A esto podemos añadir la siguiente cita del *Rohitassa Sutta*, con su propia e intrigante referencia a una jerarquía exterior del cosmos:

> es justo dentro de este cuerpo, de una braza de largo, con su percepción e intelecto, donde declaro que existe el cosmos, el origen del cosmos, la cesación del cosmos y el camino de la práctica que conduce a la cesación del cosmos.[74]

La Ilusión del «Yo»

A medida que un meditador desarrolla la experiencia sobre los jhānas, la «presencia» se profundiza y sustituye progresivamente a las suposiciones autorreferenciales del «yo soy». Mientras menos dependa la consciencia de las suposiciones limitantes del «yo», más vívida y abarcadora se vuelve la experiencia de la «presencia». Esto es coherente con la visión budista de nuestro sentido del «yo» como una ilusión. También, se relaciona con que, durante la meditación jhāna, es la liberación de los hábitos profundamente arraigados de tales suposiciones lo que conduce a una visión más profunda del apego y de la condición humana.

La neurociencia puede estar convergiendo con esta visión de la naturaleza ilusoria del «yo», en cómo se interpreta su taxonomía de tres etapas de consciencia afectiva, consciencia perceptiva y consciencia reflexiva. En la tercera etapa, en la que las *re-presentaciones* reflexivas conducen a la autoconsciencia, podríamos considerar la posibilidad probable de que dichas re-presentaciones se adhieran a la estructura *imaginal* del propio cuerpo de una persona como «yo» o «mío», de forma similar a lo que el psicólogo Brian L. Lancaster denominó la «yo-etiqueta».[75] Se hace una alusión bastante similar en el símil de la marioneta descrito en el *Vimuttimagga*:

---

74 Esta traducción del *Rohitassa Sutta* de la Anguttara Nikāya 4.45 (PTS: A ii 47) por Thanissaro Bhikkhu (1997) está disponible en: https://www.accesstoinsight.org/tipitaka/an/an04/an04.045.than.html

75 Lancaster (1997, p. 129).

> Estas marionetas se llaman cuerpos; el maestro de marionetas es la profanación pasada por la que este cuerpo se completa; los hilos son los tendones; la arcilla es la carne; la pintura es la piel; los intersticios son el espacio. [Por] joyas, vestiduras y ornamentos [son] llamados hombres y mujeres. Los pensamientos [de hombres y mujeres] deben conocerse como el tirón del elemento aire. Así caminan, moran, salen o entran, se echan, se atraen, conversan o hablan.[76]

Podría argumentarse entonces que tanto los modelos budistas como los de inferencia activa apoyan la opinión de que la conclusión cognitiva de que «yo soy» y «yo hago» es impermanente y no tiene realidad última. No obstante, en la vida cotidiana la continuidad de esta ilusión sirve a un propósito valioso, sobre todo, al permitir a una persona predecir los resultados de la experiencia pasada, por lo que no debería sorprendernos que el proceso de desligarse para desarrollar los jhānas sea una empresa desafiante.

76 *Vimuttimagga* (Upatissa [1961, p. 204]).

14

UN CAMINO ANTIGUO

Llegar al final de un viaje, lo mismo que a este capítulo final, ayuda a aclarar el principio, confirmándome que ya desde el principio había cierta consciencia subliminal del desenlace, aunque aún no fuera plenamente consciente —lo que me recuerda al comentario del monje en el aeropuerto de Heathrow en 1974, sobre que el Dhamma es hermoso al principio, en el medio y al final—.

El principal ejemplo de saber algo sobre el final, incluso al principio, es saber desde una edad temprana que en algún momento moriremos, aunque no sepamos entonces exactamente lo que eso significa. Para los meditadores, el punto de partida para desarrollar los jhānas es el momento del vitakka, transferir la atención del mundo sensorial exterior hacia el interior. La experiencia se refina entonces mediante el vicāra —la atención sostenida— primero, dirigida hacia la respiración y su nimitta, o señal, y finalmente hacia la propia percepción y la consciencia en sí. Vitakka y vicāra juntos guían hacia los factores jhāna ulteriores de energización (pīti), felicidad o dicha (sukha) y ekaggatā citta (unificación de la mente), y en el tercer y cuarto rūpa jhānas hacia la absorción, la concentración (samādhi) y la ecuanimidad (upekkhā).

Ese momento tan básico del vitakka, al principio, establece el *mindfulness* (sati), que al final del proceso, en el cuarto rūpa jhāna, ha madurado en un perfecto *mindfulness*, el séptimo factor del Noble Camino Óctuple. Del mismo modo, la concentración desarrollada en el primer rūpa jhāna que conduce a la primera experiencia de unificación de la mente (ekaggatā citta), se convierte, en el cuarto rūpa jhāna, en el octavo factor del Camino Óctuple: la concentración correcta.

En la descripción de los factores de la iluminación (bojjhaṅgas), el punto de partida es también un momento de *mindfulness* (sati), que luego se consolida mediante la investigación (dhamma-vicaya), conduciendo al vigor (viriya), a la energización (pīti) y tranquilización (passaddhi), y finalmente, como en los jhānas, a la concentración (samādhi) y la ecuanimidad (upekkhā). Al igual que en los jhānas, los desarrollos finales de la concentración y la ecuanimidad ya se presagian en los primeros establecimientos del *mindfulness* y la investigación.

Incluso en la experiencia más sublime de ecuanimidad perfecta en el cuarto rūpa jhāna, hay un hilo que se remonta al comienzo mismo, el comienzo de un proceso para desligarse de la consciencia sensorial. Es este hilo, no importa su sutileza, el que está detrás de la sensación del cuarto jhāna como un estado todavía «retenido», todavía con una conexión sutil con el mundo de la forma. Por lógica recíproca, de este modo, al principio del viaje también debe haber un hilo, aunque solo sea en potencia, el cual, sin embargo, debe tener su propia realidad y forma, que conecte hacia adelante con el final del viaje. Lo que de nuevo, desde la perspectiva de la lógica ordinaria, nos dice que el principio y el final están inextricablemente unidos, al igual que la forma lo está a la no-forma, o algo a nada, o adelante a atrás, como en los órdenes hacia adelante y hacia atrás en los que pueden practicarse los jhānas, o contemplarse las etapas del origen dependiente.

Ocasionalmente, vislumbramos esta misma realidad en situaciones de la vida cotidiana. A veces, al emprender un viaje de larga distancia, en el momento de subir a un avión, los viajeros pueden experimentar una extraña disociación al experimentarse simultáneamente desembarcando al final del viaje o embarcando para el viaje de vuelta. Por cierto, hablando de viajes, me viene a la memoria una pregunta que Nai Boonman hizo a los principiantes hace más de cincuenta y cinco años, sobre si una persona empezaría siquiera a meditar si supiera lo que conllevaría y adónde podría llevarle; sobre todo, si supiera que en algún momento no habría vuelta atrás. Sospecho que los que empiezan y se comprometen con la práctica saben, de hecho, en algún nivel profundo lo que están asumiendo, y quizá la pregunta de Boonman haya tenido el efecto de activar esa consciencia en algún nivel. El recorrido que he hecho en este libro ha ampliado deliberadamente la discusión sobre los jhānas para incluir también los bojjhaṅgas, breves menciones al Óctuple Camino y las primeras descripciones de Nai Boonman de la meditación como un equilibrio esencial entre concentración y *mindfulness*. Estos aspectos se resumen conjuntamente en la tabla 8.

Las columnas 2 a 6 muestran las correspondencias entre los factores jhāna y los bojjhaṅgas alineados en las filas respectivas, tal como se describió en capítulos anteriores. Los factores jhāna dominantes para cada jhāna se muestran en negrita, y los colocados entre paréntesis indican que han sido dominados en uno de los jhānas precedentes. En conjunto, este esquema ilustra el desarrollo progresivo desde un momento inicial del sati, en el esquema bojjhaṅgas, o el vitakka, como primer factor jhāna, hasta la culminación en la upekkhā, en el cuarto rūpa jhāna.

La columna 1, a la izquierda, es la estructura simplificada abarcadora general enseñada por Nai Boonman en los primeros años de esta tradición, de un equilibrio entre concentración y *mindfulness*, que yo interpreto como una descripción alternativa del kammaṭṭhāna gemelo del Yogāvacara —samatha y vipassanā—, desarrollados igualmente uno junto al otro. Para completar, los factores del Camino Óctuple se muestran en la columna 7 como una visión alternativa de todas las cualidades que se desarrollan junto a los bojjhaṅgas y los jhānas. Los factores del Camino Óctuple se desarrollan interactivamente entre sí y, junto con el *mindfulness* y la concentración, en la columna 1, son estructuras abarcadoras que no pretenden alinearse con los bojjhaṅgas individuales o los factores jhāna de las columnas 2-6.

Al seguir el propio camino individual a través de estas estructuras, a menudo se tiene la sensación en el Yogāvacara de una realidad alternativa, algo «cercano», justo fuera del centro, no del todo a la vista. Quizá sea esta una de las atracciones o fascinaciones del Yogāvacara, un reflejo de la esfera finamente material de los jhānas, una consciencia creciente de un modo alternativo de consciencia a medida que el meditador se desprende de los anclajes familiares de la consciencia sensorial. Es extraordinariamente poderoso experimentar tales modos alternativos de consciencia, y es un pensamiento aleccionador que las tradiciones de práctica centenarias que proporcionan acceso a tales estados fueran casi aniquiladas en el siglo XX.

La Saṅgha y un Camino Casi Perdido

En un artículo que trata de los conceptos jhāna en los Suttas y el Abhidhamma, Bhikkhu Brahmāli cita el siguiente extracto del *Saddhammappatirūpaka Sutta* del Saṃyutta Nikāya:

> El verdadero Dhamma no desaparece de golpe como se hunde un barco. Hay cinco cosas perjudiciales, Kassapa, que conducen a la decadencia y desaparición del verdadero Dhamma. ¿Cuáles son las cinco? Allí donde los bhikkhus, las bhikkunīs —los seguidores laicos masculinos, las seguidoras laicas femeninas— habitan sin reverencia ni deferencia hacia el Maestro [...] hacia el Dhamma [...] hacia la Saṅgha... hacia el adiestramiento [...] hacia la concentración (samādhi). Estas son las cinco cosas perjudiciales que conducen a la decadencia y desaparición del Dhamma.[77]

77 Brahmāli (2007, p. 86).

Tabla 8. Los Bojjhaṅgas, los Jhānas y el Camino Óctuple.

<table>
<tr><th rowspan="2">Samatha-Vipassanā</th><th rowspan="2">Bojjhaṅgas</th><th colspan="4">Los Rūpa Jhānas (RJ) y sus Factores</th><th rowspan="2">Factores del Camino Óctuple</th></tr>
<tr><th>RJ1</th><th>RJ2</th><th>RJ3</th><th>RJ4</th></tr>
<tr><td rowspan="4">Concentración</td><td>Upekkhā
Ecuanimidad</td><td></td><td></td><td></td><td>Upekkhā</td><td rowspan="7">Sammā Samādhi
Concentración correcta

Sammā Sati
Mindfulness correcto

Sammā Vāyāma
Esfuerzo correcto

Sammā Ājīva
Medios de subsistencia correctos

Sammā Kammanta
Acción correcta

Sammā Vācā
Discurso correcto

Sammā Saṅkappa
Intención correcta

Sammā Diṭṭhi
Vista derecha</td></tr>
<tr><td>Samādhi
Concentración/ Absorción</td><td>Ekagattā</td><td>Ekagattā citta</td><td>Samādhi</td><td></td></tr>
<tr><td>Passaddhi
Tranquilización</td><td>Sukha</td><td>Sukha</td><td>Sukha</td><td></td></tr>
<tr><td>Pīti
Energización, Alegría</td><td>Pīti</td><td>Pīti</td><td>(Pīti)</td><td>(Pīti)</td></tr>
<tr><td rowspan="3">Mindfulness</td><td>Viriya
Vigor</td><td></td><td></td><td></td><td></td></tr>
<tr><td>Dhamma-vicaya Investigación</td><td>Vicāra
Atención sostenida</td><td>(Vicāra)</td><td>(Vicāra)</td><td>(Vicāra)</td></tr>
<tr><td>Sati
Mindfulness</td><td>Vitakka
Atención colocada</td><td>(Vitakka)</td><td>(Vitakka)</td><td>(Vitakka)</td></tr>
</table>

Esto advierte de un colapso en el funcionamiento de la Saṅgha junto con el detrimento del samādhi, que parece ser precisamente lo que se ocurrió en Tailandia desde principios de la década de 1830 y, particularmente, a partir de la década de 1950. Bhikkhu Brahmāli también reconoce la importancia de que samādhi se incluya en la lista en lugar de, por ejemplo, la sabiduría. Esto puede deberse a que el samādhi es el séptimo factor del Camino Óctuple, el cual debe cumplirse antes de que el octavo factor, la sabiduría, pueda llegar a cumplirse.

Se dice que sin Buda no habría Dhamma, pero sin la Saṅgha tampoco habría Dhamma. Siempre ha sido función de la Saṅgha preservar las enseñanzas y proteger el linaje desde la época de Buda hasta nuestros días. Que la Saṅgha haya tenido éxito, en gran medida, durante más de dos milenios es un logro notable. Alguien que practique el samatha y el vipassanā hoy reconocerá, incluso en las enigmáticas y antiguas descripciones textuales, las mismas experiencias que encuentra en su propia práctica de meditación actual. Sin embargo, estas descripciones por sí solas no preservan la tradición. Dado que el núcleo de las experiencias espirituales budistas —ya sean de los jhānas o del Camino— son incondicionadas y, en gran medida, carentes de forma en comparación con el procesamiento sensorial por defecto, ninguna cantidad de palabras o textos por sí solos son suficientes para preservar el corazón de una tradición. Así pues, es aún más notable que las personas que han compuesto la Saṅgha a lo largo de los siglos hayan tenido éxito en su mayor parte en esta labor de preservación.

En la práctica, la Saṅgha monástica —sobre todo, en el Sudeste Asiático contemporáneo— es una mezcla ecléctica de personajes compuesta por monjes eruditos, monjes implicados en funciones pastorales y educativas en la sociedad, monjes inmersos en el Vinaya y en las relaciones dentro y fuera de la Saṅgha, y monjes atraídos por la meditación. También hay un brote de hombres que buscan refugio temporal de problemas sociales o maritales, incluidos en los últimos tiempos los refugiados de guerras —algunos incluso de carácter dudoso—, así como siempre un número que busca la ordenación temporal como rito de paso o para satisfacer las expectativas de la sociedad.

Sin embargo, cada mes, en la luna llena, después de afeitarse la cabeza y tras una confesión ritual de las infracciones del Vinaya a los compañeros monjes y ser perdonadas esas transgresiones, esos monjes dejan de ser individuos imperfectos y se reúnen como una Saṅgha ritualmente purificada para participar en la recitación ancestral del Pāṭimokkha, restableciendo así su conexión con el linaje del Buda.

Si miramos casi dos siglos atrás, la formación de una secta y una línea de ordenación distintas en Tailandia en 1833, bajo la etiqueta de «reforma» fue un duro golpe para la coherencia y la identidad de la Saṅgha. Algunos se han preguntado incluso cómo se sitúa esa acción en relación con una de las ofensas más graves, *pārājika* o derrota, del Vinaya: la de provocar una escisión en la Saṅgha. Después de reflexionar mucho durante treinta o cuarenta años, creo que esos acontecimientos pusieron en marcha una casi destrucción de algunos de los fundamentos más valiosos y sutiles de la meditación budista, en particular de la meditación jhāna. No estoy solo en esa opinión. Escribiendo sobre la política cambiante de la élite budista tailandesa durante los cincuenta y setenta, en un artículo del año 2012 titulado «*The Changing Politics of Thailand's Buddhist Order*», el erudito Duncan McCargo describe el desorden de la jerarquía Saṅgha en Tailandia como una consecuencia de las reformas de Mongkut que se remontan a la década de 1830, lo que provocó tensiones de larga duración entre las sectas rivales Thammayut y Mahānikāy y «una escasez de liderazgo moral y administrativo que paralizó el monacato tailandés y lo hizo aparentemente incapaz de reformarse a sí mismo».[78]

78 McCargo (2012, p. 627).

No fue hasta que escribí este libro y rellené las lagunas históricas cuando me di cuenta de que en Birmania también se habían producido reformas similares a las de Tailandia desde mediados de la década de 1880, en parte como respuesta al dominio colonial británico, pero también afectadas por las influencias científicas occidentales y de las misiones cristianas.[79] La principal figura detrás de las reformas en Birmania fue Ledi Sayadaw (1846-1923), uno de una línea de eminentes monjes eruditos que, aunque reconocían hasta cierto punto el valor del jhāna, afirmaban que solo un nivel mínimo de concentración momento a momento, lo que él denominaba *khaṇika samādhi*, era suficiente para el pleno desarrollo de la visión (y por implicación del Camino). Algo más tarde, Mingun Sayadaw (1868-1955) marginó aún más las prácticas jhāna promoviendo la práctica vipassanā sin jhāna, y no es sorprendente que su pupilo Mahāsi Sayadaw (1904-1982) continuara este modelo de lo que llegó a conocerse como *insight* «seco», o «nuevo vipassanā». Esos eminentes monjes eruditos también escribieron largo y tendido sobre el Abhidhamma, utilizándolo a veces para justificar sus afirmaciones sobre el vipassanā como una práctica completa por derecho propio, y no está claro si existía en esa época una tradición sólida y un conocimiento profundo de la meditación jhāna para equilibrar sus opiniones académicas.

Mahāsi Sayadaw y el Vipassanā «Seco»

Tras establecer un gran número de seguidores en Birmania, Mahāsi Sayadaw realizó una gira por Tailandia en 1951, y su influencia creció considerablemente después de que Birmania

79 Erik Braun (2014), por ejemplo, describe cómo la dominación colonial británica desencadenó un nuevo movimiento populista vipassanā en un intento de hacer la meditación más accesible a las masas en Birmania y de restaurar una apariencia de identidad budista, en reacción a presiones occidentales similares a las de la Tailandia de Mongkut en la década de 1830.

acogiera el Sexto Concilio Budista en 1954-1955. Al igual que sus predecesores los Sayadaws Ledi y Mingun, enseñaba que la meditación samatha, en particular la práctica del jhāna, no era necesaria, e incluso un impedimento para desarrollar el *insight* y la sabiduría. Su nueva versión del vipassanā llegó a denominarse *insight* «seco», ya que no estaba «humedecido» por el pīti y el sukha del jhāna.

Mahāsi Sayadaw contaba con una serie de alumnos muy conectados e influyentes dentro de la Saṅgha tailandesa, y su nuevo movimiento vipassanā se extendió rápidamente por Tailandia y, finalmente, por todo el mundo. Esto sucedió tan rápidamente que la desorganización dentro de la Saṅgha, mencionada anteriormente como consecuencia de las reformas de Mongkut, se manifestó con respuestas ineficaces y confusas, con líderes tanto de la secta Mahānikāy como de la Thammayut compitiendo entre sí por influir en el recién desarrollado movimiento vipassanā. No parece haber habido ninguna autoridad meditativa clara —incluida dentro de la «tradición del bosque», de la que se podría haber esperado que defendiera la importancia del jhāna— capaz de unificar a la Saṅgha para resistir la fuerte promoción política de este nuevo movimiento que presentaba un importante desafío a las prácticas y concepciones de la meditación que habían existido en todo el Sudeste Asiático durante siglos.

En efecto, el nuevo movimiento representaba una devaluación masiva del jhāna, y por tanto del samādhi, exactamente como se advierte en la cita del principio de esta sección como precursores de la decadencia y desaparición del verdadero Dhamma. Que esto pudiera suceder parece extraordinario dado que el samādhi se define precisamente como los cuatro rūpa jhānas en los Suttas, y gran parte de la confusión de la época parece haber girado en torno a cómo se comprendía el samādhi y la concentración por parte del nuevo movimiento vipassanā.

En su libro de 1945, *Manual of insight*, Mahāsi Sayadaw escribe:

> Existen tres tipos de concentración que conllevan la purificación de la mente: la concentración de acceso o de vecindad (upacārasamādhi), la concentración de absorción (appanāsamādhi) y la concentración momentánea (khaṇikasamādhi).[80]

Y más adelante en la misma obra:

> A quien desarrolla la introspección [*el insight*] basándose en un fundamento de concentración de acceso o absorción se le llama «el que toma el vehículo de la tranquilidad hacia el nibbāna» (samathāyānika) [...] Una persona que toma el vehículo de la introspección solamente utiliza la concentración momentánea para lograr la purificación necesaria, y su práctica de la introspección se basa entonces en esa purificación mental.[81]

Los términos *upacārasamādhi* y *khaṇikasamādhi* no aparecen en los Suttas budistas originales, en donde el samādhi, sin calificativos, simple e inequívocamente hace referencia a los rūpa jhānas. Los términos que utiliza Mahāsi Sayadaw son conceptos posteriores desarrollados en el Abhidhamma y en comentarios como el *Visuddhimagga*, que figuran prominentemente en sus escritos. Tampoco está claro qué se entiende exactamente por «purificación de la mente» para estos diferentes grados de concentración señalados en el primer extracto.

El segundo extracto anterior es claro al afirmar que la nueva práctica vipassanā birmana se basa en la concentración momentánea, alineándose con la afirmación de su predecesor Ledi Sayadaw. Sin embargo, en su posterior *Practical Insight Meditation* (1971), aunque el nivel de concentración no se especifica claramente en el texto principal, las notas finales que citan extensamente los comentarios budistas indican que el nivel requerido es la «concentración de acceso», más cercana al jhāna. Además,

80 Mahāsi Sayadaw ([1945] 2016, p. 45).

81 Mahāsi Sayadaw ([1945] 2016, p. 46).

varios extractos del texto principal suenan muy parecidos al desarrollo del pīti y la nimitta en la aproximación al jhāna. Por ejemplo,

> De nuevo, como resultado de la introspección [*insight*], aparecerá una luz brillante para el meditador. También surge en él el arrobamiento, causando «carne de gallina», caída de lágrimas, temblor en los miembros [y] surge la tranquilidad de mente y junto con ella aparece la agilidad mental, etc.[82]

Aunque esto aparece bajo el epígrafe «*Corruptions of insight*», y aparte del hecho de que «una luz brillante» sería entendido como el resultado de la concentración, y no del *insight* en las prácticas Yogāvacara o boran kammaṭṭhāna anteriores a la reforma, la afirmación al menos indica una consciencia de las experiencias subjetivas muy similar a las etapas de umbral del desarrollo de la primera rūpa jhāna. Esto podría indicar un cambio en la comprensión de Mahāsi Sayadaw en sus últimos años, menos dependiente de las influencias de sus maestros, con un reconocimiento más claro del papel de, al menos, la concentración de acceso y cierto desarrollo de las etapas de aproximación al jhāna.

Sin embargo, ambos términos «momentáneo» y «acceso» se utilizaron a menudo indistintamente durante varios retiros dirigidos por Mahāsi Sayadaw, incluido uno de sus últimos retiros en Occidente al que asistí en Oxford en 1979. El retiro de Oxford atrajo a muchos participantes monjes, así como a varios meditadores laicos. Mi motivación para asistir fue el deseo de comprender en qué consistía exactamente esta práctica de «vipassanā seco», que me exigía resistir cualquier impulso de desarrollar los jhānas y seguir la nueva técnica de vipassanā exactamente como se enseñaba. La experiencia me llevó a creer que algunos practicantes de este método tienen de hecho una

82 Mahāsi Sayadaw ([1971] 1998, p. 24).

experiencia momentánea —pero no sostenida— del acceso, por lo menos, y quizá una experiencia momentánea del primer rūpa jhāna. Sin embargo, los maestros más veteranos del método Mahāsi parecían tener muy poca comprensión de los factores del jhāna o de cómo se desarrolla el jhāna, a juzgar por las charlas sobre el Dhamma y las discusiones informales de aquella época.

Habiendo sido testigo de algunos de los daños causados a las antiguas prácticas en Tailandia desde finales de los sesenta en adelante, así como participando en uno de los últimos retiros intensivos dirigidos por Mahāsi Sayadaw, a menudo me sorprendió la rigidez y el apego dogmático a los puntos de vista, incluso en los practicantes supuestamente más avanzados, del método birmano. Esto también se extendía a lo que parecían ser, en mi opinión, burdas sobreestimaciones del progreso en el Camino, con muchos de los monjes birmanos practicantes convencidos de que habían alcanzado el tercer Camino de anāgāmin, o no retornante —un fiel destinado a solo una vida más en el cielo de las Moradas Puras antes de alcanzar la iluminación plena—. El propio Mahāsi Sayadaw, por supuesto, era considerado un arahant, o ser plenamente iluminado.

De hecho, a finales de la década de los sesenta y principios de los setenta, cuando el movimiento vipassanā birmano estaba en su apogeo, se ofrecían cursos en Birmania que, según se afirmaba, conducirían al primer Camino, sotāpanna, iniciador de la corriente, en el plazo de un mes, sin necesidad del jhāna. Algunos centros incluso daban certificados para verificar el logro, una práctica que no sorprendentemente suscitó críticas y no duró mucho, y que ahora está mayoritariamente olvidada o negada.

En años posteriores, a medida que me interesaba por y me terminé formando en psicoanálisis, los mecanismos psicológicos subyacentes en juego tras los conflictos de la reforma empezaron a interesarme. Los paralelismos entre las reformas budistas y lo que ocurre cuando una estructura familiar se vuelve disfuncional son sorprendentes, dada la descripción de la Saṅgha que deja de funcionar como un todo coherente y responsable. Los síntomas de una disfunción creciente en las organizaciones o las familias suelen variar desde la confusión, la duda y la ansiedad hasta la disociación, el delirio, la negación e incluso las escisiones psicóticas y la desconexión grave de la realidad.[83] En el caso de las alteraciones de la reforma de la Saṅgha, las consecuencias de la negación y el olvido parecen especialmente relevantes, lo que plantea la cuestión de hasta qué punto las prácticas ancestrales no solo fueron gravemente devaluadas, sino parcialmente o, en algunos aspectos, realmente olvidadas.

Olvido Intencionado

«La más peligrosa de todas las falsedades
es una verdad ligeramente distorsionada».

GEORG CHRISTOPH LICHTENBERG (1742-1799),
Aphorisms

El mecanismo del olvido intencionado, o la negación, es bien conocido en psicoanálisis, ya que procede, en gran medida, de los primeros trabajos de Freud, en particular de su *Project for a Scientific Psychology* de 1895, en el cual esboza su entonces incipiente comprensión de los procesos conscientes e inconscientes, y en particular del proceso defensivo del olvido intencionado, o la negación, como defensa contra el conflicto interior o el dolor psíquico.[84]

83 Para una descripción de cómo se desarrollan estos procesos a través de las jerarquías en los equipos, en particular en los equipos comunitarios de salud mental, véase Dennison y Carson (2008) y Dennison (2012a).

84 Las formas en que se puede manipular el lenguaje, la mayoría de las veces de forma inconsciente, a menudo sustentan los mecanismos del olvido intencionado y el autoengaño; véase, por ejemplo, Dennison (1997).

Si existe un aspecto traumático en lo que se está negando, el olvido intencionado es, sobre todo, un mecanismo inconsciente que subyace a muchos trastornos mentales. A veces, sin embargo, el olvido intencionado no es simplemente una burda defensa (o ataque), sino que puede ser una estrategia en gran medida consciente para reducir un desorden o confusión de ideas.[85] La promoción del vipassanā seco birmano en la década de 1950 puede haberse racionalizado de este modo, considerando las prácticas tradicionales como defectuosas, supersticiosas u obsoletas, mientras que las trascendentales consecuencias de las reformas se negaban, o no se realizaban plenamente. También es relevante que el olvido intencionado se asocie con frecuencia a apegarse delirantemente, y a menudo rígidamente, a un punto de vista concreto, que racionaliza y justifica el proceso de olvido.

El contexto organizativo pone de relieve la importancia de que la organización mayor posea una «memoria organizativa» de lo que se ha olvidado para poder gestionar las señales que podrían hacer que se recordara, o no. En el caso de la Saṅgha, la «memoria organizativa» correspondería a su función histórica de proteger y preservar las enseñanzas de Buda, renovadas simbólicamente cada luna llena en la recitación del Pāṭimokkha. Esta memoria organizativa, en particular de las tradiciones orales del jhāna y del Yogāvacara, parece haber fracasado progresivamente a partir de la década de 1830, alcanzando un clímax de fracaso en las reformas de los cincuenta.

Una pregunta interesante: ¿en qué momento olvida un individuo, o una organización, que en algún momento del pasado decidió formar algo importante? ¿Ha desaparecido entonces para siempre? Hay un viejo dicho que dice que puede que no nos demos cuenta del valor de algo hasta que lo perdemos, pero

85 Esto fue descrito por Kluge y Gronau (2018) como una estrategia en algunas organizaciones para minimizar las conexiones con ideas obsoletas para permitir que surjan nuevas direcciones.

eso depende de que alguien, o una organización, recuerde lo que se ha desechado o perdido en primer lugar.

Autoengaño y Expectativas Autocumplidas

Relacionado con el olvido intencionado, pero ligeramente diferente de él, está el autoengaño, el cual resulta que se ve facilitado en gran medida por los procesos neurocientíficos de inferencia activa descritos en el capítulo anterior. El equilibrio dinámico entre los *inputs* del mundo sensorial y las acciones elegidas en el modelo de inferencia activa está fuertemente influido por el elemento personal del gustar y no-gustar, y por la experiencia previa. Entonces queda claro de inmediato que si una persona desea intensamente un resultado concreto, entonces puede convertirse en un proceso autocumplido en virtud del refuerzo de la retroalimentación.

Esto puede conducir a resultados negativos como la enfermedad psicológica, a menudo acompañada de rumia —que es precisamente una forma de refuerzo de retroalimentación negativa— aunque también puede conducir a resultados positivos como se practica, por ejemplo, en la «psicología positiva» para fomentar patrones de pensamiento más constructivos.

Volviendo a cómo se promovió el movimiento vipassanā birmano a partir de mediados de la década de 1950, es un hecho que los métodos de práctica y los estadios de *insight* a los que se aspiraban fueron descritos con gran detalle y convicción por monjes eruditos muy respetados y autorizados, que a veces parecían tomar prestada la autoridad del Abhidhamma para justificar sus afirmaciones, con escaso reconocimiento de otros puntos de vista sobre los jhānas y el pañña (sabiduría) en los Suttas. No es pues un gran salto comprender cómo algunos nuevos practicantes —monjes, monjas y laicos por igual— bien podrían haber llegado a experimentar lo que deseaban o esperaban como una «construcción», en gran medida cognitiva, en lugar de una experiencia plenamente encarnada, y a sobreestimar entonces también en gran medida sus logros. Se trata del mismo mecanismo de refuerzo cognitivo descrito en el capítulo 6 que puede conducir al «jhāna facsimilar», una construcción superficialmente convincente, pero en última instancia frágil. Por supuesto, también hay que reconocer que, incluso teniendo en cuenta esos riesgos, para algunos, las experiencias pueden ser, sin duda, auténticas.

Buda, los Jhānas y la Sabiduría

Dado lo central que es la meditación jhāna para el Camino en los Suttas, es extraordinario que las «reformas» de principios de 1800 y luego de la década de 1950 casi lograran destruir estas prácticas ancestrales e, implícitamente, el conocimiento del Camino. ¿Ahora, qué es exactamente este Camino? No es simplemente una invención de Buda. Como afirma Buda en el *Nagara Sutta*:

> Es como si al viajar por un gran bosque, uno se encontrara con un antiguo camino, un antiguo sendero recorrido por gente de antaño [...] Así también yo, monjes, he visto un antiguo camino, un antiguo sendero recorrido por los correctamente iluminados de antaño.[86]

El Buda pronunció estas palabras poco después de su iluminación, o realización, hace más de 2500 años, describiendo un antiguo Camino descubierto, perdido y redescubierto a lo largo de la historia por otros antes que él. Pasó el resto de su vida enseñando a desarrollar y practicar este Camino, que se extendió por vastas zonas de Asia, con el tiempo, y más recientemente a Occidente. En cada nuevo lugar en el que ha surgido el Camino, se

86 Esta traducción de un fragmento del *Nagara Sutta*, Saṃyutta Nikāya 12,65 (PTS: S ii 104), está tomado de Kornfield (2008), disponible en https://jackkornfield.com/finding-the-middle-way/.

trata de un proceso de transmisión: la plantación de una semilla por alguien con experiencia directa del Camino. En cada caso, a medida que los nuevos brotes se desarrollan, se ven obligados a adaptarse a nuevos contextos, con fascinantes posibilidades creativas.

Una vez que se le pidió que describiera la esencia de la enseñanza de Buda en una mesa redonda de una emisión radiofónica multiconfesional en los años setenta, Nai Boonman, tras una larga pausa después de las largas intervenciones de otros miembros del panel, comentó finalmente que «el corazón de la enseñanza de Buda es el sufrimiento», lo que fue recibido por un silencio bastante atónito dado que las intervenciones anteriores se habían centrado en ideas más fácilmente reconocibles como de naturaleza religiosa.

Por supuesto, se insistió a Boonman para que dijera algo más sobre el núcleo de la enseñanza budista, y respondió con algunas palabras sobre las Cuatro Nobles Verdades: la realidad del sufrimiento, cómo surge del apego y el ansia, la realidad de su cesación y la senda, o Camino, que conduce a esta cesación. Sin embargo, es un gran nivelador que el origen de la enseñanza sea simplemente la propia experiencia humana del sufrimiento. La enseñanza de Buda es universal más que política o dogmática.

Nai Boonman no hacía más que reafirmar las propias palabras de Buda en el *Alagaddupama Sutta*: «Solamente enseño el sufrimiento y la cesación del sufrimiento». Las Cuatro Nobles Verdades del Sufrimiento constituyen el núcleo del Dhamma, y su profunda iluminación se actualiza en el momento de alcanzar el Camino. En la vida de un monje se rememoran al comienzo de cada día en el canto matutino, en el que, tras el recuerdo del Buda, el Dhamma y la Saṅgha, vienen las estrofas bellamente evocadoras mencionadas anteriormente en el capítulo 7, pero que se repiten aquí:

Rūpaṃ aniccaṃ.
Vedanā aniccā.
Saññā aniccā.
Saṅkhārā aniccā.
Viññāṇaṃ aniccaṃ.

Rūpaṃ anattā.
Vedanā anattā.
Saññā anattā.
Saṅkhārā anattā.
Viññāṇaṃ anattā.

Sabbe saṅkhārā aniccā.
Sabbe dhammā anattā ti.

La forma es impermanente; el sentimiento es impermanente; la percepción es impermanente; las formaciones mentales son impermanentes; la consciencia es impermanente.

La forma no es el yo; el sentimiento no es el yo; la percepción no es el yo; las formaciones mentales no son el yo; la consciencia no es el yo.

Todas las formaciones son impermanentes; todos los dhammas [fenómenos] no son el yo.

Esto es un recordatorio de que, en última instancia, la búsqueda de la experiencia de los jhānas y del Camino son respuestas al sufrimiento humano. El proceso no puede precipitarse. Como dijo una vez Nai Boonman, requiere la persona, el lugar y el momento adecuados.

La realización, o iluminación (pāli, nibbāna; sánscrito, *nirvāna*), se traduce a menudo como «soplar» (como al apagar una vela) o «calmar» (como en la sed). Pero, ¿qué es exactamente lo que se apaga y qué queda, si es que queda algo? La respuesta habitual a esto es que los tres orígenes de la codicia, el odio y el engaño (lobha, dosa, moha) se extinguen, sin dejar rastro. Pero está claro que, como en los ejemplos de Buda y sus nobles discípulos (los que alcanzaron una de las cuatro etapas del Camino), la persona ciertamente no desaparece, y de hecho parece hacerse más vívidamente «presente». No obstante, la persona tiene que haberse transformado radicalmente para que la consciencia deje de estar motivada o dominada por la codicia, el odio y el engaño. El nibbāna, y el Camino hacia él, es por tanto una realidad psicológica y ética, en la que el estado transformado se caracteriza por una profunda paz, compasión y una consciencia refinada y sutil dentro de la cual los estados mentales negativos y las emociones como la duda, la preocupación, la ansiedad y el miedo están ausentes.

Pero, ¿cómo se alcanza este estado transformado, más allá de los jhānas, sobre todo, teniendo en cuenta que el nibbāna se describe en los textos budistas como incondicionado, lo que significa que no puede construirse cognitivamente? Al igual que con los jhānas, una persona no puede pensar en sí misma para alcanzar el nibbāna. Esto plantea de nuevo la fascinante cuestión de cómo algo completamente nuevo y diferente, nunca antes experimentado, puede llegar a experimentarse. Desde las ciencias hasta las artes, incluso los descubrimientos y avances más profundos, si se examinan de cerca, están generalmente condicionados por el pensamiento o la experiencia previa y, rara vez, o nunca, son completamente nuevos.

El Príncipe Sakya Gotama, de joven, antes de convertirse en Buda, también luchó con este dilema y durante muchos años siguió a austeros maestros de yoga en un intento de crear las condiciones de las que pudiera surgir la liberación del sufrimiento. Finalmente, antes de su iluminación, Gotama rechazó tales prácticas porque se dio cuenta de que estaban arraigadas en la aversión al cuerpo. Habiendo abandonado el ascetismo, se volvió en cambio hacia su recuerdo temprano de haber experimentado el primer rūpa jhāna cuando era joven, y este alejamiento del ascetismo y acercamiento a la práctica del jhāna le condujo finalmente a su experiencia de iluminación. Cuando empezó a enseñar a otros cómo experimentar la iluminación por sí mismos, sus enseñanzas se centraron en el desarrollo de los jhānas como base de la sabiduría.

Jhānas y Sabiduría

Tras rechazar la vía de las austeridades, las enseñanzas de Buda se centraron en la práctica detallada y la experiencia de los jhānas y el kammaṭṭhāna gemelo, que llegaron a conocerse como samatha y vipassanā. Nunca se insistirá lo suficiente en la centralidad del jhāna en las enseñanzas de Buda, como por ejemplo, en este extracto del *Gaṅgā-Peyyālo Sutta*:

> Así como, monjes, el río Ganges fluye hacia el este, se desliza hacia el este, tiende hacia el este, del mismo modo, un monje cultivando los cuatro trances [jhānas], haciendo mucho de los cuatro trances [jhānas], fluye, se desliza y tiende al nibbāna.[87]

Otro ejemplo es el verso 372 del *Dhammapada*:

> Natthi jhānaṃ apaññassa, paññā natthi ajhāyato. Yamhi jhānañca paññā ca, sa ve nibbānasantike.
>
> No hay jhāna para quien carece de sabiduría. Ni sabiduría para uno sin jhāna. Pero para uno con ambos, jhāna y sabiduría, el Nibbāna verdaderamente está cerca.

Aquí sabiduría, o paññā, es un epíteto común para el Camino, pero el verdadero significado de esta breve afirmación es la igual importancia dada al jhāna y a la sabiduría. Esto se refiere a la experiencia subjetiva desde las primeras etapas de aproximación

87 Se trata de la traducción de F. L. Woodward del *Gaṅgā Peyyala Sutta*, Saṃyutta Nikāya 53.1, disponible en https://obo.genaud.net/dhamma-vinaya/pts/sn/05_mv/sn05.53.001-012.wood.pts.htm

al primer rūpa jhāna, de cómo el vipassanā se desarrolla junto al jhāna desde el principio. Desprenderse de la consciencia sensorial encuentra resistencia, experimentados como impedimentos, y solo cuando un meditador tiene suficiente discernimiento sobre cómo desprenderse del querer o no querer, cómo debilitar los hábitos del apego y el ansia, se abre el camino para experimentar la unificación de la mente que caracteriza al jhāna.

Jhānas y los Cuatro Caminos

Mi opinión, basada en una amplia experiencia con las antiguas prácticas y con practicantes, es que los jhānas (aunque no se describen explícitamente como tales en ningún texto, que yo sepa) pueden entenderse como experiencias temporales de las etapas de entendimiento del Camino Budista. Las cuatro etapas de entendimiento son alcanzadas por cuatro categorías de personas: el sotāpanna, que entra en la corriente; el sakadāgāmin, que regresa una vez; el anāgāmin, que no regresa; y el arahant, plenamente entendido. Estos se enumeran en la tabla 9.

En cada etapa se trascienden progresivamente los «grilletes» que atan a una persona a ciclos repetidos de renacimiento. Estos también se enumeran junto con los renacimientos futuros en la tabla 9. Quienes alcanzan plenamente (es decir, permanentemente) uno de estos Caminos se convierten en miembros de la Ariyā Saṅgha, técnicamente superior a los miembros de la Bhikkhu Saṅgha si estos últimos aún no han alcanzado uno de los Caminos.

El Sotāpanna y «los Tres»

En el capítulo 3, se describieron tres niveles de maestría para al menos los tres primeros de los cuatro rūpa jhānas, y se cree tradicionalmente que esos mismos tres niveles conducen a duraciones cada vez más largas de renacimiento en los reinos correspondientes a cada jhāna (véase la discusión del capítulo 13 sobre las jerarquías). Algunos creen que la situación del cuarto rūpa jhāna es diferente, en el sentido de que como ese jhāna ha alcanzado la perfección de la ecuanimidad, sin nada más que hacer, no puede haber, por tanto, gradaciones en su experiencia.

En lo que respecta a los Caminos enumerados en la tabla 9, el primer rūpa jhāna como primera experiencia del Camino es de particular interés. Correspondiendo a las tres etapas de dominio del primer jhāna, el sotāpanna se describe en el *Vimuttimagga* XII como de tres tipos: uno de facultades débiles que nacerá en reinos superiores durante seis nacimientos antes de un último nacimiento humano para completar el Camino; uno de facultades medias que nacerá dos o tres veces como humano antes de completar el Camino; y uno de facultades agudas que nacerá una vez más como humano para completar el Camino en esa vida.[88]

Este último curso no se elabora en textos escritos, pero sugiere que las experiencias vitales durante esa única vida para tal persona tienen el mismo peso e impacto que lo que de otro modo requeriría siete vidas. La importancia de siete vidas en lugar de dos o veinte está relacionada con el trabajo y el desarrollo de los siete factores de la iluminación, los bojjhaṅgas.

En el caso de un sotāpanna que renace, esa persona necesitará volver a experimentar el Camino para que se encarne una vez más en el nuevo nacimiento (es decir, cuerpo), pero esa experiencia será sutilmente diferente de su primera aparición en una vida anterior. Aunque no habrá ningún recuerdo contextual del éxito en la experiencia previa (a menos que la persona haya dominado el recuerdo de vidas anteriores, lo que quizá sea poco probable para un sotāpanna de primera etapa), la re-experiencia puede ocurrir con sorprendente facilidad, y puede llevar algún tiempo comprender plenamente su significado y su importan-

88 *Vimuttimagga* (Upatissa [1961, p. 308]).

cia. Sin embargo, aunque no se comprenda plenamente —hasta que tal vez lo confirme alguien capaz de hacerlo—, se dice que se caracteriza por una consciencia aguda y a veces aleccionadora e incluso dolorosa de lo que aún no se ha logrado, de lo que queda por hacer, más que por el orgullo de haber alcanzado algo especial.

Ledi Sayadaw menciona en sus primeros escritos un término, *bon-sin-san*, como el nivel más bajo de sotāpanna, el cual, dado el trasfondo de las prácticas vipassanā que defendía y que no requerían el desarrollo del jhāna, podría referirse a una persona que a través del sīla (pecado) y una fe bien desarrollada se ha asegurado un próximo nacimiento favorable. Sin embargo, quizás tenga muchas, muchas vidas más antes de alcanzar finalmente el arahatship, a diferencia del sotāpanna más habitual, descrito en la tabla 9, que tiene como máximo siete vidas futuras. Aunque el término no se encuentra en los suttas, la interpretación birmana común de *bon-sin-san* es que la persona ha progresado lo suficiente como para garantizar alcanzar el arahatship en algún momento futuro, de ahí que Ledi Sayadaw utilice el término como un tipo de sotāpanna.

Jhānas, Arūpas y Caminos

La práctica de los jhānas y de los arūpas sin forma permite al meditador experimentar directamente cierto grado de liberación de la consciencia sensorial, con una comprensión cada vez mayor del apego y de las raíces del sufrimiento. La tabla 10 resume los factores que caracterizan los paralelismos entre cada una de estas etapas y los cuatro Caminos de la iluminación.

Una experiencia inicial del primer rūpa jhāna puede ser una experiencia importante en la vida de una persona, la comprensión de otro reino de experiencia muy diferente a la consciencia sensorial, que rompe la ilusión de un «yo» permanente. La visión errónea del yo se disuelve, la duda y el apego a los ritos y

Tabla 9. Etapas del camino.

Etapa del Camino	Grilletes Abandonados		Renacimientos
Sotāpanna Que entra en la corriente	1. Falsa visión de sí mismo 2. Duda 3. Apego a los rituales o al ascetismo	Grilletes inferiores	• 6 renacimientos en reinos superiores antes del renacimiento humano final (facultad débil) • 2 o 3 renacimientos humanos más (facultad media) • 1 más renacimiento humano (facultad aguda)
Sakadāgāmin Que regresa una vez	Como arriba, + debilitado: 4. Sentir el deseo 5. Mala voluntad	Grilletes inferiores	Una vez más como humano
Anāgāmin Que no regresa	Totalmente abandonado: 4. Sentir el deseo 5. Mala voluntad	Grilletes inferiores	Una vez más en un reino celestial (morada pura)
Arahant Plenamente entendido	Totalmente abandonado: 6. Apego a los rūpa jhānas 7. Apego a los arūpa jhānas 8. Engreimiento 9. Inquietud 10. Ignorancia	Grilletes más altos	No más renacimientos

rituales desaparecen para ser sustituidos por una confianza más profunda en que el Camino existe realmente. Esto equivale a una experiencia temporal de la etapa sotāpanna y se mantiene en equilibrio gracias al poder del vitakka y el vicāra estabilizados.

Para desarrollar el segundo rūpa jhāna se requiere un grado de dominio del apego mucho mayor que el requerido para el primer rūpa jhāna. Esto es particularmente así en lo que respecta a la perturbación corporal, o pīti no tranquilizado. Con el tiempo, el meditador se hace consciente de que incluso la más mínima perturbación es un obstáculo para el aumento de la tranquilidad y la quietud, que entonces se tranquiliza rápidamente mediante passaddhi en samādhi de profundización. Esto podría considerarse entonces como una experiencia temporal del Camino sakadāgāmin caracterizada por una aversión debilitada —dosa— y apego, o codicia —lobha—. En la vida cotidiana, si se convierte en permanente, equivaldría a ser capaz de tranquilizar rápidamente cualquier despertar de codicia u odio si surgieran.

El tercer rūpa jhāna va más allá: el meditador alcanza el punto de sukha abarcador, o dicha mental, experimentada sin apego dentro de la ecuanimidad profunda —upekkhā—. Tan abarcadora es esta experiencia de dicha dentro de la ecuanimidad, descrita en textos como el *Visuddhimagga* como «perfectamente consciente», que no hay ahora lugar para la más mínima perturbación ni del cuerpo ni de la mente. Esto podría considerarse entonces como una experimentación temporal del Camino anāgāmin, caracterizado por la ausencia total del dosa y del lobha, que si llegara a ser plenamente entendido y permanente equivaldría en la vida cotidiana a una completa tranquilidad o ecuanimidad ante cualquier provocación hacia el dosa o el lobha.

En el cuarto rūpa jhāna, el samādhi y la upekkhā se vuelven completos; se ha abandonado todo apego, incluso el apego a la felicidad. Esta ecuanimidad plenamente perfeccionada, upekkhā, y la liberación de todo apego, que completa los rūpa jhānas sin desarrollo ulterior posible dentro del reino de la forma, podría considerarse entonces como una experiencia temporal del Camino arahant.

Se dice que la experiencia plena del Camino puede surgir en cualquier momento si las condiciones y el meditador están «maduros», y esto es particularmente así en los momentos de establecer uno de los jhānas, que se describe como un cambio de linaje, *gotrabhu*, al igual que el éxito de una de las etapas del Camino también se describe como un cambio de linaje. En el Camino gradual del ānāpānasati y el Yogāvacara, no debe haber ninguna urgencia en este proceso, ya que cualquier dirección o intención artificiosa de este tipo niega la posibilidad del éxito: el Camino solamente puede surgir si no está condicionado. Practicar los jhānas, tanto si surge el Camino como si no, es como dibujar un yantra Ong Phra repetidamente hasta que, en algún momento, toma la forma de un cuerpo Dhammakāya. Es un proceso gradual y acumulativo.

Si el meditador no experimenta el surgimiento del Camino en conjunción con uno de los rūpa jhānas, entonces las prácticas arūpa, sin forma, pueden acercarlo aún más, como se describe en la tabla 9, debido a la naturaleza verdaderamente ilimitada de los arūpas. Así, al desarrollar el primer arūpa, la infinitud del espacio, un meditador sólo puede hacerlo abandonando por completo la seguridad de una posición de sujeto, lo que requiere un elevado desarrollo del no apego y la correspondiente comprensión de la impermanencia y de la naturaleza del sufrimiento. En ese punto de establecimiento de la experiencia arūpa, si es verdaderamente ilimitada, no queda nada que interfiera con un logro completo del primer Camino sotāpanna, aplicándose el mismo principio para los demás arūpas y Caminos superiores. La cuestión de lo «verdaderamente ilimitado» es entonces muy interesante; ¿cómo puede saberse que es así? ¿Podría darse el caso de que la consecución del Camino en ese momento sea la única forma segura de que eso se confirme?

Tabla 10. Jhānas y Arūpas en Relación con las Etapas del Camino

Jhānas y Arūpas	En Relación con las Etapas del Camino
1.er Rūpa Jhāna	El cambio de linaje al desligarse de la consciencia sensorial = experiencia *temporal* de la primera **sotāpanna**, etapa del que entra en la corriente. Dosa/lobha/ moha (mala voluntad/ codicia/engaño) suspendidos y mantenidos a raya por la actividad del vitakka y el vicāra, aunque todavía cercanos como enemigos cercanos.
2.º Rūpa Jhāna	Pīti y toda perturbación corporal progresivamente tranquilizadas; cualquier tendencia a la perturbación a través del dosa o del lobha rápidamente dominada por el passaddhi = **sakadāgāmin** temporal, del que regresa solo una vez.
3.er Rūpa Jhāna	«Plenamente consciente» = sin retroceso. No queda rastro del dosa o del lobha dentro del jhāna = **anāgāmin** temporal, del que no regresa.
4.º Rūpa Jhāna	Ecuanimidad, upekkhā, plenamente desarrollada, ya no hay apego basado en nombrar, gustar, no-gustar, querer o no querer = **arahant** temporal.
Infinidad de Espacio	La experiencia del polo objeto como infinito elimina el encantamiento con el mundo, estableciendo la visión correcta. Si se perfecciona (es decir, es ilimitado) = **sotāpanna** permanente.
Infinidad de Consciencia	La experiencia del polo sujeto como infinito elimina el constructo «yo», al igual que el dosa y el lobha relacionados con ello = **sakadāgāmin** permanente si se perfecciona.
La Nada	El desapego tanto de la posición de sujeto como de la de objeto establece la libertad del apego al mundo sensorial = **anāgāmin** permanente si se perfecciona.
Ni Percepción ni No-Percepción	Dejar de sentirse atraído por percibir, o por no percibir, elimina todo apego a cualquier suposición de un «yo» = libertad = **arahant** permanente si se perfecciona.

El Origen Dependiente Trascendente

En el capítulo anterior, el modelo budista del origen dependiente y el modelo neurocientífico de la inferencia activa se describieron como dos formulaciones de la naturaleza repetitiva y cíclica de vivir dentro de la consciencia sensorial. Desengancharse de la consciencia sensorial significa, por tanto, que en la experiencia de los jhānas, el meditador rompe el ciclo del origen dependiente, al menos mientras dura el jhāna. Esto también significa que en ese modo no se hace nuevo kamma, ya que es el ciclo repetitivo de respuesta al mundo sensorial el que conduce a elecciones de acción basadas en la experiencia previa —y el kamma es esencialmente acción—. Este es un factor relacionado con la tesis de los jhānas como experiencias temporales del Camino.

El origen dependiente suele calificarse como mundano, lo que significa que es una descripción de la vida dentro de la consciencia sensorial. Pero existe otra formulación conocida como origen dependiente trascendente, que describe en detalle los procesos que finalmente rompen el ciclo mundano para revelar el Camino. Esto se ilustra en la figura 50, y es mi formulación basada en la traducción, hecha por Bhikkhu Bodhi en 1995 del *Upanisa Sutta* del Saṃyutta Nikāya. A menudo se hace referencia a esta comprensión detallada del origen dependiente como el corazón de la enseñanza de Buda, como en el *Mahā-hatthipadopama Sutta*, en el que Buda proclama: «Quien ve el surgimiento dependiente ve el Dhamma; quien ve el Dhamma ve el surgimiento dependiente».[89]

La serie circular de la parte inferior de la figura 50 es la misma que la mostrada en el capítulo anterior (figura 48) para el proceso mundano, salvo que en el *Upanisa Sutta* la etapa «envejecimiento y muerte» se sustituye por «dukkha (sufrimiento)».

89 Este extracto está tomado de la traducción de Bhikkhu Thanissaro (2003) del *Mahā-hatthipadopama Sutta*, Majjhima Nikāya 28 (PTS: M i 184).

Figura 50. Origen dependiente trascendente.

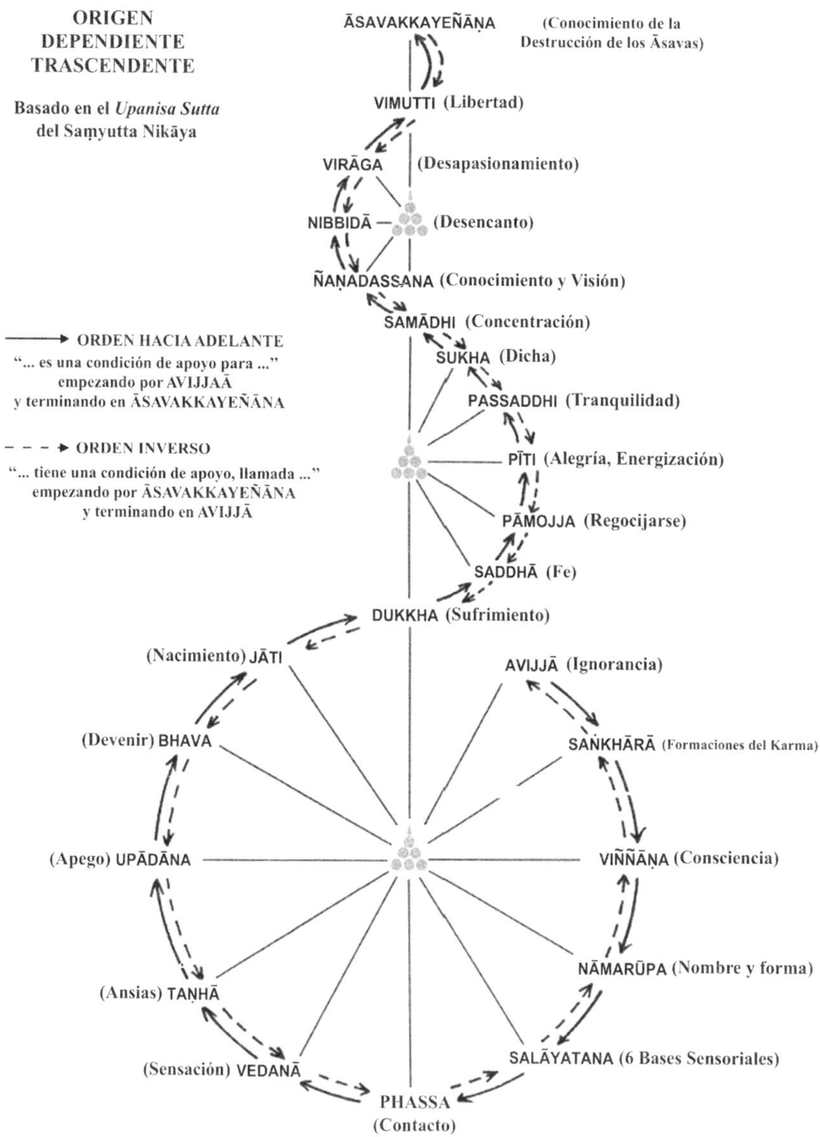

De hecho, en los suttas, la fórmula del origen dependiente mundano suele terminar con el estribillo «con el nacimiento como condición, surgen el envejecimiento y la muerte, la tristeza, la lamentación, el dolor, la pena y la desesperación. Tal es el origen de toda esta masa de sufrimiento».

El sufrimiento por sí mismo puede conducir a un profundo malestar y desilusión con los patrones repetitivos de esfuerzo basados en querer o no querer, pero para desencadenar una nueva dirección radical se requiere algo más. El primer eslabón del modo trascendente, «el sufrimiento es la condición de apoyo para la fe»,[90] identifica la importancia de encontrarse con una enseñanza que pueda inspirar la fe lo suficiente como para estimular el esfuerzo en una nueva dirección. Muchos meditadores reconocerían un momento así, bien al encontrarse con el Dhamma en obras escritas o al escuchar una charla, o más a menudo al conocer a un maestro con alguna conexión con un camino auténtico.

Tras este primer paso en el camino trascendente —el despertar de la saddhā, la fe— hay entonces dos formas, quizá más, de interpretar toda la serie de etapas de la figura 50.

En la primera, que creo que es la descrita por Bhikkhu Bodhi, las etapas pāmojja (regocijarse), pīti, passaddhi y sukha conducen a la siguiente etapa, samādhi, la absorción del jhāna (no se especifica si se trata del primer rūpa jhāna o de toda la serie de rūpa jhānas y arūpas). Las etapas subsiguientes son entonces etapas progresivas de discernimiento, que en *virāga* (desapasionamiento), se convierten en supramundanas, lo que significa que han pasado más allá de los reinos sensorial, fino-material o sin forma para convertirse en incondicionados. A partir de aquí se despliegan los cuatro Caminos, que culminan en *vimutti* (libertad), seguida de la etapa final de *āsavakkayeñāṇa* (conocimiento

90 Bodhi, 1995.

de la destrucción de los āsavas), que también puede interpretarse como una mirada retrospectiva a todo lo anterior.

La interrelación de las etapas descritas para los diferentes modelos —los bojjhaṅgas, los jhānas, el Camino Óctuple y ahora los eslabones del origen dependiente trascendente— permiten varias interpretaciones más detalladas, siendo las siguientes las más se corresponden con la discusión hasta ahora descrita en las tablas 8, 9 y 10.

De nuevo partiendo del saddhā (fe), el contacto con un auténtico camino ofrece un grado de esperanza, da alivio a la desesperanza y establece una nueva dirección hacia adelante con la que la mente se regocija (pāmojja). La nueva dirección hacia adelante equivale a establecer el vitakka y el vicāra, y junto con el regocijo (y cuando se sigue) conduce al primer rūpa jhāna. Los dos eslabones siguientes, pīti y passaddhi, describen el desarrollo del segundo rūpa jhāna, como se detalla en el capítulo 3, seguido del sukha (la dicha), para el tercer rūpa jhāna, como se describe en el capítulo 4, y luego samādhi para el cuarto rūpa jhāna. En el capítulo 5 seguimos la tradición de los factores jhāna para nombrar la upekkhā como el factor caracterizador del cuarto rūpa jhāna, pero el samādhi como concentración plenamente desarrollada en el sentido del séptimo factor del Camino Óctuple es igualmente válido.

Así, el arco orientado a la derecha de la figura 50 en esta interpretación describe la progresión a través de los cuatro rūpa jhānas, y luego, el arco orientado a la izquierda se ocupa de las etapas arūpa sin forma y su interrelación con los Caminos como en la tabla 10.

La siguiente etapa es entonces *ñāṇadassana* (conocimiento y visión «de las cosas tal como son»), que corresponde al desmantelamiento de los procesos habituales sujeto-objeto del «yo» para realizar un nuevo nivel de realidad en el primer arūpa, la infinitud del espacio, como experiencia temporal del primer Camino sotāpanna (por el que se entra en la corriente), que, si la experiencia es verdaderamente ilimitada, será una iluminación permanente. La siguiente etapa, *nibbidā* (el desencanto), corresponde entonces al segundo arūpa, la infinitud de consciencia, que rompe efectivamente el «hechizo» de la consciencia del «yo» lo suficiente como para desarrollar una experiencia temporal del segundo Camino del sakadāgāmin, o del que regresa una vez —de nuevo, una iluminación permanente si es verdaderamente ilimitada—.

Virāga (el desapasionamiento) corresponde entonces al tercer arūpa, la nada, donde un meditador se separa completamente tanto del polo sujeto como del polo objeto, sin aferrarse a ninguno, como una experiencia temporal del tercer Camino del anāgāmin, o del que no regresa —una vez más, permanente si es verdaderamente ilimitado—.

A Virāga le sigue vimutti (libertad), que corresponde a la liberación de todo apego en el cuarto arūpa de ni percepción ni no-percepción, y la etapa del arahant plenamente entendido. La etapa final, āsavakkayeñāṇa (conocimiento de la destrucción de los āsavas, o de todos los grilletes), es la etapa de mirar hacia atrás a todo lo que ha conducido a la etapa final de culminación. En el caso de la propia experiencia de Buda, correspondería a la segunda semana después de su iluminación, cuando se paró frente al árbol Bodhi desde la distancia para reflexionar durante siete días sobre todo lo que había pasado antes, «inmóvil y con la mirada fija».[91]

Para Buda, la «mirada retrospectiva» habría incluido no solo lo que había pasado antes en su vida actual, sino también todas las vidas precedentes. Aunque en ese sentido, y en el esquema del origen dependiente transcendente, representa la cima de la iluminación, la práctica del repaso que se hace después de la

91 Esto se describe en Dennison (2020) como parte de una discusión sobre el séptimo bojjhaṅga.

meditación formal, descrita anteriormente en este libro, no deja de tener relación como punto de partida.

Un Camino Acelerado

El Yogāvacara, con su enfoque en el dominio del jhāna, tiene similitudes con la visión tibetana de un Camino acelerado que, en algunas circunstancias, podría completarse en una vida. Esta idea de un camino acelerado es muy diferente de la opinión que prevaleció durante las reformas budistas de la década de 1830 en Tailandia de que el Camino ya se había perdido.

La posibilidad de un camino acelerado reside en la capacidad o cualidad del jhāna para «dispersar» (en pāli, *apacaya-gāmiṃ*) el kamma. Este proceso es de naturaleza casi alquímica y está relacionado con muchas secuencias repetidas de desligarse de la consciencia sensorial hacia la quietud de la consciencia jhāna, donde los procesos normales de acción —por tanto, de creación de más kamma— se suspenden temporalmente. Las repetidas «fricciones» creadas en este proceso parecen aflojar los recuerdos sutiles de acciones y experiencias pasadas retenidas en su mayor parte en el cuerpo, no muy diferente, pero aparentemente más poderoso, que el efecto del psicoanálisis sobre los recuerdos reprimidos.

Las cuestiones relacionadas con el kamma pueden salir a la superficie de tu mente antes de lo que esperas. Esto puede resultar sorprendente e incluso desafiante para un meditador laico. Sin embargo, en ambas tradiciones, tibetana y Yogāvacara, parece haber una comprensión incorporada de cómo gestionar tales experiencias dentro de la Saṅgha, ya sea una Saṅgha monástica o una Saṅgha laica. Además, puesto que detalladamente se comprende el pīti como un factor jhāna que es común a ambas tradiciones, también puede ser un factor que permita gestionar la aparición de dichos efectos kármicos más profundos, de manera similar a la capacidad que tiene, casi automática, de tranquilizar e incorporar el pīti en una quietud más profunda también.

De este modo, si resurgen episodios de emociones fuertes del pasado, pueden disolverse por sí solos si se contemplan con cierta ecuanimidad.

Reflexionando sobre cómo han resurgido las prácticas anteriores a la reforma en esta tradición durante los últimos casi sesenta años, me llaman la atención tres temas en particular que creo que ponen de relieve lo que casi se perdió en las «reformas», pero que se ha restablecido con firmeza. El más significativo tiene que ser la importancia dada al equilibrio entre el *mindfulness* y la concentración, que es mi primer recuerdo de cómo Nai Boonman introdujo estas prácticas en los sesenta. Basándome en las discusiones de este libro, creo que esta instrucción aparentemente sencilla encierra la esencia del «kammaṭṭhāna gemelo» del Yogāvacara. Al emprender la práctica, «concentración» significa establecer un punto de referencia inicial (vitakka), mientras que «*mindfulness*» establece el contexto y la saliencia necesarios (dhamma-vicaya o vicāra) sin los cuales un punto de concentración inmóvil carece realmente de sentido.

Después de todo, cuando la práctica llega a su plenitud en la experiencia del jhāna, la concentración y el *mindfulness* se han equilibrado y unificado perfectamente en el samatha y el vipassanā, recordando a los estados superpuestos de la teoría cuántica, los cuales se resuelven en el momento emergente al ser observados directamente —incluso, paññā—. También el objetivo mínimo de experimentar solamente el primer rūpa jhāna hace que el significado de este equilibrio entre concentración y *mindfulness*, entre samatha y vipassanā, sea vívidamente claro. Al final, esto termina destacando que descuidar este equilibrio, como sucedió en las reformas que prescindieron de la meditación jhāna, puede tener consecuencias de largo alcance.

El segundo tema relacionado con esto es el papel del pīti en la energización y el despertar efectivo del cuerpo para incorporarse plenamente a un samādhi mente-cuerpo, donde «nada queda por fuera», mientras que el tercer tema es la antigua habilidad de utilizar diferentes duraciones de respiración para facilitar la desconexión de la consciencia sensorial.

Las «reformas» de las décadas de 1830 y 1950 en adelante estuvieron muy cerca de destruir prácticas centenarias, en particular la meditación jhāna, que estuvieron en el corazón del Camino Budista durante más de 2500 años. Resulta, hasta cierto punto, irónico que el daño causado por esas reformas, racionalizadas como más modernas y «científicas», pueda estar hasta ahora en proceso de ser reparado, ayudado por la comprensión detallada de los procesos cerebrales a partir de los desarrollos (científicos) más recientes de la neurociencia en este siglo XXI.

BIBLIOGRAFÍA

Amaravati Buddhist Monastery. *Chanting Book and Audio*. Hertfordshire: Amaravati Publications. https://amaravati.org/teachings/chanting/.

Aṅguttara Nikāya. 6 vols. Londres: Pali Text Society.

Bizot, François. 1992. *Le Chemin de Lanka*. Paris: l'École française d'Extrême-Orient.

Blumberg, M. S., A. J. Gall, and W. D. Todd. 2014. «The Development of Sleep-Wake Rhythms and the Search for Elemental Circuits in the Infant Brain». *Behavioural Neuroscience* 128 (3). doi: 10.1037/a0035891.

Bodhi, Bhikkhu. 1980. *Transcendent Dependent Arising: A Translation and Exposition of the Upanisa Sutta*. Kandy: Buddhist Publication Society. https://www.accesstoinsight.org/tipitaka/sn/sn12/sn12.023.bodh.html.

Bodhi, Bhikkhu. 2000. *A Comprehensive Manual of Abhidhamma: The Abhidhammattha Sangaha of Acariya Anuruddha*. Washington: BPS Pariyatti. http://www.saraniya.com/books/meditation/Bhikkhu_Bodhi-Comprehensive_Manual_of_Abhidhamma.pdf.

Bodhi, Bhikkhu, y Bhikkhu Ñāṇamoli. 1995. *The Bahudhātuka Sutta. In Majjhima Nikāya: The Middle Length Discourses of the Buddha*. Kandy: Buddhist Publication Society, p. 927.

Brahmāli, Bhikkhu. 2007. «Jhāna and Lokuttara-jhāna». *Buddhist Studies Review* 24 (1): 75–90. doi: 10.1558/bsrv.v24i1.75.

Braun, Erik. 2013. *The Birth of Insight: Meditation, Modern Buddhism, and the Burmese Monk Ledi Sayadaw*. Chicago: University of Chicago Press.

Bucknell, Roderick S., y Martin Stuart-Fox. 1986. *The Twilight Language: Explorations in Buddhist Language and Symbolism*. Londres: Curzon Press.

Buddhaghosa (siglo V). 1999. *The Path of Purification: Visuddhimagga*. Traducción del pali por Bhikkhu Ñaṇamoli. Onalaska, WI: Pariyatti Publishing.

Chögyam Trungpa. 1995. «The Path Is the Goal». En *The Collected Works of Chögyam Trungpa*, Vol. 2. Boston: Shambhala Publications.

Cousins, L. S. 1973. «Buddhist Jhāna: Its Nature and Attainment According to Pāli Sources». *Religion* 3:115–31.

Crosby, Kate. 2000. «Tantric Theravāda: A Bibliographic Essay on the Writings of Françoise Bizot and Others on the Yogāvacara Tradition». *Contemporary Buddhism* 1 (2). doi: 10.1080/14639940008573729.

Crosby, Kate. 2013. *Traditional Theravāda Meditation and Its Modern-Era Suppression*. Hong Kong: Buddhist Dhamma Center of Hong Kong.

Crosby, Kate. 2021. *Esoteric Theravada: The Story of the Forgotten Meditation Tradition of Southeast Asia*. Boulder, CO: Shambala.

Daw Mya Tin, trad. 2019. *The Dhammapada: Verses and Stories*. Kandy: Buddhist Publication Society; primera ed., Rangoon: Burma Pitaka Association, 1986.

Dennison, Paul. 1997. «Language and Defence, and the Self-Representation». Essay, Regent's College School of Psychotherapy. doi: 10.13140/RG.2.1.4233.4885.

Dennison, Paul. 2012a. «Psychodynamic Staff Support Groups: Avoiding Burnout." *ResearchGate*, doi: 10.13140/RG.2.1.2954.5129.

Dennison, Paul. 2012b. *Quantum Mind: Meditation and Brain Science*. Paendim Dhamma Foundation. Bangkok: Sangsilp Press. https://osf.io/qdeyc/.

Dennison, Paul. 2019. «The Human Default Consciousness and Its Disruption: Insights from an EEG Study of Buddhist Jhāna Meditation». *Frontiers in Human Neuroscience* 13:178. doi: 10.3389/fnhum.2019.00178.

Dennison, Paul. 2020. *The Seven Bojjhaṅgās: The Buddhist Factors of Enlightenment, the Jhānas and Days of the Week Buddha Images.* Londres: Itipiso Publications.

Dennison, Paul, ed. 2021a. *Perspectives on Consciousness.* New York: Nova Science.

Dennison, Paul. 2021b. «The Human Default Consciousness, Jhāna Consciousness, Gaia 'Consciousness' and Some Thoughts on the Covid-19 Pandemic». En *Perspectives on Consciousness,* editado por P. Dennison. New York: Nova Science. https://doi.org/10.31219/osf.io/djsk6.

Dennison, Paul, y Jerome Carson. 2008. «The Role of Groupwork in Tackling Organizational Burnout: Two Contrasting Perspectives». *Groupwork* 18 (2): 8–25. doi: 10.1921/81122.

Dīgha Nikāya. 3 vols. Londres: Pali Text Society.

Freud, Sigmund. 1890. *Psychical (or Mental) Treatment.* Vol. 7 de *The Standard Edition of the Complete Psychological Works of Sigmund Freud*, editado por James Strachey, Anna Freud, Alix Strachey, y Alan Tyson. Londres: Hogarth Press.

Freud, Sigmund. 1895. *Project for a Scientific Psychology.* Vol. 1 de *The Standard Edition of the Complete Psychological Works of Sigmund Freud*, editado por James Strachey, Anna Freud, Alix Strachey, y Alan Tyson. Londres: Hogarth Press.

Friston, Karl J. 2010. «The Free-Energy Principle: A Unified Brain Theory?» *Nature Reviews Neuroscience* 11:127–39. doi: 10.1038/nrn2787.

Friston, Karl J. 2018. «Am I Self-Conscious? (Or Does Self-Organization Entail Self-Consciousness?)». *Frontiers in Psychology* 9 (579): 1–10. doi: 10.3389/fpsyg.2018.00579.

Friston, Karl J., Erik D. Fagerholm, Tahereh S. Zarghami, Thomas Parr, *et al.* 2020. «Parcels and Particles: Markov Blankets in the Brain». *Network Neuroscience*, doi: 10.1162/netn_a_00175.

Gethin, Rupert. 1986. «The Five Khandhās: Their Treatment in the Nikāyas and Early Abhidhamma». *Journal of Indian Philosophy* 14:35–53.

Gethin, Rupert. 1998. *The Foundations of Buddhism*. Oxford: Oxford University Press.

Govinda, Lama Anagarika. 1969. *Foundations of Tibetan Mysticism*. New York: Red Wheel/Weiser.

Guevara-Erra, Ramon, Diego M. Mateos, Richard Wennberg, y Jose L. Perez Velazquez. 2016. «Statistical Mechanics of Consciousness: Maximization of Information Content of Network Is Associated with Conscious Awareness». *Physical Review E* 94, doi:10.1103/Phys-RevE.94. 052402.

Harvey, Peter. 1995. *The Selfless Mind: Personality, Consciousness and Nirvana in Early Buddhism*. Richmond, U.K.: Curzon Press.

Harvey, Peter. 2013. *An Introduction to Buddhism: Teachings, History and Practices*. 2ª ed. Cambridge: Cambridge University Press.

Harvey, Peter. 2021. «The Nature and Roles of Consciousness in Theravāda Buddhism». En *Perspectives on Consciousness*, editado por Paul Dennison. New York: Nova Science.

Herbet, Guillaume, Gilles Lafargue, Nicolas Menjot de Champfleur, Sylvie Moritz-Gasser, *et al*. 2014. «Disrupting Posterior Cingulate Connectivity Disconnects Consciousness from the External Environment». *Neuropsychologia* 56:239–44. doi: 10.1016/j.neuropsychologia.2014.01.020.

Kapur, Indrani. 1979. «Studies in Early Buddhist Symbolism and Metaphysics: Change and Continuity in Indian Religious and Philosophic Thought». Tesis doctoral, Australian National University (Canberra).

Khantipalo Bhikkhu. 1965. *With Robes and Bowl: Glimpses of the Thudong Bhikkhu Life*. Wheel Publications 83/84. Kandy: Buddhist Publication Society.

Kirchhoff, Michael, Thomas Parr, Ensor Palacios, Karl Friston, y Julian Kiverstein. 2018. «The Markov Blankets of Life: Autonomy, Active Inference and the Free Energy Principle». *Journal of the Royal Society Interface*, doi: 10.1098/rsif.2017.0792.

Kloetzli, W. Randolph. 1983. *Buddhist Cosmology: Science and Theology in the Images of Motion and Light*. Delhi: Motilal Banarsidass.

Kluge, Annette, y Norbert Gronau. 2018. «Intentional Forgetting in Organizations: The Importance of Eliminating Retrieval Cues for

Implementing New Routines». *Frontiers in Psychology* 9 (51). doi: 10.3389/fpsyg.2018.00051.
Kornfield, Jack. 2008. *The Wise Heart*. London: Rider.
Kozhevnikov, Maria, James Elliott, Jennifer Shephard, y Klaus Grammasn. 2013. «Neurocognitive and Somatic Components of Temperature Increases during G-Tummo Meditation: Legend and Reality». *Plos One 8* (3). doi: 10.1371/journal.pone.0058244.
Laborde, Sylvain, Emma Mosley, y Julian F. Thayer. 2017. «Heart Rate Variability and Cardiac Vagal Tone in Psychophysiological Research: Recommendations for Experiment Planning, Data Analysis, and Data Reporting». *Frontiers in Psychology* 8 (219), doi: 10.3389/fpsyg.2017.00213.
Lancaster, Brian L. 1997. «On the Stages of Perception: Towards a Synthesis of Cognitive Neuroscience and the Buddhist Abhidhamma Tradition». *Journal of Consciousness Studies* 4 (2): 122–42.
Leibniz, Gottfried Wilhelm. 1707. Reprint 1896. *New Essays Concerning Human Understanding*. Traducido por Alfred G. Langley. Nueva York: Macmillan. https://archive.org/details/cu31924032296422/page/n163/mode/2up.
Lichtenberg, Georg Christoph. (1742–99) 1990. *Aphorisms*. Nueva York: Penguin.
Mahāsi Sayadaw. (1945) 2016. *Manual of Insight*. Nueva York: Wisdom Publications.
Mahāsi Sayadaw. (1971) 1998. *Practical Insight Meditation*. Kandy: Buddhist Publication Society.
Majjhima Nikāya. 4 vols. London: Pāli Text Society.
Maldonato, Nelson M. 2014. «The Ascending Reticular Activating System: The Common Root of Consciousness and Attention». En *Recent Advances of Neural Network Models and Applications. Proceedings of the 23rd Workshop*, Italian Neural Networks Society. doi: 10.1007/978-3-319-04129-2_33.
McCargo, Duncan. 2012. «The Changing Politics of Thailand's Buddhist Order». *Critical Asian Studies* 44 (4): 627–642. doi: 10.1080/14672715.2012.738544.

Milner, David. 2017. «How Do the Two Visual Streams Interact with Each Other?». *Experimental Brain Research* 235 (5): 1297–1308. doi: 10.1007/s00221-017-4917-4.

Ñāṇamoli, Bhikkhu. (1952) 2010. *Mindfulness of Breathing (Ānāpānasati): Buddhist Texts from the Pāli Canon*. Kandy: Buddhist Publication Society.

Nhat Hanh, Thich. 2008. *Breathe, You Are Alive: The Sutta on the Full Awareness of Breathing*. Nueva York: Parallax Press.

Nyanatiloka Thera. 1998. *Buddhist Dictionary: Manual of Buddhist Terms and Doctrines*. Kandy: Buddhist Publication Society.

Pascual-Marqui, Roberto D. 2002. «Standardized Low Resolution Brain Electromagnetic Tomography (sLoreta): Technical Details». *Methods and Findings in Experimental and Clinical Pharmacology* 24D:5–12.

Pascual-Marqui, Roberto D. 2007. «Discrete, 3D Distributed, Linear Imaging Methods of Electric Neuronal Activity. Part 1: Exact, Zero Error Localization». Link to PDF available at https://arxiv.org/abs/0710.3341v2.

Pearl, Judea. 1988. *Probabilistic Reasoning in Intelligent Systems: Networks of Plausible Inference*. San Mateo, CA: Morgan Kaufmann.

Petersen, Steven E., y Michael I. Posner. 2012. «The Attention System of the Brain: 20 Years After». *Annual Review of Neuroscience* 35:73–89. doi: 10.1146/annurev-neuro-062111-150-525.

Price, Cynthia J., y Carole Hooven. 2018. «Interoceptive Awareness Skills for Emotion Regulation: Theory and Approach of Mindful Awareness in Body-Oriented Therapy (MABT)». *Frontiers in Psychology* 9:798. doi: 10.3389/fpsyg.2018.00798.

Pruitt, William, ed. 2001. *The Pāṭimokkha: Sacred Books of the Buddhists* 49. Traducido por K. R. Norman. Londres: Pāli Text Society.

Rhys Davids, Thomas W., ed. 1896. *The Yogāvacara's Manual of Indian Mysticism as Practiced by Buddhists [Pāli and Sinhala]*. Londres: Pali Text Society. Para una traducción al inglés, véase Woodward, 1916.

The Samatha Trust, UK reg. charity (CIO) no. 1179867, www.samatha.org.

Saṃyutta Nikāya. 6 vols. Londres: Pali Text Society.

Seth, Anil K., y Friston, Karl J. 2016. «Active Interoceptive Inference and the Emotional Brain». *Philosophical Transactions of the Royal Society: Biological Sciences* 371:20160007. doi: 10.1098/rstb.2016.0007.

Solms, Mark. 2019. «The Hard Problem of Consciousness and the Free Energy Principle». Frontiers in Psychology 9:2714. doi: 10.3389/fpsyg.2018.02714.

Solms, Mark, y Karl J. Friston. 2018. «How and Why Consciousness Arises: Some Considerations from Physics and Physiology». *Journal of Consciousness Studies* 25 (5–6): 202–38.

Sonnleitner, Andreas, Michael Simon, Wilhelm E. Kincses, Axel Buchner, y Michael Schrauf. 2012. «Alpha Spindles as Neurophysiological Correlates Indicating Attentional Shift in a Simulated Driving Task». *International Journal of Psychophysiology* 83:110–18. doi: 10.1016/j.ijpsycho.2011.10.013.

Stuart-Fox, Martin. 1989. «Jhāna and Buddhist Scholasticism». *Journal of the International Association of Buddhist Studies* 12 (2): 79–110.

Suppes, Patrick, Zhong-Lin Lu, and Bing Han. 1997. «Brain-Wave Representations of Words». *Proceedings of the US National Academy of Sciences* 94:14965–69.

Suvanno Mahathera. 2001. *The Thirty-One Planes of Existence.* Penang, Malaysia: Inward Path.

Thanissaro Bhikkhu, trad. 1997. *Rohitassa Sutta: To Rohitassa.* Disponible: Access to Insight, https://www.accesstoinsight.org/tipitaka/an/an04/an04.045.than.html.

Thanissaro Bhikkhu, trad. 2003. *Mahā-hatthipadopama Sutta: The Great Elephant Footprint Simile.* Disponible en: Access to Insight, https://www.accesstoinsight.org/tipitaka/mn/mn.028.than.html.

Upatissa Thera (siglo III). 1961. *Path of Freedom: Vimuttimagga.* Traducido del chino por N. R. M. Ehara, Soma Thera, y Kheminda Thera. Maharagama, Sri Lanka: Saman Press.

Wallace, B. Alan 1999. «The Buddhist Tradition of Samatha: Methods for Refining and Examining Consciousness». *Journal of Consciousness Studies* 6 (2–3): 175–87.

Woodward, Frank L., trad. 1916. *Manual of a Mystic*. Londres: Pāli Text Society.
Woodward, Frank L., trad. (1930) 2015. *Gaṅgā-Peyyālo Sutta*, Saṃyutta Nikāya, Vol. 1. Londres: Pāli Text Society.
Los textos en pāli y las traducciones (al inglés) de los Aṅguttara, Dīgha, Khuddikā, Majjhima y Saṃyutta Nikāyas están disponibles cn la Pāli Text Society, www.palitext.com, y en Access to Insight, www.accesstoinwsight.com.

CRÉDITOS

Extractos Textuales

Extractos de *The Path of Purification: Visuddhimagga* se reimprimen con permiso de la Pariyatti Publishing.

Algunos de los datos y hallazgos neurocientíficos de este libro aparecieron por primera vez en «The Human Default Consciousness and Its Disruption: Insights from an EEG Study of Buddhist Jhāna Meditation», ©2019 de Paul Dennison, y publicado en *Frontiers in Human Neuroscience.*

Parte del material neurocientífico de este libro apareció de forma diferente en *Perspectives on Consciousness: Neuroscience Research Progress*. Se reimprime aquí con permiso de Nova Science Publishers.

Imágenes

La portada del capítulo 14 está basada en «Autumn forest landscape, colorful nature» de Diabluses. ID 233698624. Foto con licencia a través de Shutterstock.

La figura 45 se basa en «Central Organ of Human Nervous System Brain Anatomy, 3D» de Magic mine. ID 578720724. Imagen con licencia a través de Shutterstock.

La figura 49 está basada en «Silhouette man with brain graphic icon» de archivector. ID 144058780. Imagen con licencia a través de Shutterstock.

La foto de la p. 53 y las figuras 7, 30 y 34 son de dominio público.

Todas las demás imágenes son del autor, ©2022 de Paul Dennison.

ÍNDICE

La consciencia Jhāna
de Paul Dennison,
compuesto con tipos Montserrat en créditos
y portadillas, y Cormorant Garamond
en el resto de las tripas,
bajo el cuidado de Daniel Vera,
editado y traducido por
Andrés Felipe Grajales Ramírez,
se terminó de imprimir
el 29 de abril de 2024,
ese mismo día en 1429
Juana de Arco libera Orleans.

LAUS DEO